U0935731

本书是2015年度教育部人文社会科学重点研究基地重大项目
"应对气候变化背景下的能源效率管理法律机制研究"
（15JJD820008）的研究成果

RESEARCH ON THE KEY ISSUES
OF ENERGY LAW

能源法制
前沿问题研究

于文轩◎主　编
朱炳成◎副主编

中国政法大学出版社
2019・北京

图书在版编目（CIP）数据

能源法制前沿问题研究/于文轩主编. —北京：中国政法大学出版社，2019. 1
ISBN 978-7-5620-8781-6

Ⅰ.①能…　Ⅱ.①于…　Ⅲ.①能源法－研究－中国　Ⅳ.①D922.674

中国版本图书馆CIP数据核字(2019)第001840号

出版者　中国政法大学出版社

地　址　北京市海淀区西土城路25号

邮寄地址　北京100088信箱8034分箱　邮编100088

网　址　http://www.cuplpress.com（网络实名：中国政法大学出版社）

电　话　010-58908289(编辑部) 58908334(邮购部)

承　印　固安华明印业有限公司

开　本　880mm×1230mm　1/32

印　张　8.75

字　数　200千字

版　次　2019年1月第1版

印　次　2019年1月第1次印刷

定　价　42.00元

PREFACE 序

能源是一国国民经济发展的物质基础。随着社会经济的高速发展，我国能源产业发展迅速，能源消费结构逐步优化。同时，我国能源立法愈发受到重视，能源法律体系框架初步形成，能源法制建设取得了相当大的成就。

同时也应看到，我国现阶段能源法制基础相对薄弱，在诸多方面仍然有待完善。为此，本书选择我国能源法制建设进程中具有重大意义的10个方面问题展开深入研究并提出具有可操作性的对策建议，为我国能源法制建设建言献策。这些问题既包括涉及化石能源产业发展的石油储备法制问题、与煤炭产业发展相关的环境健康法律规制问题，也包括新能源和可再生能源产业发展中至关重要的配额制度、光伏发电和风能法制的完善、核能风险规制等问题和与相关国家成熟经验的比较法研究，还包括能效管理和应对气候变化法制问题。本书适合从事环境资源和能源管理、政策研究、法制研究或相关实践工作以及对这些领域内法制前沿问题感兴趣的人员阅读和参考，亦适合作为高等法学院校环境资源和能源法学博士研究生和硕士研究生的参考书。

在本书编写过程中，来自学界和实务界的各位作者付出了大量的时间和精力。没有各位作者的鼎力支持，本书如期付梓是不可想象的，在此深致谢意。感谢李维康对本书编辑工作的支持。中国政法大学出版社的彭江先生和冯琰女士为本书出版付出了辛苦努力，衷致谢忱！

是为序。

编　者

2018 年 12 月 1 日

目 录

CONTENTS

中日石油储备法制比较研究

曾娅平*

20世纪70年代，全世界范围内爆发石油危机，各主要石油进口国为应对供应危机和缓解经济波动，逐步开始建立石油储备体系，日本是其中的典范。为保障能源安全，我国也必须建立和完善符合我国国情的石油储备体系。因为对于一个对外依赖性较高的石油进口国而言，加强石油储备可谓是“防止和减少石油供应中断危害的最可行、最安全、最有效的手段”。〔1〕

一、我国石油储备体系现状与主要问题

2016年，我国石油消费量为5.79亿吨，较2015年石油消费量增长3%，居世界第二。石油进口量为4.57亿吨，其中原油进口量3.83亿吨，较2015年同比增长13.8%。〔2〕根据国家

* 浙江省高级人民法院组织人事处副主任科员。

〔1〕 陈柳钦：“保障国家石油安全需完善石油储备体系”，载《国际经济战略》2012年第5期，第14页。

〔2〕 参见“BP Statistical Review of World Energy 2017”（《2017年BP世界能源统计报告》），载 https://www.bp.com/content/dam/bp/en/corporate/pdf/energy-economics/statistical-review-2017/bp-statistical-review-of-world-energy-2017-full-report.pdf，最后访问时间：2018年5月12日。

统计局公布的数据，我国 2017 年原油产量为 1.9 亿吨，[3]同期进口原油 4.2 亿吨，[4]由此推算，我国原油对外依存度已经达到 68.9%。对外依存度的不断增大，使国家经济安全和能源安全等方面面临的风险更大。建立和完善石油储备体系，有利于应对石油供应中断等突发事件，提高我国应对国际复杂形势的能力，同时也有利于应对石油供需波动，有效应对国际石油价格变化，保持国内市场稳定。

健全的石油储备体系[5]，应当包括有效规制石油储备的法律法规以及依法确立的包括石油储备的主体、种类、规模、动用、管理模式、资金筹措等内容的一整套措施。[6]我国现行的石油储备体系主要包括对石油储备的政策性引导、石油储备管理与执行机关的设置与职责、国家石油储备基地建设及项目建设资金、石油储备种类等方面内容。但还存在着缺少明确的法律规定、储备主体单一、管理程序不明确、资金保障机制不完善、储备动用程序缺失等问题。

（一）我国石油储备体系的现状

我国于 2004 年开始建立国家一期石油储备，至今，陆续已有 9 个石油储备基地建设并投入使用。截至 2017 年年中，我国

---

〔3〕 国家统计局："2017 年 12 月份能源生产情况"，载 http://www.stats.gov.cn/tjsj/zxfb/201801/t20180118_1574957.html，最后访问时间：2018 年 5 月 12 日。

〔4〕 国家海关总署："2017 年 12 月进口主要商品量值表（人民币）"，载 http://www.customs.gov.cn/tabid/2433/InfoID/879250/frtid/49629/settingmoduleid/126765/Default.aspx，最后访问时间：2018 年 5 月 12 日。

〔5〕 石油储备按储备品种可以分为实物储备、资源储备和期货储备，本文所指储备特指以石油实物形态为储备对象的储备形式，即实物储备。

〔6〕 于文轩："论我国石油储备法律机制之构建"，载《中国政法大学学报》2014 年第 6 期，第 91 页；郝鸿毅主编：《"后危机时代"石油战略》，中国时代经济出版社 2009 年版，第 267~270 页。

国家石油储备工程（舟山、舟山扩建、镇海、大连、黄岛、独山子、兰州、天津及黄岛国家石油储备洞库）的总储备库容为储备原油3773万吨。〔7〕我国已经拥有一定规模的石油储备量，实现了从无到有的跨越。

1. 我国石油储备的相关政策依据

我国有关石油储备的规定主要体现在相关的政策性文件中，《国民经济和社会发展“九五”计划和2010年远景目标纲要》（1996年）中明确提出建立国家战略石油储备，维护国家能源安全；《石油工业“十五”规划》（2001年）指出按照国家储备与企业储备相结合、以国家储备为主的方针加快国家石油储备体系建设，保障国家石油安全；《国家石油储备基地第一期项目建设管理试行办法》（2004年）对大连、黄岛、镇海、岙山四个国家石油储备基地项目建设的管理、储备基地建设资金的管理、项目建设的考核与监督等事项作出规定；《能源发展“十一五”规划》（2007年）提到，加快政府石油储备建设、适时建立企业义务储备、鼓励发展商业石油储备；国务院《国家石油储备中长期规划（2008~2020年）》（2008年）指出，2020年以前将形成相当于100天石油净进口量的储备总规模，进一步提高应对石油中断风险的能力；《石化产业调整和振兴规划》（2009年）中要求，加快储备设施建设，抓住当前有利时机增加成品油国家储备，参照原油商业储备做法，尽快研究制订成品油商业储备办法和制度；《国民经济和社会发展“十二五”规划纲要》（2011年）提出，合理规划建设能源储备设施，完善石油储备体系；《中国的能源政策（2012）》白皮书要求，统筹资源储备

〔7〕 国家统计局：“国家石油储备建设取得重要进展”，载 http://www.stats.gov.cn/tjsj/zxfb/201712/t20171229_1568313.html，最后访问时间：2018年5月18日。

和国家储备、商业储备，加强应急保障能力建设，完善原油、成品油、天然气和煤炭储备体系；《能源发展“十二五”规划》（2013年）要求，优化储备布局和结构，建成国家石油储备基地二期工程，启动三期工程，推进石油储备方式多元化，积极推进成品油应急调节储备，研究建立企业义务储备；国务院关于印发《能源发展战略行动计划（2014~2020年）》要求，扩大石油储备规模，建成国家石油储备二期工程，启动三期工程，鼓励民间资本参与储备建设，建立企业义务储备，鼓励发展商业储备；国家发展和改革委员会《关于加强原油加工企业商业原油库存运行管理的指导意见》（2015年）提出要建立健全多层次的石油存储体系，建立最低商业原油库存制度，加强商业原油库存监督管理，积极支持企业提高商业原油库存，建立健全监管制度。这些政府文件对我国石油储备体系的建立以及石油储备主体、种类、规模、储备基地建设资金等内容作出了规定，为石油储备立法奠定了基础。

2016年，国家能源局起草了《国家石油储备条例（征求意见稿）》，对政府储备、企业储备、储备动用、报告制度、监督管理等进行了规定。尽管目前该条例仍未施行，但它在石油储备立法进程中具有重要意义。不同于前文述及的政策文件，该条例是具有法律层面约束力的行政法规，它不仅鼓励社会资本参与石油储备设施建设运营，更规定了民间贮备主体的参与方式，即政府储备主体可以租赁它们的设施进行储备石油，这是“藏油于民”的历史性尝试。

2. 我国石油储备的管理体制

2018年3月13日，第十三届全国人大通过审议的国务院机构改革方案中，广受热议的“能源部”改革方案不在其列，国家能源局仍由发改委管理，履行原有职责。因此，我国石油储备目前采取的管理体制仍是石油储备管理、执行、操作三级管理体系，其中，管理者为国家能源局，执行者为国家石油储备中心，操作者为石油储备基地。

国家能源局的职责主要是负责能源预测预警，发布能源信息，参与能源运行调节和应急保障，拟订国家石油、天然气储备规划、政策并实施管理，监测国内外市场供求变化，提出国家石油、天然气储备订货、轮换和动用建议并组织实施，按规定权限审批或审核石油、天然气储备设施项目，监督管理商业石油、天然气储备。其具体职责的承担机构为国家能源局石油天然气司（国家石油储备办公室）。[8]

国家石油储备中心是国家石油储备建设和管理的执行机构，代行国有资产出资人权利，按照国家石油储备建设计划，负责国家石油储备基地建设与运行管理；国家储备石油的采购、轮换和投放；协助监测国内外石油市场的供求变化。[9]

国家石油储备基地是2004年经国务院批准，由国家发改委代表国家出资成立的基地，主要负责储备基地的建设和运营管理。[10]

3. 我国石油储备的主体

石油储备主体可以是机构储备、企业储备、政府储备三种方式。我国石油储备的主体主要是石油储备基地，这些基地都

〔8〕 国家能源局："国家能源局简介"，载 http://www.nea.gov.cn/gjnyj/index.htm，最后访问时间：2018年5月14日。

〔9〕 国家能源局："国家石油储备中心简介"，载 http://www.nea.gov.cn/sycbzx.htm，最后访问时间：2018年5月14日。

〔10〕 郝鸿毅主编：《"后危机时代"石油战略》，中国时代经济出版社2009年版，第266页。

是由国家出资并委托中石油、中海油、中石化建设，建成后由国家石油储备中心管理，因此应当属于政府储备。

此外，除了政府储备，我国的政策性文件中也鼓励企业义务储备。近年来我国三大石油公司开始建设商业石油储备基地，中石油建立了辽宁铁岭、新疆鄯善、浙江平湖等商业石油储备基地；中海油在广州杨浦经济特区建立了商业石油储备基地；中石化建立了天津滨海新区商业石油储备基地。

4. 我国石油储备的规模与方式

我国关于石油储备规模的规定较少，多为扩大储备规模的原则性规定，如“国家保持国家石油储备规模与石油消费总量相适应。”〔11〕对储备规模作出具体规定的主要是《国家石油储备中长期规划（2008~2020年）》提出的“100天的储备总规模”这一规定。〔12〕2014年，国家石油储备一期工程竣工，拥有大约9天消费量的储油总量，2012年底，国家石油储备基地二期工程建成并注油，同时三期工程进入规划阶段，按该规划进度，整个项目全部完成时（2020年），国家石油储备规模将提高到相当于90天的石油净进口量的规模，约等于8500万吨。〔13〕

地上油罐储油的方式，是我国目前已建成的石油储备基地采取的主要石油储备方式。

5. 我国石油储备的动用机制

《国家能源局主要职责内设机构和人员编制规定》规定：

---

〔11〕 参见《国家石油储备条例（征求意见稿）》第5条。

〔12〕《国家石油储备中长期规划（2008~2020年）》中提出，“2020年以前将形成相当于100天石油净进口量的储备总规模”。

〔13〕 人民网：“我国石油战略储备将加速推进”，载http://energy.people.com.cn/GB/15423581.html，最后访问时间：2018年5月19日。

“国家能源局……提出的国家石油战略储备收储、动用建议，经国家发展和改革委员会审核后，报国务院审批。”《国家石油储备条例（征求意见稿）》规定：已经或者可能对国民经济造成重大影响或损害、因宏观调控需要等情形，国务院能源主管部门应当提出动用国家石油储备的方案，经国务院发展改革部门审核后，报国务院批准。

可见我国石油储备的动用机制为先报批后动用的制度，即先由能源主管部门报发改部门，发改部门审核后再报国务院批准的层层报批审核制度。

6. 我国石油储备的资金机制

根据2004年4月《国家石油储备基地第一期项目建设管理试行办法》规定，石油储备项目建设资金主要由财政部“根据投资计划、预算、合同和工程建设进度及时拨付资金”；基地建设借贷资金由财政部“会同国家发展改革委落实”；同时财政部会同有关部门“对项目建设财政资金的使用、管理和项目财务管理”进行监督检查。[14]国家石油储备办公室行使出资人职责，代表国家设立国家石油储备基地公司……委托中国石油天然气集团公司、中国中化集团公司、中国石油化工集团公司三大集团公司在储备基地项目的建设阶段管理基地公司，并承担建设任务；会同财政部负责国家资本金的管理和协调银行贷款；……会同有关部门对项目建设全过程进行监管、稽查和审计。[15]国家发展改革委会同财政部对储备基地建设资金（包括国债资金和贷款）进行管理。基地公司“定期编制资金使用计划，经财政部驻各地专员办事处审核签署后报国家发展改革委，

〔14〕 参见《国家石油储备基地第一期项目建设管理试行办法》第4条。

〔15〕 参见《国家石油储备基地第一期项目建设管理试行办法》第5条。

国家发展改革委审核汇总后向财政部提出资金使用申请”。[16]

此外，根据2009年8月国家发展改革委办公厅《关于制定国家石油储备项目建设资金使用办法等有关工作的通知》，国家石油储备第二期项目建设资金全部安排中央预算内基本建设投资，国家石油储备基地实行委托建设制度，国家石油储备项目建设投资计划由国家发展改革委下达，受委托公司要建立银行专户严格管理，并要求受委托公司制定《国家石油储备项目建设资金使用办法》。[17]

上述规定为石油储备项目建设资金的拨付、使用、管理、审计和监督等内容作出了框架性规定。

（二）我国石油储备体系存在的主要问题

我国对石油储备体系的政策性文件对储备主体、种类、规模、布局、动用机制、资金机制等作出了规定，为我国石油储备体系提供了相应依据，促进了石油储备体系的建立与完善。但是我国至今还没有一个完备的石油储备体系，具体而言，主要有以下不足之处：

1. 石油储备立法缺失

如前所述，我国石油储备体系主要由相关政策性文件进行规定，并没有明确地在法律的高度来规制石油储备建设，唯一的行政法规《国家石油储备条例》尚未施行，使得我国石油储备缺乏法律的保障，主要体现在：其一，缺乏专门的石油储备立法，立法落后于实践中已经开始实施的石油储备基地建设；

---

〔16〕《国家石油储备基地第一期项目建设管理试行办法》第16条。

〔17〕“国家发展改革委办公厅关于制定国家石油储备项目建设资金使用办法等有关工作的通知”，载 http://www.nea.gov.cn/2012-01/04/c_131262520.htm，最后访问时间：2018年5月19日。

其二，已有的行政规章等文件规定效力不明确，如《国家石油储备基地第一期项目建设管理试行办法》适用范围仅适用第一批储备基地，是否适用于后期建设的石油储备基地尚未明确。

2. 石油储备管理体制不完善

我国目前虽已形成管理、执行、操作三级管理体制，但都是负责具体事务的机构，没有统一的决策机构，且各机构之间仍存在职责规定不完善、分工不明确等问题。

首先，未规定国家石油储备的决策机构，能源事务包含环境保护、能源外交等重大事项，能源局虽然是具体负责能源事务的政府机关，但其没有强大的权利管理所有的能源事务。2010 年成立的能源委员会只是一个协调部门，它既不是政府实权机关也不是常设机构，因此我国尚缺少一个石油储备的中央级决策机构。

其次，国家石油储备中心的职责规定不完善，如石油储备建设计划具体包含哪些方面内容，石油储备预警机制的建立，石油统计报告制度的建立等等。

最后，国家石油储备中心与石油储备基地的分工不明确，相关文件规定国家石油储备中心是具有石油储备基地建设与运行管理等职能的机构，而对石油储备基地公司的职责、管理、运行却没有明确规定，这样可能会导致管理权限的交叉或者空缺。

3. 石油储备主体单一

我国的石油储备主体主要是政府，虽然相关文件鼓励企业成为承储企业，即“从事原油加工、成品油批发和原油进出口的企业，应当承担企业义务储备。”[18]但事实上，根据2002年我国对外贸易经济合作部发布的相关规定，我国的原油和成品油进口权并未完全对民营企业放开，[19]这也意味着我国的商业石油储备实际由三大石油公司进行，并未真正意义上扩展到民营企业。这无疑变相削弱了民营企业成为商业石油储备主体的可能性，意味着除勉强满足原油和成品油批发和零售之外，基本不再具备成为石油商业储备主体的条件。但不可否认的是，民营企业具有成为石油储备主体的巨大潜力，截至2012年底，我国目前共有成品油仓储企业414家（成品油批发企业总数为2623家）[20]。如果民营企业成为石油储备主体，那么随之而来的问题是企业的法定石油储备和自身为维持企业经营安全与效益的石油储备应当如何界定，目前尚无明确规定。

4. 石油储备的规模与方式不合理

石油安全直接影响经济社会发展和人民的生活质量，与国家实力、国家安全、政治外交等融为一体，因此其存储规模与方式也关乎石油储备是否安全。我国石油储备的规模与方式不完善主要体现在：首先，对未来中国的储备规模没有明确的规定，仅有不具有法律约束力的中长期目标；其次，我国在对外石油依存度不断提高的情况下，现有石油储备规模不足以防范石油危机，国际能源署（IEA）成员国的石油储备基本达到90天的石油进口量，而我国截至2017年年中，现有9个石油储备基地的战略原油储备2.75亿桶，按照2016年我国每天消耗石油

〔18〕《国家石油储备条例（征求意见稿）》第25条“义务储备主体”。

〔19〕参见《原油、成品油、化肥国营贸易进口经营管理试行办法》(2002年)。

〔20〕中国产业信息网：“2013年，我国石油和原油表观消费量分别达到4.98亿吨和4.87亿吨”，载 http://www.chyxx.com/news/2014/0208/228353.html，最后访问时间：2018年5月27日。

的规模计算，仅够使用22.2天，[21]远未满足IEA90天的储备标准；最后，石油储备方式方面，地上油罐方式具有建设成本高、占地面积大、安全性能差、易被敌人发现和攻击、环境风险高等缺陷。

5. 石油储备动用机制缺失

石油储备的动用对于经济、政治、社会等各方面均有影响，不仅可以缓解用油紧张，平抑石油价格，稳定国内石油市场，还能应对石油供应中断危机，其重要性不言而喻。石油储备动用需要根据具体情况进行动态化管理，并且需要规定严格的动用条件，但并未规定石油储备的动用程序、动用方式、动用时机、动用规模等条件。

6. 石油储备资金机制不完善

石油储备建设需要庞大的资金，资金机制的完善与否很大程度上决定着石油储备建设的完善与否。首先，从资金来源来说，根据相关文件的规定，我国石油储备项目建设资金的来源主要是政府拨付，这将给国家政府带来过重的负担，不利于长期发展；其次，目前我国的储备资金是针对第一期、第二期工程单独制定法律规定，不利于石油储备资金批准、使用程序等的一致性；最后，当前的资金机制仅局限于石油储备项目建设资金，对于注油之后设备的维护资金，动用储备后补充储备资金等均未作出明确规定。

---

〔21〕 2016年我国石油消费量为12381千桶/天。参见“BP Statistical Review of World Energy 2017”，载 https://www.bp.com/content/dam/bp/en/corporate/pdf/energy-economics/statistical-review-2017/bp-statistical-review-of-world-energy-2017-full-report.pdf，最后访问时间：2018年5月26日。

二、日本石油储备体系现状及其借鉴意义

同为主要的石油消费国（世界第三），日本地缘因素与我国十分接近，石油高度依赖进口，且进口来源也以沙特等中东国家为主。日本本国的石油资源极其匮乏，对外依存度达到99%，[22]为了保障国家安全，缓解石油价格波动和石油供应中断带来经济上的冲击，日本把石油储备放在了重要位置。它在石油储备建设之初就采取了立法先行的模式，通过专门立法对石油储备进行了全面规定，并适时修改；形成了多层级管理机构，明确各层级的管理职责和权限，分工明确；多元储备主体和合理的储备方式与规模保障了石油供应安全；明确的石油储备动用权限和程序使得石油储备运行顺畅；长期资金保障确保了石油储备建设和运营平稳进行，这些均对我国完善石油储备体系有着重要的借鉴意义。

（一）日本石油储备体系的现状

日本为了保障能源供应安全，采取了各种措施，从1968年起，日本就启动了石油储备体系的建设计划，该体系包括民间石油储备和政府石油储备两部分，分四个阶段建成。目前其已成为仅次于美国的第二大石油储备国，[23]其石油储备立法、管理机制、储备主体等方面内容都较为完善。

---

〔22〕 参见“BP Statistical Review of World Energy 2017”，载 https://www.bp.com/content/dam/bp/en/corporate/pdf/energy - economics/statistical - review - 2017/bp - statistical-review-of-world-energy-2017-full-report.pdf，最后访问时间：2018年5月26日。

〔23〕 张品先：“日本的石油储备”，载《国际石油经济》1996年第5期。

1. 日本石油储备立法

为了保证石油储备计划的实施，日本政府颁布了一系列法律法规政策：《基本石油法》（1962年）第一次包括了石油储备的有关内容；《石油工业法》（1968年）又进一步规定由私营公司承担石油储备义务，并决定给予其投资和贷款以及税收优惠；1975年，日本制定了专门的《石油储备法》，明确规定了从事石油进口、精炼和销售义务的公司的责任义务关系，将石油储备义务化；《石油公团法》（1967年）以法律形式推动国家石油储备，确立国家与民间储备两级储备体系；《日本国家石油公司法》（1978年修订）决定由国家石油公司建立国家石油储备。〔24〕1981年与2002年日本对《石油储备法》进行了两次修订，将民间储备目标由90天降至70天，平衡国家储备与民间储备比例，并进一步确保企业石油储备义务的履行，加强应急响应能力。〔25〕《石油储备法》（2012年修正案）提到，在2012年度将全国分成约10个等级的区域。此外还增加新规定，允许动用旨在应对海外供应不足的国家石油储备，用来处理国内灾害。对于目前大多直接贮藏原油的储备方式也将重新研究，力争分区域储备均相当于4天消耗量的汽油、柴油和煤油。〔26〕

2. 日本石油储备管理体制

日本石油储备的管理体制为四级管理体制，其主管石油储

〔24〕 冯春萍："日本石油储备模式研究"，载《现代日本经济》2004年第1期，第58页。

〔25〕 参见"Petroleum Industry in Japan 2013"，载http://www.paj.gr.jp/english/data/paj2013.pdf，最后访问时间：2014年12月。

〔26〕 刘军国："日本通过《石油储备法》修正案以应对灾时燃料供应"，载中国日报网：http://www.chinadaily.com.cn/hqgj/zbyt/2012-02-10/content_5129396.html，最后访问时间：2018年5月24日。

备的政府机构是经济产业省资源能源厅，主要职能是：对石油储备实施决策权；负责制定石油储备政策；协调政府部门之间的工作关系；决定国家石油储备的收储、动用；审定石油储备费用及担保等预算。

日本政府在1967年设立石油开发公团，又在1978年改制成石油公团[27]，作为特殊法人对石油储备进行管理，由政府对其全部运作过程进行干预，其职责是：制定国家石油储备基地建设以及石油储备的运作计划，应急预案的实施；管理国家石油储备公司，拥有储备基地土地和所储石油的产权；实施石油和天然气的自主开发、石油和天然气自主开发技术的研究等。为提高运作效率，降低管理成本，2004年日本政府将石油公团与金属矿产事业团合并，成立独立行政法人日本石油天然气金属矿产资源机构（JOGMEC），经济产业省将石油公团的石油和天然气开发业务委托给民间，并委托JOGMEC从石油公团手中接管国家石油储备的全部管理工作，经济产业省并不对它进行干预，仅对它提出3~5年的中期目标，具体管理和实施过程由JOGMEC自行决定。

核心石油公司负责储备工程建设，包括储备基地建设可行性研究、确定和组建国家储备公司等前期工作，具体职责为：挑选和配备干部；提供基地建设技术人员和管理施工；提供管理经验和负责公司管理。

国家储备公司[28]是进行实际运作的基层组织，主要负责工程设计、基地建设以及运营等具体事务，具体职责为：储备基

〔27〕 石油公团是特殊的国家石油公司，通过国家专用资金账户实行相关业务。

〔28〕 JOGMEC成立之日起，国家储备公司转变为由民间投资的具体运营实体，其性质相当于物业管理公司，对石油储备设施不再拥有产权。

地的工程建设；储备基地的运营管理；基地设施维护等。[29]

3. 日本石油储备主体

日本的石油储备采取的是官民结合的模式，其石油储备也是从民间储备开始的，直至 1978 年开始，日本政府才开始实施国家石油储备。

民间储备主要是由有储备义务的石油公司和由石油公团（后由 JOGMEC 接管）租赁的两个石油共同储备基地完成，它们利用现有设施进行储备，成本较低，完成储备目标时间较短，扩建成本较低，具有较大优势。日本政府对公司行使监督、命令、劝告等权利，承担民间储备义务的石油公司必须定期向日本政府汇报储备情况。

日本的战略石油储备由石油公团开展（后由 JOGMEC 接管），1981 年开始租用民间油罐存储，随着国家石油储备基地建设完工，两年后日本开始启动民间油罐与国家石油储备基地共同发展的模式。国家石油储备基地的建设和运行是按照政府与企业的合作方式，由国家成立国家石油储备公司，并由民营石油企业出资建立，利用民间公司的技术，进行安全和有效的储备，这些民营石油企业通常都具有较为成熟的储备设施建设及运营经验。[30]

4. 日本石油储备的规模与方式

1975 年日本的民间储备量已达到 60 天的石油消费量，1979 年末已达 90 天的石油消费量。1977 年 8 月为了缓解私营石油企

---

〔29〕 冯春萍：“日本石油储备模式研究”，载《现代日本经济》2004 年第 1 期，第 58 页。

〔30〕 安丰全：“官民结合的日本石油储备”，载《中国石油化工》2003 年第 3 期，第 74~76 页。

业储备压力，日本提出建立在民间储备体系之外的国家储备体系，到 1995 年 3 月，日本民间石油储备大约为 4540 万立方米，政府石油储备为 4500 万立方米，总储量相当于 157 天的消费量水平。截至 2014 年 12 月，日本民间企业义务实际储备量为 84 天，政府实际储备量为 114 天。[31]

日本在其永久性储备设施建成之前，暂时将石油储存在大型油轮上，1981 年开始租用民间的油罐进行存储。从 1996 年开始，日本结束油轮存储模式，相继建立 10 个国家石油储备基地，并且采用海上油罐、地上存储、半地下存储、地下岩洞和海上油库存储的多元方式。为了保证存储安全，日本《消防法》综合考虑地震、风力等因素对油罐厚度、直径等作出了明确规定，地下储备方式是选择在地下岩洞中储备石油，每一岩洞应位于地下水位之下，采用地下水密封，以保证原油不泄漏。海上浮式油罐是采用双层钢板结构，两层钢板之间充满海水，利用海水较高的压力保持原油不泄漏。[32]

5. 日本石油储备动用机制

日本石油储备动用的权力归经济产业省大臣，无论政府储备还是民间商业储备，动用之前必须通过经济产业省批准，在国内石油供应短缺或者中断的情况下，首先考虑在一定限度内提升石油价格、降低其他能源价格等措施抑制石油消费需求；其次是动用民间储备，动用方式是降低民间储备目标量；最后才是动用国家储备。海湾战争时期，日本政府动用了民间储备

---

〔31〕 参见“Petroleum Industry in Japan 2015”，载 http://www.paj.gr.jp/english/data/paj2015.pdf，p. 23，最后访问时间：2014 年 5 月 26 日。

〔32〕 安丰全、吴辉、郑景花：“日本战略石油储备研究”，载《当代石油石化》2002 年第 10 期，第 13 页。

的各类油品1570万桶。2005年为了缓解国际石油市场供应紧张的状况，日本政府又自愿向国内市场投放了总量为730万桶的民间战略石油储备。〔33〕

6. 日本石油储备资金机制

为了保证石油储备事业顺利发展，日本设立了石油专门账户。从1978年起，日本开始征收石油税，并将其收入几乎全部作为石油储备资金，在此基础之上，编制国家石油储备特别预算作为专项资金，用于支付储备设施使用费、私营储油罐租赁费、技术研究费、土地税等。此外，日本政府还采取了财政投资和贷款的措施来保证石油计划的落实，主要通过政府和国家信贷部门筹集各种公共资金。为了加强对民间、国家石油储备公司的扶持，政府还为它们提供低息贷款，这就为石油储备提供了稳定、多元的资金来源。

在石油储备设施的日常维护资金方面，资源机构运行、维护等费用由日本石油公团统一划拨财政拨款来维护其日常经营费用、支付银行贷款利息、缴纳折旧，日本公团也支付给民间石油公司一定的储罐租赁费。

日本为了实现石油储备的建设资金、对储油和油品进行经营管理和维护资金链的自我平衡，遵循市场规律，低价进口原油，精细加工，创造巨大的附加值，同时考虑国际、国内市场的油价波动，定期或经常有计划地拿出一部分作为“活储”，供周转经营，以获得一定的经济效益。〔34〕

〔33〕 井志忠：“日本石油储备的现状、措施及启示”，载《外国问题研究》2009年第1期，第50~51页。

〔34〕 参见安丰全、吴辉、郑景花：“日本战略石油储备研究”，载《当代石油石化》2002年第10期，第12页；冯春萍：“日本石油储备模式研究”，载《现代日本经济》2004年第1期，第59页。

（二）日本石油储备体系经验的借鉴意义

日本自建立石油储备体系至今已有五十余年，可以说，其石油储备体系的建立与运行取得了令人瞩目的成就，具体分析其体系可以归纳出以下几点经验可资借鉴：

1. 储备立法先行

石油储备事关国家安全与市场稳定，是投资巨大、建设周期长、应急管理要求高的系统工程，必须运用法律法规进行规制。第一次石油危机之后，日本为保障石油储备建设与运行，颁布了一系列法律法规来规范石油储备，其中《石油储备法》是基本法，对包括石油储备的战略目标、指导原则、管理体制、规模方式、动用等问题进行明确规定，并且特别规定了企业的法定商业储备义务，具有强制约束力。同时，日本根据石油市场及石油储备的现状不断完善和修正石油储备法律，为日本石油储备计划的实施和管理的法制化提供了有力保障。

2. 储备管理严密

日本石油储备的四级管理体系十分严密，经济产业省资源能源厅是决策层，主要负责石油储备各项工作的总体决策与协调，制定有关石油储备的法规政策；管理层为JOGMEC，主要负责管理国家石油储备建设与运作，实施石油储备决策、规划、应急预案；执行层为核心石油公司，主要负责石油储备基地的施工、组建与管理；操作层为国家储备公司，主要负责石油储备的实际运作与维护。因此，从决策层、管理层、执行层再到操作层，日本的石油储备管理体系中的各个层次都各司其职，职责明确。

3. 储备主体多元化

日本的石油储备主体最初是民间储备主体，民间储备成熟后开始逐步建立政府储备，并不断调整二者储备主体地位，最终发展为官民结合、以官为主的形式。日本的石油储备主体不仅包括政府主体，还向民间石油企业全面放开，并且积极利用民间石油企业的储备能力和技术，充分结合国家储备稳定性与民间储备的灵活性等优势，并不断根据现实状况调整不同主体的储备量，使之不断完善。此外，日本基于战略储备与商业储备的不同用途，对石油储备种类在不同储备主体之间进行了严格的区分，具体而言，民间储备一般以成品油为主，原油为辅，而政府的石油储备全部是原油。根据不同种类的性质，民间成品油储备用于维护国内市场正常生产、经营所需周转量，提高国内市场抗风险能力。政府原油储备用于应对国际石油供应突然中断或全国性石油供应短缺及油价暴涨时的应急投放，以解决国家安全与社会经济安全问题。〔35〕

4. 安全的储备规模与方式

日本根据国际石油市场的变化及国内石油供需实际情况，对石油储备规模具有明确的目标，并严格平衡政府战略储备与民间商业储备之间的比例，有利于实施储备资金预算及储备设施建设管理。另外，在高度依赖石油进口的现状之下，日本实际石油储备量较为充分，当前的石油储备量使得即使发生了石油供应中断，也可以支撑半年以上，保障了石油安全。在储备方式方面，日本政府储备采取的方式主要是地上存储、半地下存储、地下岩洞和海上油罐存储的多元方式，具有占地少、周期短、容量大、环境污染小、建设投资少、安全强度高等优势，有效地保障了石油战略储备的安全。民间储备一般采取地面油

〔35〕“国际石油储备建设模式研究”课题组：“国外石油储备建设与管理模式比较”，载《国际石油经济》2001 年第 7 期，第 23~24 页。

罐存储方式，与民间商业储备动用相对频繁之特点相适应。

5. 较明确的储备动用机制

日本的石油储备动用机制明确规定了动用石油储备的决策权力由经济产业省统一行使；市场调节手段失控情况下才动用石油储备的动用情形；以及首先动用民间商业储备最后动用政府储备的动用次序等内容，并在实践中根据国内石油市场实际需求启动过石油储备动用机制，积累了丰富的经验。

6. 有效储备资金保障机制

日本的石油储备资金保障机制的借鉴意义首先在于征收石油税并设立石油专门账户，60%以上用于国家战略储备，30%用于石油开发与产业调整，其余用于民间储备。其次，石油储备资金来源具有多元性，年度财政拨款、日本政府贷款、日本政府提供担保的商业银行贷款对石油储备大力扶持，是 JOGMEC 的运转费用的三大来源。再次，储备资金利用较为合理，通过政府及国家信贷部门筹集石油基金款项，对民间石油储备企业提供财政支持，直接为石油储备公司购买股权，石油专项资金不仅用于储备基地的建设，还用于储备设施维护、私营储油罐租赁、技术研究、土地租赁等，全过程、全方位维护石油储备实施计划。最后，对石油储备适当周转经营，灵活创造新的资金来源。

三、我国石油储备体系的完善建议

我国的石油储备体系虽然已经建立，但是仍然存在诸多不足，因此完善我国的石油储备体系，可以借鉴日本经验，健全石油储备立法，完善石油储备管理体制，设立多元化的石油储备主体，石油储备规模和方式合理化，建立明确的储备动用机制和有效的资金保障机制。

（一）健全石油储备立法

日本的石油储备体系的建立和完善是法律先行，国家和民间石油储备均纳入法律体系。当前我国政府应当尽快完善石油储备的相关法律，实现石油储备建设和管理的法制化和规范化。

首先，应当制定专门的《石油储备法》，明确我国石油储备的目的、储备主体及储备义务、储备管理体制、储备规模与方式、储备资金管理与使用、储备动用权限与程序、储备应急管理、法律责任等问题，使我国的石油储备体系建设全过程都有法可依。

《国家石油储备条例（征求意见稿）》历经十年破茧，这是我国在石油储备立法进程中迈出的重大一步，应当抓紧时间通过该条例，解决石油储备缺乏法律规制之亟须，再根据实施情况与储备现状制定《石油储备法》。

其次，应当规定已有的行政规章的效力，如对《国家石油储备基地第一期项目建设管理试行办法》的适用范围是否适用第二批、第三批储备基地进行明确规定，如果不能同时适用，应当尽快制定统一的法律文件对之进行一致规范。

（二）完善储备管理体制

政府机构设置与经济发展、机构权力划分、社会管理需要等密不可分，能源机构改革也要考虑生态文明、经济发展、国家安全等综合需求。我国的石油储备管理体制仍需要在决策机构设置、各机构职能分工的明确与协调等方面进行改革。

首先，借鉴日本在管理体制上的先进经验，我国应明确一个石油储备的中央级决策机构。能源局是隶属于国家发展与改革委员会的副部级机构，不具有全面协调包括环境保护、外交等在内的能源相关事务的强大权力，因此应单独建立一个国务院直属管理的全面负责石油储备工作的专门机构，或者直接设定国务院为石油储备的中央决策机构，以制定石油储备的总规划，决定动用全国性战略石油储备的重大事项。

其次，应当完善国家石油储备中心的职责、明确石油储备中心与石油储备基地的分工。其一，应确立国家石油储备中心在组织编制和实施石油储备发展规划和计划；建立石油储备预警系统；提出石油储备动用和收储计划；组织实施石油储备动用和轮换；发布石油储备预警报告等方面的职责。〔36〕其二，应明确石油储备基地公司在包括储备基地的工程建设、储备基地的运营管理等在内的管理、运行方面的具体职责。

（三）设立多元化石油储备主体

日本石油储备体系的前提条件是政府放开了对民间石油企业的原油、成品油进口权，因而官民结合的储备模式较为成熟。民间石油企业具有较稳定的石油储备来源、较强的储备管理技术及经验，因此民间石油储备先行。这与我国当前石油管理规制体系大有不同，但对我国仍有借鉴意义，因此必须根据我国的石油发展的基本情况来合理制定符合我国国情的储备体系。

当前我国民营石油企业在油品销售、石油设备制造等中下游领域有了长足的发展，已经具有较强的经营管理能力，有潜力也有必要将民营石油企业纳入石油储备主体。但鉴于我国石油市场尚未完全向民营企业放开，民营企业缺乏直接的稳定石油储备来源的现状，应当循序渐进，逐步规定民营企业的法定

〔36〕于文轩："论我国石油储备法律机制之构建"，载《中国政法大学学报》2014年第6期，第98页。

储备义务。对此，应当充分考虑政府和企业的承受能力，制定长远的规划，在石油市场不断完善的情况下，逐渐放开对民营石油企业原油、成品油进口权的限制，激发民营石油企业储备潜力，赋予民营石油企业储备主体地位，明确政府和各类石油企业石油储备义务，最终实现储备主体的多元化。

具体而言，首先，应当在法定石油储备体系中将三大石油公司的石油储备纳入进来，建立以政府战略储备为主体、以企业法定储备为补充的初期体系；其次，动用民间力量储备，将政府储备与商业储备彻底分离，并逐步将一些有实力的民间石油企业纳入进来，拓展企业商业储备；最后，在上述初期体系成熟的基础上，建立以政府和企业法定储备为主、以企业商业储备为补充的国家石油储备体系。明确了石油储备主体之后，再对政府石油储备、企业义务储备和商业储备的储备规模进行调整。

（四）石油储备规模和方式合理化

国际能源署（IEA）规定，其成员国的石油战略储备必须相当于90天使用的进口量，[37]而确定我国的石油规模，需要综合考虑国际惯例、国家的经济实力、进口石油的运输结构、储备的成本收益等多方面因素，参照IEA的规定和我国《国家石油储备中长期规划》，中国应当建立90~100天左右的石油储备规模，以应付各种突发事件，确保国家经济、政治、社会、军事安全。对此，应当合理规划，加大石油储备投入，增强我国政府储备与商业储备设施力度，加快我国石油储备尤其是原油战

---

〔37〕参见“Oil security”，载 https://www.iea.org/topics/oil/，最后访问时间：2018年5月26日。

略储备设施建设，提升我国商业原油、成品油储备能力。

在储备方式的选择上，在以地上存储为主的情况下适当开展地下盐穴溶洞石油储备库的建设，充分将经济、地质资源、技术及安全等因素考虑进来，这样不仅可以降低成本（地下盐穴溶洞石油储备库的建设成本是地面罐的1/5~1/10〔38〕），还可以保障石油储备设施的安全。

（五）明确的储备动用机制

石油储备的决策权力、动用情形、动用次序、动用规模等都是石油储备的重要方面，对此应当进行详细的法律规定。其一，应当明确石油储备的决策权力归属于国务院或者单独建立的国务院直属管理的专门机构；其二，确立在出现突发性的、长时间的、大范围的石油供应短缺危机或者国际石油市场供应紧张，国内石油价格波动剧烈，运行不稳定的紧急情形下动用石油储备；其三，区分政府储备和商业储备的功能，明确国家战略储备应对战争等突发事件的作用以及商业储备调控国内、国际市场石油价格和供求关系的职责〔39〕，确立动用次序，在国内石油供应短缺或者中断的情况下可以先采取抑制需求的方式，在收效不大的情况下可采取降低企业储备目标量的方式等先动用企业储备，最后才动用国家战略储备；其四，确立不同的石油储备供应规模（主要考虑石油供应中断的范围、时间、影响等因素），还要通过法律明确石油储备动用规模的上下限。

---

〔38〕 安丰全："官民结合的日本石油储备"，载《中国石油石化》2003年第3期，第77页。

〔39〕 李果仁："发达国家建立石油储备的经验"，载《世界经济与政治论坛》2002年第3期，第12页。

（六）有效的资金保障机制

石油储备的建设需要庞大的资金投入来维持，采用政府财政包揽的方式会加重政府负担，因此石油储备资金应当由国家、社会、企业共同承担。首先，在资金来源上可以拓宽融资渠道，采取政府担保、行政拨款、低息贷款、专项基金、石油税收等综合资金来源渠道，支持国家战略石油储备实施。其次，在资金审批、使用程序上应当保持一致性，建立适用于所有石油储备工程的一整套资金审批、使用、监督制度。最后，对资金要合理使用，在石油资金中拨出一部分作为专项石油储备基金，用于进口石油，编制国家石油储备特别预算，设立石油储备专门账户，使用石油储备专项资金，该项资金不仅应使用于石油储备基地建设方面，也应当使用于技术研究、设施维修、补充储备、对储备企业扶持等方面，如对石油义务储备企业提供税收优惠及贷款支持。

四、结论

完善我国的石油储备体系，应当坚持多角度、多方位进行，首要任务就是完善相关立法，促进我国石油储备体系建设的法治化；其次需要完善石油储备管理体制，明确各层级管理机构的职责与分工；此外还应当设立多元化石油储备主体，保障石油储备安全；促进石油储备规模和方式合理化并且建立明确的储备动用机制和有效的资金保障机制，这些都是我国石油储备体系建设的重要方面，通过这些途径，可以不断完善我国的石油储备体系，保障我国石油储备的建设和运行。

煤炭行业职业病监管的问题与对策*

王泽宇**

尘肺病是我国当前主要职业病之一。全国省、自治区、直辖市卫生安监部门向国家卫计委和安监总局的报告中提到，2016 年共有职业病 31 789 例，其中职业性尘肺病和其他呼吸系统疾病 28 088 例，占职业病总数额的 88%，而职业性尘肺病中 95. 49%的病例为煤工尘肺和矽肺。[1]可见，我国煤炭行业职业病情况极为严峻。多年来，煤炭行业职业病已经成为矿工的一大杀手，为防止煤炭职业病的发生，保护煤矿工人的身体健康，完善和加强煤炭行业职业病监管制度已刻不容缓。

一、煤炭行业职业病监管概述

监管是煤炭职业病防治的重要一环，对煤炭行业职业病监管制度进行研究，就必须研究职业病和煤炭职业病的含义，在此基础上，才能对监管制度和理论进行深入了解。

---

* 本文在第二届全国“绿能杯”高校法学研究生暑期调研竞赛二等奖参赛报告《煤炭行业职业病防治法律问题研究》基础上整理而成。

** 北方工业大学经济法专业硕士研究生。

〔1〕 国家卫生计生委：“关于 2016 年职业病防治工作情况的通报”，载 www. nhfpc. gov. cn/jkj/s5899t/201712/c46227a95f054f5fa75a40e4db05bb37. shtml，最后访问时间：2018 年 6 月 5 日。

（一）煤炭行业职业病概述

煤炭行业职业病与其他行业职业病有着显著区别，分析煤炭职业病的含义及特征，是有效改善煤炭职业病监管的基础。

1. 职业病的定义

我国《职业病防治法》第2条第2款规定，“本法所称职业病，是指企业、事业单位和个体经济组织等用人单位的劳动者在职业活动中，因接触粉尘、放射性物质和其他有毒、有害因素而引起的疾病。”可见，职业病是因劳动者受特定工作环境影响或接触特定危害因素而引发的疾病。然而，由于职业病的产生与危害因素的特性、浓度以及个人的身体状况等因素有关。因此，劳动者在接触危害性因素时，并不必然导致职业病的发生。

2. 煤炭行业职业病的定义

煤炭行业职业病是特指在煤炭行业中所产生的由于从事与煤炭相关的工作而导致的具有煤炭行业特点的，与相关具体工作环境和工作进程有联系的一种行业内的职业病，与其他行业的职业病有显著区别。常见的煤炭职业病有煤工尘肺、急性硫化氢中毒等。其中煤工尘肺是煤炭职业病中危害劳动者身体健康最广泛、最严重的职业病。

煤炭行业职业病呈现以下三大特点：

（1）煤矿工人所接触的职业病危害类别广、因素多。煤矿工作环境中存在粉尘、化学物质、物理因素等危害因素，所以矿工在井下的作业环境十分恶劣，尤其在煤矿井下岩石及半煤岩巷道作业时，在采煤工作面工作时，如果不采取较好的防尘措施，不严格地贯彻煤矿职业病防治有关规定，最大的受害者就是矿工。

（2）煤炭行业职业病具有隐匿性和流动性。煤炭行业职业病如尘肺病发病初期与普通病症相似，潜伏期较长，而劳动者又无法及时察觉，在根据劳动者的工作需要或自身需要转换工作时，职业病又会随之转移，使得劳动者无法及时得到帮助和治疗。

(3) 煤炭行业职业病多发生在中小企业，且危害较大。中小企业对职业病的防治能力较弱，职业病无法得到重视，相应的技术和设备无法达标，这些问题极易引起煤炭行业职业病的发生。

(二) 煤炭行业职业病监管概述

我国《职业病防治法》明确规定国家实行职业卫生监督制度，即国家行政机关按照法律法规对企业、事业单位和个体经营组织等用人单位履行职业病防治职责和遵守执行职业卫生相关法规、政策，并根据法律进行监督、纠正和惩戒的工作。而煤炭行业职业病监管就是指国家行政机关对煤炭行业企业职业病进行的监管活动。对煤炭行业职业病的监管内容既包括政府的总体领导规划，也包括安全监管部门、卫生行政部门等专职部门的协同配合，更涉及职业病预防和申报、劳动过程中职业病危害因素检测、工人的职业健康监护等每个细节，都应该监督到位。职业病相对于其他病症的特殊性决定了在职业病防治中预防胜于治疗，所以建立合理有效的职业病监管体系是预防职业病、保护劳动者权利的根本途径。

(三) 煤炭行业职业病监管的法律基础

我国煤炭行业职业病防治有着包括多种法律形式和层次的法律体系，即宪法为总纲，包含《职业病防治法》在内的多项法律为框架，以有关法规、规章等规范性文件为补充，共同构成了煤炭行业职业病监管的法律基础。《宪法》第 42 条规定

“加强劳动保护，改善劳动条件”，这是煤炭行业职业病监管的宪法基础。与煤炭行业职业病监管相关的基本法律有包括《职业病防治法》《矿山安全法》《安全生产法》在内的社会法，包括《煤炭法》在内的经济法，包括《行政处罚法》在内的行政法以及可能涉及犯罪时所适用的刑法等。与煤炭职业病监管相关的法规有包括《尘肺病防治条例》《煤矿安全监察条例》《工伤保险条例》在内的行政法规，以及各地的地方性法规等。与煤炭职业病监管相关的规章是包括《煤矿作业场所职业病危害防治规定》《建设项目职业病防护设施“三同时”监督管理办法》《工作场所职业卫生监督管理规定》在内的部门规章。

二、煤炭行业职业病监管问题分析

在经济快速发展和对能源需求极高的今天，我国煤炭行业职业病监管面临极大挑战，而且当前煤炭行业职业病危害防治形势依然严峻，监管机制不完善、监管能力不足等问题仍然存在，这就需要对我国煤炭行业职业病监管存在的问题进行分析，以提出相应的对策，从而改善我国的煤炭行业职业病监管制度。

（一）煤炭行业职业病监管机制不完善

我国职业卫生监管职能的不合理调整导致了煤炭行业职业病监管机制的不完善。我国的职业卫生监管职能最初是由卫生部门与原劳动部门一同行使，而后经过两次调整，第一次调整是在 1983 年，由卫生部门统一行使职业卫生监管职能，原劳动部门不再行使该职能，第二次调整是在 2003 年，卫生部不再拥有煤矿作业场所的监管职业卫生的权力，由国家安全生产监督管理局行使，该局负责作业场所的事故检查和处理相关违法行为。卫生部负责制定相关法规、规章，并负责职业病的预防、检查和救治，同时也对相关职业病技术服务机构进行资质认定和评价。〔2〕可以看出，虽然职权有所划分，但安监部门与卫生部门仍一同行使职业卫生监管职责。

这样的职能调整导致监管职能分割，职业卫生监管与职业安全监管相分离，部门之间无法有效协调配合，从职业病前期预防到过程管理与后期处理难以相互衔接，使得职业病监管难以自成体系，职业病监管协同机制无法建立。安监部门没有卫生部门的专业技术系统配合，无法获得职业病发病情况、鉴定情况、健康监护情况等信息，更多的时候是在唱“独角戏”，这就形成了安监部门空有职责，却无法有效地保障履行职责的情形。同时，安监部门与劳动保障、建设、发改、工会等部门无法有效协同工作，导致安监部门无法第一时间获得职业病预防相关信息，例如安监部门无法得知建设项目信息时，就无法有效监督建设项目职业健康“三同时”申报情况，当得知情况时，许多项目已经竣工，造成被动监管的局面。

具体到煤炭行业，我国现有隶属于国家应急管理部的国家煤矿安全监察局和在地方设立的煤矿安全监察局以及一些在大型煤矿设立的安全监察处。尽管煤矿安全监管机构有独立执法的权力，但如上文所讲，在很多情况下要受到地方行政势力的限制，无法做到独立执法。且煤矿安监机构不仅监管职业卫生情况，也监察煤矿安全，同时管理整体煤炭行业，身兼数职，很难保证专业独立性，且监察公正公平性也难以保证。当其他行政部门参与煤炭企业管理时，管理头绪复杂，多头管理，职

〔2〕“中央机构编制委员会办公室关于国家安全生产监督管理局（国家煤矿安全监察局）主要职责内设机构和人员编制调整意见的通知”，载 http://www.china.com.cn/chinese/PI-c/435553.htm，最后访问时间 2018 年 6 月 6 日。

能分散，极易出现管理矛盾，导致煤炭企业左支右绌，无法制定长效的职业病防治规划。

（二）煤炭行业职业病监管能力不足

职业病监管的能力大小是衡量职业病监管是否合格的重要标准，我国煤炭行业职业病监管能力不足，重点体现在基层队伍薄弱、职业卫生技术机构服务能力弱、追责机制不完善以及工会无法发挥作用等方面。

1. 煤炭行业基层监管部门队伍薄弱，覆盖面小

我国《职业病防治法》第62条赋予了基层监管部门监督检查的权力，但是基层行政监管部门执法人数有时无法达到监管所有煤矿的数量，监管无法覆盖所有煤矿，这就造成了监管真空的局面，某些企业因此不遵守法律法规，在外部性效应的驱使下逍遥法外。同时煤矿职业病监管是专业性、技术性极强的工作，这对煤矿安全监察人员的职业素质提出较高的要求，而专业监察人才短缺，无法保证所有执法人员都具备较高的专业技术水平，这就更容易导致执法人员无法高质量完成职业病监管工作。

2. 煤炭职业卫生技术服务机构服务能力弱

我国《职业病防治法》第26条规定职业病危害因素监测、评价由具备资质认可的职业卫生技术服务机构进行。因为职业卫生服务机构需要较高要求的资质认可，所以导致数量稀少的职业卫生服务机构无法满足煤炭行业职业病诊断和鉴定的需求。而轰动一时的“张海超验肺”事件也因为郑州大学第一附属医院没有职业病鉴定资质而无法证明张海超确实患有尘肺病。所以如果能够适当程度开放职业卫生技术服务资质审批，让更多的医疗机构参与进来，就可以更好地解决职业病人鉴定难的问

题。同时，我国现有的一些煤炭职业卫生技术服务机构服务水平不够、专业技术人员不足、技术力量薄弱、管理不完善等问题都应该受到足够的重视，否则将无法满足我国煤炭职业病鉴定和诊断的需要。

3. 针对中小煤炭企业缺乏有效的监管方法

相对于大型煤炭企业，中小型煤炭企业因其数量多、人员少、投入低、用工形式复杂、职业病防治意识差而成了当前煤炭职业病监管的薄弱环节。在笔者调研过相关大型煤矿企业后，发现大型煤矿职业病防治设施完备，技术完善，职业病防治设施建设情况良好，劳动合同明晰，职业病防范意识强，具有很强的职业病防范能力。但是中小煤炭企业显然成为令监管者为难的对象，管理人员短缺，管理制度不完备，管理内容不全面，在日常监测方面，为了应付检查，容易流于形式，同时对于职工的职业病防治培训教育工作开展不足，使得职工自我防护意识不强，而大部分中小煤矿没有委托具有专业资质的职业病检测机构进行定期测评，所以职工对于职业病后知后觉，患病之后才发现为时已晚，所以亟待针对性地建立适应中小煤炭企业特点的职业病防治体系和监管模式。

（三）煤炭职业病监管追责机制不完善

我国从 2017 年 11 月 4 日修正的《职业病防治法》开始仅在第 82~84 条规定了职业病监管机关违反法律规定不履行职责应予以追究的责任。与用人单位的责任相比，监管单位的责任显得十分轻微，对于监督管理部门不作为所造成重大事故或影响的，仅仅对主管人员进行记大过或开除的处分，这样的事后处罚对于已经遭受巨大损失的职业病患者来说显然是不够公平的。可以看出法律规定监管机关失职的追责机制不够完善，许多监督机构负责人在不履行法定职责时也能够铤而走险，逃过法律法规的制裁，这对于职业病监管乃至煤炭职业病监管的大环境来说是十分不利的。近年来发生的煤炭职业病危害事件中，很多事件都与监管机关监管不力有关，为了更好地防止职业病的发生，应该完善政府监管失职的追责机制。

（四）煤矿工会无法有效体现监督作用

我国《职业病防治法》中规定工会具有监督职业病防治工作的权力。虽然明确了工会的监督职能，但是对于监督权限和职责范围并没有确切性的规定，这将形成公会提出意见，煤炭企业搁置意见甚至不听取意见的情况，工会的监督作用无法有效体现。令人咋舌的是，现实中有时工会组织与单位联合起来对抗职业病患者，工会不仅不能保护劳动者，还会对劳动者产生侵害。

三、域外煤炭行业职业卫生与安全监管经验借鉴

美国、英国等国家的煤炭职业卫生防治历史长、防治经验丰富、监管模式先进，如果能够对域外先进监管经验进行借鉴，就可以很好地改善我国的煤炭职业病监管情况。笔者选取了美国、德国和英国三个国家，分析各国监管模式的优势，从而便于我国借鉴。

（一）美国煤矿职业安全与卫生监管模式

美国是世界上煤矿安全生产与卫生监督管理体制最完备、最典型的国家之一。与其他主要产煤国相比，美国最早颁布了《联邦煤矿安全与健康法》，建立了完善的煤矿职业卫生与安全健康标准，值得我国借鉴。

1. 完备的煤矿职业安全卫生管理体制

美国的煤矿职业安全卫生管理体制主要依据相关法律和行政法规形成，主要分为联邦层面和州政府层面。联邦层面设有职业卫生与健康管理局（Occupational Safety and Health Administration，简称 OSHA），矿山安全与健康监察局（Mineral Safety and Health Association，简称 MSHA）与联邦矿山安全与健康复审委员会。OSHA 的职能是通过制定和执行标准以及提供培训、拓展教育和援助，确保劳动者能够拥有健康且安全的工作环境。[3] MSHA 则通过执行强制性安全卫生标准以消除致命事故、减少非致命事故的频率和严重程度，减少健康危害，从而改进煤矿的安全与卫生状况。[4]联邦矿山安全与健康复审委员会是美国政府的独立审判机构，对 MSHA 的执法行为进行司法复审。[5]

OSHA 与 MSHA 两个部门相互合作，MSHA 向 OSHA 提供相关鉴定报告、技术支持，两者在制定法规和执行监管活动方面相互协调，避免不必要的冲突。MSHA 下设的煤矿安全与健康监察司对煤矿的安全与卫生项目进行监察，并且下设地区监察处，对于美国所有煤矿进行监察。在监督执法过程中，有明确的执法程序以及严格的处罚标准，一切依照标准进行执法。劳动者投诉的问题会引起监察局的足够重视，予以优先监察和重点监察。MSHA 下设教育政策与发展司，负责制定职业安全与

---

〔3〕 美国职业卫生与健康管理局："OSHA's Mission"，载 https://www.osha.gov/about.html，最后访问时间：2018 年 6 月 22 日。

〔4〕 美国矿山安全与健康监察局："MSHA's Mission"，载 https://www.msha.gov/about.html，最后访问时间：2018 年 6 月 22 日。

〔5〕 "Federal Mine Safety and Health Review Commission"，载 https://en.wikipedia.org/wiki/Federal_Mine_Safety_and_Health_Review_Commission，最后访问时间：2018 年 6 月 22 日。

卫生培训计划，能够依照法律为矿工提供完善的职业安全与健康教育培训。

州层面的矿山安全监察机构其实与联邦的 MSHA 相似，因为美国是联邦国家，所以可以根据各州的情况来制定相应的法规，并依照法规进行相应的监督管理。

2. 有效的工会组织

美国的煤矿矿工工会在煤炭企业职业卫生与安全监管方面起到十分有效的作用。美国矿工工会组织由来已久，19 世纪美国矿工就已经有了工会组织，成立了美国联合矿工工会（United Mine Workers of America，简称 UMWA），工会组织在不断地与矿主斗争的过程中迅速成熟起来，于 1933 年罗斯福新政时期获得了与煤矿投资方谈判的权利。随后，矿工工会组织在职业卫生、职业安全、减少工作时间、增加工资、争取矿工福利方面都起到重要作用。矿工工会在不断斗争中拥有了生产活动中的监督管理权，同时也成立了安全委员会和建立了安全检查员制度。〔6〕工人享有监督权与举报权，可以较好地提早发现隐患，保护工人身体健康和生命安全，工会的安全检查员可以直接要求政府的检查员下井检查，必要时刻还能直接要求停止生产。工会还设有职业安全与健康部，为工人提供职业安全与健康的相关服务，工会在推动和游说立法方面还起着极其重要的作用。

3. 启示

美国的煤矿职业卫生安全监管体系特点明晰、优势突出，笔者认为有以下三点值得借鉴。

（1）美国的煤矿职业安全与卫生监督机制较为完备，法律

〔6〕 美国联合矿工工会："UMWA in action"，载 http://umwa.org，最后访问时间：2018 年 7 月 4 日。

法规完善，执法机构有法可依，并且严格按照法律法规所规定的标准进行执法和监督，其矿山安全与健康监察局是典型的煤矿职业卫生与职业安全一体化监察机构，可以有效地预防煤矿职业病的发生，同时监察煤矿安全，防止安全事故的发生，达成双保险。各监察机构之间有良好的协作机制，权力分工明确，可以有效防止多头执法和监察机构逃避责任现象的出现。

（2）美国监察机构追责机制完善。OSHA 和 MSHA 都有相应的复审委员会对其进行监督，复审委员会可以追究执法机构的失职责任，是对于执法机构监管权力的制衡。所以完善的追责机制可以防止执法机构滥用权力和玩忽职守，从而提升了监察机构的执法效率和监察质量。

（3）美国工会制度发达。美国煤矿的工会不仅能够运用集体谈判权与资方进行谈判，而且还能够直接参与到煤矿安全卫生检查中，运用自身的话语权将相关情况反馈给监察机构和煤矿企业，很大程度上补足行政机关的监督盲点，从而进一步改善煤矿工人工作环境。同时工会还能够推进国会对于安全与卫生方面的立法，从而以立法的形式来保护矿工的合法利益。

（二）德国煤矿职业卫生与安全监管制度

德国是十分发达的工业国家，也是欧洲矿产资源比较丰富的国家，所以德国政府非常重视煤矿的安全生产与卫生监督工作。德国通过建立完备的矿山安全法律法规体系，高效的监管体制以及成熟的工伤保险制度，极大程度地减少了矿山事故和职业病的发生。

1. 完备的立法执法体系

德国的职业卫生立法从 19 世纪就已经开始，经过几十年的发展，已经形成了较为完善的立法执法体系。德国的联邦职业安全和健康机构是德国的职业卫生监督管理机关，依照德国《劳动保护法》监督雇主的安全卫生责任。[7]同时德国非常重视职业病预防制度，在其法律法规中重点规定了职业病相关标准，以期能够最大限度地减少危害因素。地方政府也有自主立法权，能够针对本州内的职业卫生安全特点，制定适合本地特点的煤矿安全生产与卫生法律法规。同时德国采取重罚机制，执法力度强，企业的事故成本高，可以从根本上解决企业不重视安全卫生的问题。

2. 双轨制

德国实行安全卫生监督双轨制。[8]即通过国家行政监管和工伤保险体制监管来维护矿山卫生与安全。行政监管是通过矿山与能源管理处、安全监察处、煤矿行业协会等部门来监督煤炭企业。而工伤保险监管方面，职业病的各个环节都被纳入到法定强制保险体系的管理中，如事前预防，职业病鉴定以及职业病赔偿等。同时职业病要按照工伤赔偿，负责赔偿的是各行业的同业工伤事故保险联合公会。德国的工伤保险费率因风险等级不同而不同，风险等级高，企业要付出高额的保险费用，这种机制促使煤矿企业改善矿工工作环境，保障矿工生命安全。

3. 工会组织

德国的工会组织虽然不属于政府管理，但却拥有着半官方

〔7〕“Federal Institute of Occupational Safety and Health”，载 https://en.wikipedia.org/wiki/Federal_Institute_for_Occupational_Safety_and_Health，最后访问时间：2018 年 6 月 23 日。

〔8〕B. Froneberg，F. Liebers，M. Ertel，“The National Profile of the Occupational Safety and Health System in Germany”，载 http://ilo.org/wcmsp5/groups/public/ed_protect/protrav/safework/documents/policy/wcms_186995.pdf，最后访问时间：2018 年 6 月 27 日。

的权力，是一种自治组织。德国工会的基本任务是集体合同谈判和维护社会保障制度等。其中社会保障的主要职能是防止工伤事故、职业病等危害的发生，同时有一定的权力来参与调查事故。工会有权管理工伤保险，并且可以从工伤保险基金中提取出相应的资金用于职业卫生与安全事故的预防。〔9〕

4. *启示*

德国煤矿职业安全与卫生监管一体化程度高，监督双轨制制度作用明显，有以下三点启示值得我国借鉴：

（1）健全的矿山安全卫生法规。德国矿山法律法规较为健全。《联邦矿业法》、有关职业卫生安全管理的《矿业条例》等，都适用于矿山职业卫生与安全的监管，同时矿业工会也会针对当地情况制定一些安全卫生规章和标准，这些规章和标准同样具有强制力。同时德国法律采用重罚机制，执法力度较强，执法质量较高，这是我国煤矿安全卫生监管机关应该予以重视的一环。

（2）完善的工伤保险制度。德国工伤保险制度参保人数覆盖范围广。同时，德国还利用同业工会来进行职业卫生与安全培训，极大程度地预防职业卫生与安全事故发生，同时用高额保费给予雇主压力，督促煤矿企业重视安全生产与职业卫生。我国在借鉴德国经验时应结合我国国情，针对不同情况采用不同的保险费率标准，以此来促进企业优化安全卫生管理工作。

（3）重视职业卫生安全事故预防。德国十分重视对于职工的安全卫生培训工作。在德国，每个职工都必须经过严格的安全卫生培训才能上岗执业，而我国的煤矿矿工多数文化素质不高，亟须进行相应的职业卫生安全培训，提升矿工的自我保护

〔9〕 李新娟：《中美煤矿安全管理体制机制的比较研究》，中国矿业大学 2011 年博士学位论文，第 17 页。

意识和职业病预防意识。德国的煤矿都成立了安全健康委员会，设有安全专家和医生提供相应的安全建议和健康保护，并且采用先进的技术来预防安全卫生事故的发生。所以，我国也应该重视和完善职业病预防制度，将职业病扼杀在摇篮之中，这样可以有效保护职工的利益。

（三）英国煤矿职业卫生与安全监管制度

英国作为最早开展工业革命的国家，对于职业卫生与安全的法律监管十分重视。经过较长时间的发展，英国已经拥有一套独特的职业卫生与安全法律体系，随着法律的成熟，英国也形成了包括行政机构、媒体、社会组织等在内的成熟的职业卫生安全监管体系。

1. 卫生安全法律体系成熟

英国 1974 年颁布的《职业卫生安全法》是具有标志性意义的立法，它由保护工商业主利益转向保护普通劳动者的职业健康利益，在保护劳动者利益方面迈出了历史性的一步。1992 年颁布的《职业卫生安全管理条例》，进一步提升了对于劳动者保护的层次，在职业卫生方面对于企业提出了更高的要求。

2. 监管体系完备

英国设有健康与安全委员会（Health and Safety Commission，简称 HSC）与健康与安全执行委员会（Health and Safety executive，简称 HSE）。HSC 负责制定和修改安全卫生法律法规的实施规定，并能够为政府提供技术支持，调查重大安全卫生事故。[10] HSE 负责审核相关安全法规、监督企业贯彻执行法规、事故调

〔10〕“Health and Safety Commission（HSC）：Functions”，载 https://en.wikipedia.org/wiki/Health_and_Safety_Commission，最后访问时间：2018 年 6 月 29 日。

查等。HSE设有安全监测工作部门，其中的矿山安全部门用于监督矿山安全卫生。安全监察员由国家权力机关任命，矿业监察员由专家组成，在法律授权下，矿山安全监察专员具有直接进入工作场所取证并提出事故调查意见和限期纠正的权力。〔11〕

3. 社会监督作用明显

英国充分发挥媒体、民间职业卫生服务机构等公众监督的作用，由媒体曝光不安全或者有隐患的企业，民间机构对于每年煤矿的安全生产状况、职业卫生管理状况进行披露，为公众参与提供有利条件。民间职业卫生服务机构可为企业提供职业卫生服务，并且形成了巨大的职业技术服务市场，这些机构配合HSE监督检查，为企业提供职业卫生咨询，较好提升了企业的职业病防治水平，并且减轻了监管机构的压力。

4. 启示

英国职业卫生与安全监督机制自成一体，被许多国家所效仿，我国若加以借鉴，可从以下三点入手：

（1）职业安全与卫生一体化监管。英国无论是立法体系还是执法机构设置，都一以贯之地实行职业安全与卫生一体化制度。这就使得行政执法机构在有法可依的同时能够较好地运用法律赋予的一体化监管职能，监管机构之间分工合作，例如HSC负责制定相关规定，HSE则负责贯彻规定，权力分工明确，防止互相推诿职责、消极不作为的情况出现，可以有效提升职业卫生安全监管质量。

（2）安全卫生监察员制度。安全卫生监察员有相应的监察权力，可以现场取证、发布改进和禁止通知等，安全卫生监察

〔11〕“Health and Safety Executive（HSE）：HSE's work”，载http://www.hse.gov.uk/aboutus/index.htm，最后访问时间：2018年6月29日。

员制度的存在可以有效提升监察效率和监察覆盖面，辅助行政监管机关执法，从而间接地改善劳动者的工作环境。我国可以进行相应地借鉴，为每一个地区设置相应数量的独立安全卫生监察员，以解决监察覆盖面小、监察力量不足的问题。

（3）社会监督。我国社会监督机制与英国相比不够完善。如果无法有效发挥社会监督的力量，就等于切断了一条有效改善煤矿职业卫生与安全环境的通路。而英国充分发挥了媒体、民间组织等社会监督力量的作用，弥补了行政监督的死角，充分发挥了公众监督的作用，同时也给企业施加了相应的压力，从而更好地督促企业实行良好的职业卫生安全规划，防止企业安全卫生事故的发生。

四、完善我国煤炭行业职业病监管制度的建议

煤炭行业职业病问题作为我国煤炭产业发展过程中不可回避的问题，应该受到足够的重视。笔者经过实地调研和分析现有文献资料，在借鉴域外职业卫生与安全监管模式的基础上，提出相应的完善我国煤炭行业职业病监管制度的建议：首先应该建立安全生产与职业健康一体化监管模式，在此基础上进一步提升煤炭行业监管机构的监管能力，同时完善对于煤炭监管机构的监督机制，避免权力滥用，最后借鉴美国、德国、英国经验，立足于我国国情，加强我国工会的监督作用，完善工伤保险制度对职业卫生与安全的监管和治理作用。

（一）探索建立安全生产与职业健康一体化监管模式

在 2017 年 7 月 11 日原国家安全生产监督管理局发布的《职业病危害治理“十三五”规划》中明确提到“管安全生产必须管职业健康”，“积极稳妥、有序推进职业健康与安全生产

一体化监管监察执法”，由此可见探索建立安全生产与职业健康一体化的监管模式是十分必要的。国外的先进监管模式如美国、英国等都将职业卫生与安全进行一体化管理。笔者认为，一体化监管执法已经成为现实需要和必然要求。

如何推进安全生产与职业健康一体化模式的建立，笔者认为有两种选择，第一种是建立职业卫生管理与职业安全管理合并机构，针对煤矿职业病领域，可以由安监部门和卫生部门合力组建一支独立的煤矿职业卫生与安全监察队伍，这样既可以摆脱多头执法的困境，也可以避免安全监察部门对于职业卫生检查专业技术不足的局面，更可以增强该机关的执法独立性与公正性。第二种选择是建立职业病监管联席工作会议机制。这项选择是针对第一种选择无法实现时，可以考虑的比较现实的做法。即对于煤矿职业病监管，可以由煤炭安全监察部门会同卫生、劳动、发改、财政等部门建立煤矿职业病联合监管会议平台，壮大监管一体化力量，在安全检查、建设项目“三同时”检查时，可以一同推进检查，避免检查死角的出现。在联席会议上，可以就相关标准进行统一，将职业卫生标准纳入到安全生产标准中，在职业健康达标时，才可以通过安全生产检查。我国之所以出现煤炭企业监管职能分割的问题，是因为煤炭职业卫生监管与安全监管没有固定的合作平台，才会出现各人自扫门前雪的情况。联席工作会议平台的存在，可以有效地建立健全监督协同机制，帮助安监部门会同财政部门、建设部门、劳动部门等机关提高行政监管效率，改善监管质量。

（二）提升煤炭行业职业病监管能力

前文提到，我国煤炭行业职业病监管能力严重不足。笔者针对我国煤炭行业职业病监管的相关问题，在借鉴域外监管经验的基础上，提出如下建议。

1. 加强煤炭行业职业病监管投入

我国煤炭行业一直以来重视安全生产，对于安全生产事故的预防和处理投入较多，但是却一直忽略职业病的预防和治理投入，只有加大职业病预防的投入，煤炭行业职业病监管才能顺利进行，没有人力、财力、物力的支持，煤炭行业职业病监管只能成为一句空话。加强基层执法力量，完善煤炭安全监察部门的人员编制，提升职业卫生监管人员比例，加强县、乡、镇的基层执法力量；加大资金投入，为监察人员配备必要的监察工具，如执法车辆和设备等；加强培训投入，严格按照法律法规的标准对于煤炭职业卫生监管人员进行培训，对于监管人员坚持资格审查，提升监察队伍素质；加强煤炭职业卫生技术服务机构投入，在现有的职业卫生服务机构存在基础上，严格按照资格审查准入的方式，赋予符合要求的社会医疗机构以职业病检查资质，从而满足煤炭职业病服务需求，提升专业技术队伍水平，保证职业病检测和鉴定的科学性和公正性，避免出现“海超验肺”式的职业病误诊情况。

2. 针对中小企业建立职业卫生社会化服务模式

大多数中小企业职业病防治水平低，但是中小企业数量多、难监管的特征使得煤炭职业卫生监察机构往往心有余而力不足，从而导致监管机关管不到、管不好的问题。笔者认为可以借鉴英国的职业卫生社会服务模式，由政府来采购社会化的职业卫生服务，以合同形式委托社会职业卫生服务机构和专家，为安监部门提供有偿技术服务，为企业提供职业卫生隐患排查等服务，从而减轻煤炭监察部门的监管压力，同时顾全大量的中小煤炭企业，提高中小企业的职业病防治水平。

3. 完善煤矿企业卫生安全责任制度

我国煤矿职业病监管能力不足的一个重要原因是没有完善的企业责任制度。虽然我国《职业病防治法》第六章规定了企业违反法律规定应受到的相应处罚，但大多数是罚款、责令停止营业或者是对主管人员进行处分等。这样的处罚明显不足以使煤矿企业吸取教训改正错误，如此轻罚之下，一些煤矿企业会存在侥幸心理，特别是大多数中小煤矿企业，在监督真空的情况下，最终的受害者将是煤矿劳动者。笔者认为，一方面应该学习德国，采取重罚制度，严格追究企业职业安全与卫生事故的责任；另一方面应该完善我国的职业病救济制度，由煤矿企业对患有职业病的矿工负相应的赔偿和救济责任，只有这样，煤矿企业才能引起重视，煤矿劳动者才能在法律的保护下拥有更加安全卫生的工作环境。

（三）完善对于煤炭监管机构的监督机制

考虑到我国的相关煤炭监管机构没有较好的监督机制，大部分情况是该监管机关的上级机关对其进行监督，这样就导致对于煤炭监管机关权力运行的监督不够全面，同时煤炭监管机构有可能会采取“面子工程”等形式逃避上级机关的监督，从而为滥用职权和徇私枉法以及不作为提供温床，所以完善针对煤炭监管机构的监督机制十分重要。

1. 政府企业双向互动监督模式

鉴于煤炭监管机构有时会出现滥用职权或者不作为的情况，应该建立政府企业双向监督机制，以此改变煤炭监管机构与煤矿的“猫鼠关系”，转化为一种相对平衡的互相监督关系，公权力的行使须受到企业的监督，可以赋予煤炭企业相应的监督权利，必要时可以向煤炭监管机构的上级机关提出申诉，同时在监管机关执法时应该有企业派出的分管职业卫生与安全的专职人员在场，共同参与到职业病防治的监管工作中，有利于保证煤炭监管机关执法的公正与科学，从而达到双赢。

2. 赋予劳动者以追究政府监管失职的权利

在政府、企业、劳动者三者中，劳动者无疑是最为弱势的，当煤炭监管机关失职或者不作为时，就应该赋予劳动者追究行政机关责任的权利，否则劳动者的正当利益无法受到有效的保护，劳动者无法进行有效的自我救济。可以在相关法规中规定煤矿劳动者具有申请煤矿安监机关调查的权利，也应该规定当劳动者因煤矿安监机关监察失职而受到职业病损害时的申诉或者诉讼的权利，正如美国的煤矿职业卫生模式，工人具有监督权和举报权，笔者认为同样可以适用于我国。

3. 建立行政机关监管信息披露制度

煤矿劳动者在很多情况下无法得知行政监管机关对于该煤矿企业的相关监管情况，不仅仅在煤炭行业，在其他很多行业，行政监管机关的监管信息不透明，不向公众通报，这就导致民众处于不知情的情况，极大程度上阻碍了民众对于行政机关的监督。所以，建立完善的信息披露制度，通过网络、媒体等途径强制行政机关披露监管企业的信息，这样既可以了解企业的职业卫生与安全情况，也可以了解行政机关是否合法地履行了监管权力，从而为民众监督行政机关提供有效的途径。

（四）加强工会组织的监督作用

美国具有强有力的工会组织，而我国煤矿企业的工会组织还处于相对弱势地位，在煤矿职业卫生监管方面尚且不能有所作为，甚至一些中小煤矿并未设立工会组织，这使得工会的监督无法有效发挥作用。笔者认为可以借鉴美国煤矿工会与德国煤矿工会，在法律法规中赋予工会组织以更多更加明确的监督权利，如煤矿工会可以设置自己的安全卫生监督委员会，派出工会安全卫生监察员，赋予监察员一定的监督报告权利，同时在进行煤矿职业病患者维权时，可由工会派出维权代表帮助职业病患者维护自身的合法权益，只有这样，工会才能更好地代表和维护工人的利益，更好地发挥企业职业卫生安全监督的职责。

（五）建立完备的煤矿职业病工伤保险制度

在德国煤矿职业卫生与安全管理体制中，可以看出工伤保险发挥的巨大作用，所以工伤保险对于职业病监管来讲是一项有效的经济手段。德国工伤保险的原则是：职业病预防为首要任务，其次是康复，最后是赔偿。工伤保险机构可以完全参与到煤矿职业病预防和治理的全过程。而我国的工伤保险仅仅作用于工人患病之后，不仅对于企业的惩罚作用不大，而且无法起到有效的职业病预防效果。因此笔者认为，应该由相关法律法规进行规定，将工伤保险机构纳入到职业病预防这一环节中，且引入工伤保险费率差别制度，引导工伤保险费率因煤炭行业不同工种、不同职位的风险级别不同而差别对待，这样可以督促企业改善工作环境，避免因出现职业病患而交付巨额的工伤保险费用。

五、结论

近些年来，虽然我国的煤炭行业职业病数量有所减少，但仍然存在很多问题，煤炭行业职业病仍然是煤矿工人的致命杀手，这就对我国煤炭行业职业病的监管提出了巨大的挑战。在借鉴外国煤炭行业职业病监管制度先进经验的基础之上，我国应该逐渐建立煤炭职业卫生与安全一体化的监管机制，同时不断提升监管能力、完善监管失职追责机制，将工会以及工伤保险机构等社会组织的监督力量发挥出来。只有这样才能完善我国煤炭行业职业病监管体制机制，为煤矿职业病防治水平的提升保驾护航。

可再生能源配额制度之完善

李彦霓*

2018年3月，由国家能源局起草的《可再生能源电力配额及考核办法（征求意见稿）》及编制说明正式公布。本文针对该征求意见稿及我国相关法律法规中所构建的可再生能源配额制度，分析我国可再生能源配额制度中存在的问题，并提出完善建议。

一、概述

厘清可再生能源以及可再生能源配额制度的定义与特征，是研究可再生能源配额制度的基础。本文首先对可再生能源的内涵进行分析和界定，进而明确可再生能源配额制度的定义，即一国通过法律强制规定电力消费总量中可再生能源发电所占的份额，并依据该定义，总结分析可再生能源配额制度具有的强制性、市场性、明确性这些特征。

（一）可再生能源

可再生能源的概念在国际上以书面形式得到明确，最早出现在联合国于1981年召开的“联合国新能源和可再生能源会

* 中国政法大学环境与资源保护法学专业硕士研究生。

议”（United Nations Conference on New and Renewable Sources of Energy）后发布的《促进新能源和可再生能源发展与利用的内罗毕行动纲领》（下文简称《行动纲领》）[1]中。该《行动纲领》规定，可再生能源是指：“新的以及可更新的能源资源，以新技术、新材料进行开发利用。与常规化石能源不同，它是可持续利用的，几乎是不能用尽的，而且在消耗后可以得到恢复、补充，不产生或很少产生污染物，对环境的损害小，有利于生态良性循环”。[2]

从自然科学的角度来看，可再生能源是指在消耗后可从自然界较易得到补充的能源，如水能、生物质能、风能、地热能、潮汐能等。这类能源的利用往往不产生或很少产生污染物。[3]也有辞典中将可再生能源定义为“在自然界中可以不断再生、永续利用，对环境无害或危害极小的能源。主要包括风能、太阳能、水能、生物质能、地热能、海洋能等非化石能源”[4]。

从法学角度来看，世界上多数国家在立法中用列举的方式定义可再生能源。如欧盟在《关于在共同体内部市场推广使用可再生能源发电的指令》（Directive on the Promotion of Electricity Produced from Renewable Energy Sources in the Internal Electricity Market）中将“Renewable Energy Sources”定义为“Renewable

---

〔1〕 Nairobi Programme of Action for the Development and Utilization of New and Renewable Sources of Energy.

〔2〕 United Nations A/RES/36/193，载 http://www.un.org/documents/ga/res/36/a36r193.htm，最后访问时间：2018 年 6 月 25 日。

〔3〕 江伟钰、陈方林主编：《资源环境法词典》，中国法制出版社 2005 年版，第 267 页。

〔4〕 王新程总编辑：《环境科学大辞典》，中国环境科学出版社 2008 年版，第 388 页。

Non-fossil Energy Sources”，同时用列举的方式将可再生能源限定为风能、太阳能、地热能、波动能（wave）、潮汐能、水能、生物质能、填埋气体、污水处理厂废气（sewage treatment plant gas）、沼气等能源形式。[5]我国则在《可再生能源法》中明确规定：“本法所称可再生能源，是指风能、太阳能、水能、生物质能、地热能、海洋能等非化石能源。”[6]国际上也常常用新能源、清洁能源、绿色能源等概念来表示可再生能源。

（二）可再生能源配额制度

经济学中广义的配额是指一国政府对本国有限资源的管理和分配，一般是指政府对进出口商品或劳务实行的数量限制。因此在本文的研究语境下，可再生能源配额特指在可再生能源领域，对利用可再生能源产生的能量实行配额管理。广义的可再生能源配额包括可再生能源电力配额、生物液体燃料使用量配额、可再生能源热利用配额等多种形式。狭义的可再生能源配额则仅指可再生能源电力配额。

考虑到可再生能源的利用方式、开发程度、市场份额等因素，实践中可再生能源配额制度大多取其狭义概念，如我国在《可再生能源电力配额及考核办法（征求意见稿）》中规定“可再生能源电力配额是指根据国家可再生能源发展目标和能源发展规划，对各省级行政区域全社会用电量规定最低的可再生能源电力消费比重指标。”[7]有学者认为可再生能源配额制度是指“一个国家或地区用法律形式对可再生能源发电在电力供给

---

〔5〕 参见 Directive 2001/77/EC of the European Parliament and of the Council, Article 2 (a).

〔6〕 参见《中华人民共和国可再生能源法》第2条第1款。

〔7〕 参见《可再生能源电力配额及考核办法（征求意见稿）》第1条。

总量中所占的份额进行强制性规定、电价由市场决定，以推动可再生能源发展的制度”〔8〕。

目前，欧美等多数发达国家已具备较为丰富的可再生能源配额制度（Renewable Portfolio Standard，简称 RPS）实践经验。其中，美国是最早实行可再生能源配额制度的国家。截止到2016 年，美国共有 29 个州和华盛顿哥伦比亚特区及 2 个附属地区已经开始实施可再生能源配额制度。此外，意大利、比利时、澳大利亚、日本、瑞典、加拿大、印度、波兰等 17 个国家也已经开始实施可再生能源配额制度。〔9〕我国尚未确立可再生能源配额制度，但近年来我国已经开始通过起草立法草案和制定政策规划等方式积极推动可再生能源电力配额制度的确立和实施。

（三）可再生能源配额制度的特征

探讨可再生能源配额制度的特征有助于将该制度与其他可再生能源制度进行区分，有助于掌握该制度的内容，当然也有利于理解在对可再生能源配额制度进行制度构建时所做的取舍。可再生能源配额制度具有以下三个主要特征：

1. 强制性

强制性是可再生能源配额制度的重要特征之一，体现在可再生能源配额制度的实施方式上。可再生能源配额是在国家能源发电总量中，强制要求可再生能源发电必须达到规定的数量或比例。为了实现这一配额要求，大多数国家会制定可再生能源配额法律法规并设立执法监督机构。同时，若配额义务主体未能完成这一强制性的配额目标，则会受到相应的处罚。例如，

---

〔8〕 李艳芳：“我国《可再生能源法》的制度构建与选择”，载《中国人民大学学报》2005 年第 1 期，第 133~140 页。

〔9〕 参见 REN21，*Renewables Global Status Report* 2016，June 2016，p. 179.

英国《可再生能源义务法令》（The Renewables Obligation Order 2002）中规定：供电商作为配额义务主体必须达成可再生能源电力份额，实现方式是购买配额证书，但可以从电力监管局处购买证书，也可以从发电企业处通过买可再生能源电力而取得配额证书。并且，电力监管局规定，未完成任务的供电商将要交纳最高达其营业额10%的罚款。[10]此外，美国德克萨斯州在2005年的《公用事业监管法》（Public Utility Regulatory Act）中也规定，配额义务主体未完成目标时应按不足电量部分每度电5%~200%的证书价格处以罚款。[11]

2. 市场性

绿色证书是可再生能源配额制度实施中的重要工具，绿色证书是先由政府对可再生能源发电企业进行认证，这些被认证的企业生产可再生能源电力即可获得相应的绿色证书，而配额义务主体为完成配额任务需要购买绿色证书，这样通过可再生能源电力市场的自由交易达成了绿色证书的流通，因此绿色证书最能体现可再生能源配额制度的市场性。

荷兰在1998年的新电力法中引入绿色证书制度，将电力用户作为配额义务主体。[12]之后，以欧盟、美国和澳大利亚为代表的一些国家相继开始实行可再生能源证书制度。[13]我国虽未

---

〔10〕 时璟丽、李俊峰："英国可再生能源义务法令介绍及实施效果分析"，载《中国能源》2004年第11期，第38~41页。

〔11〕 "国家案例之美国（德克萨斯州）"，载《风能》2015年第7期，第33页。

〔12〕 任东明、张宝秀、张锦秋："可再生能源发电配额制政策（RPS）研究"，载《中国人口：资源与环境》2002年第2期，第119~122页。

〔13〕 慎先进、王海琴："澳大利亚可再生能源法律制度及其对我国的启示"，载《湖北经济学院学报》2012年第12期，第96~97页。

以立法形式确立可再生能源配额制度，但已经对风电和光伏发电企业开始试行绿色证书制度，〔14〕然而从制度实施后的前四个月绿色证书流通量来看，核发 800 万张证书却仅出售 2.1 万张，〔15〕可见试行效果未能如预期的一样以市场化手段实现资源优化配置。因此，我国在电力体制改革中强调要把“坚持市场化改革”作为基本原则，〔16〕也是为了可再生能源配额制度能够取得更好的实施效果。

3. 明确性

可再生能源配额制度的明确性体现在其配额目标明确、义务主体明确、适用能源种类明确：可再生能源配额目标由国家或地区能源主管部门制定，每一年度根据能源状况和可再生能源电力生产总量等制定不同的可再生能源配额目标；〔17〕可再生能源配额的义务主体是该制度的核心，不同国家会选择不同的义务主体来实施可再生能源配额，但义务主体必须是特定的明确的。

但是，可再生能源配额制度所适用的能源种类是有限制的，并不是所有类型的可再生能源都适用于配额制度。根据可再生能源配额制度的设计目的和制度意义，只有明确规定在可再生能源配额制度法律法规中的可再生能源种类才能适用该制度。我国曾讨论过水电是否可以适用可再生能源配额制度。最新的

〔14〕 参见《国家发展改革委、财政部、国家能源局关于试行可再生能源绿色电力证书核发及自愿认购交易制度的通知》。

〔15〕 陈志峰：“我国可再生能源绿证交易基础权利探析”，载《郑州大学学报》2018 年第 3 期，第 43~47 页。

〔16〕 参见《中共中央、国务院关于进一步深化电力体制改革的若干意见》第二部分。

〔17〕 参见《可再生能源电力配额及考核办法（征求意见稿）》第 2、3 条。

立法动向是将可再生能源电力配额分为“可再生能源电力总量配额”和“非水电可再生能源电力配额”，〔18〕其中“总量配额”包括常规水电和非水电可再生能源电力消费量，这表明即将确立的可再生能源配额制度其适用范围包括水电。

二、典型国家可再生能源配额制度的实践

如前所述，多数发达国家已经累积了较为丰富的可再生能源配额制度的实践经验，其中美国是最早实行可再生能源配额制度的国家，英国是可再生能源配额立法经验丰富的国家，且该项制度的实施都促进了两国可再生能源发电产业的蓬勃发展。

（一）美国

据统计，1983 年美国爱荷华州最早实施可再生能源配额制度。〔19〕随后，美国其他州也先后在立法中确立了可再生能源配额制度，要求电力公司一定比例的供电量必须来自于可再生能源发电，以此推动可再生能源发电的市场发展。可再生能源配额制度中监管和市场交易的方式是登记合格可再生能源电量的可再生能源证书，电力公司可以通过购买证书来满足配额要求。

截至 2016 年，美国已有 29 个州和华盛顿哥伦比亚特区及 2 个附属地区开始实施可再生能源配额制度，〔20〕这意味着，美国超过 60%的地区都已经实行可再生能源配额制度，其中最有代表性的是德克萨斯州。根据美国能源信息统计，1998 年可再生能源发电占德克萨斯州电力生产总值的 1%。而自 1999 年该州

〔18〕 参见《可再生能源电力配额及考核办法（征求意见稿）》第 5 条。

〔19〕 参见 REN21，*Renewables Global Status Report* 2016，June 2016，p. 179.

〔20〕 参见 REN21，*Renewables Global Status Report* 2016，June 2016，p. 179.

实施可再生能源配额制度后，发展至2015年可再生能源发电已超过该州电力生产总值的10%。[21]

设立可再生能源发展目标是实行可再生能源配额制度的前提，为此，美国各州均提出了各自的可再生能源发展目标。其中，亚利桑那州的目标是2025年实现可再生能源发电占总供电量的15%，马萨诸塞州的目标是2020年实现可再生能源发电占总供电量的15%而且以后每年新增1%的比例，佛蒙特州则制定了一个极高的目标——在2017年实现可再生能源发电占总供电量的55%并在2032年时将该比例提升到75%。[22]此外，加利福尼亚州和夏威夷州则制定了三个阶段性发展目标。并且，各州政府根据各自的总目标需要分别制定州内不同实施主体的可再生能源配额任务。就分配方法而言，有的州以实施主体上一年度发电量为基准设定比例进行分配，有的州则根据实施主体在电力市场中所出售的电力份额进行分配。[23]

美国可再生能源配额制度为实施主体完成配额任务提供了多种方式：其一，新建、扩建可再生能源发电设施来生产足够的电量，以达到可再生能源发电配额；其二，从其他电力生产商处购买可再生能源电力；其三，从其他已经完成可再生能源配额任务的主体处购买可再生能源信用（Renewable Energy Credits，简称REC）或可再生能源信用补偿（REC Offsets）。[24]

---

〔21〕 Profile Analysis，载 https://www.eia.gov/state/analysis.php? sid = TX#89，最后访问时间：2018年5月25日。

〔22〕 参见 REN21，*Renewables Global Status Report* 2016，June 2016，p. 170.

〔23〕 罗承先："美国加州的可再生能源配额制及对我国的启示"，载《中外能源》2016年第21期，第19~26页。

〔24〕 王蓉、麻秀范："美国可再生能源证书交易市场"，载《中外能源》2010年第15期，第30~34页。

通过上述三种方式，实施主体能够较为灵活的完成其配额义务，并且降低了制度实施成本。同时，为了保障制度的实施效果，政府主管部门需要针对实施主体间的可再生能源信用交易建立严密可行的监督机制。

任何制度的实施都不能缺少监管，可再生能源配额制度也不例外。美国设立了具有较强权威性和中立性的独立监管机构，这些机构只负责进行监管活动而不受行政机关的牵制和干涉，以保障其监管职能得到有效发挥。具体而言，美国能源部是美国联邦政府的能源主管部门，联邦能源监管委员会则负责进行能源监管，它虽然设置在能源部里但并不受能源部干预。〔25〕从州级行政区域来看，如美国德克萨斯州的州公用事业委员会（Public Utility Commission of Texas）是政府监管部门，其职能是批准、签发以及撤销、收回可再生能源信用，另外还负责规定可再生能源信用交易中的价格上限。州公用事业委员会还委托州电力可靠性委员会（Electric Reliability Council of Texas）进行具体的市场管理，由它负责查看监测绿色证书的电子数据，并通过分析电子数据实现对可再生能源发电的电力生产、信用买卖的技术监控。〔26〕

另外值得一提的是，可再生能源配额制度作为一项强制性法律制度，美国一些州在立法中规定了未完成可再生能源配额时应承担的法律责任。如德克萨斯州《公用事业监管法》（Public Utility Regulatory Act）中规定，对未完成配额任务的实

〔25〕“从美国能源监管委员会看美国能源管理体制”，载《节能与环保》2010年第2期，第8~9页。

〔26〕岳小花：“绿色证书制度的国外经验及启示”，载《中国政法大学学报》2014年第2期，第84~91页。

施主体应按不足电量部分每度电 5%~200%的证书价格处以罚款。[27]

(二) 英国

英国对可再生能源配额制度的探索和实践最早体现于其1989年颁布的《电力法》(Electricity Act 1989)[28]中，该法将管理可再生能源义务的权力授予国务大臣，电力供应商则是相应的义务主体。为履行可再生能源义务，电力供应商需要生产或供应一定量的非化石能源电力，若未能完成要求则会受到处罚。[29]1990年英国首次颁布并实施《电力(非化石燃料发电)法令》[The Electricity (Non-Fossil Fuel Sources) Order]，其内容是以列表形式规定电力供应商在某个时间阶段必须要达到的非化石燃料发电总量。1994年至1999年之间每年更新的《电力(非化石燃料发电)法令》都将供应商必须要实现的非化石燃料发电总量进行了能源种类的划分，分为风力发电、水力发电、填埋气体发电、城市和工业废物发电、生物质能发电。随后，英国政府在《公用事业法》(Utilities Act 2000)第四章的第62~67条规定了可再生能源发电的相关内容，其中第62条规定了“可再生能源发电的相关义务”。[30]由于该部法律中规定了可再生能源义务，因此逐渐取代了原有的《电力(非化石燃料发电)法令》。

---

〔27〕“国家案例之美国(德克萨斯州)”，载《风能》2015年第7期，第33页。

〔28〕Electricity Act 1989，载 http://www.legislation.gov.uk/ukpga/1989/29/pdfs/ukpga_19890029_en.pdf，最后访问时间：2018年7月15日。

〔29〕参见 Electricity Act 1989，32 The renewables obligation.

〔30〕参见 Utilities Act 2000，Part IV Amendment of the Electricity Act 1989，Electricity from renewable sources。

当时，英国作为欧盟成员国，为履行欧盟 2001 年《可再生能源发电指令》[31]中规定的成员国义务，于 2003 年先后颁布《可再生能源法令（苏格兰）》《能源法令（北爱尔兰）》和《可再生能源义务法令》。上述法令中明确规定供电商必须在其提供的电力中存在一定比例的可再生能源电力，而每年度具体的可再生能源电力比例则由政府确定。[32]这些能源义务法令所适用的可再生能源种类包括水电、陆上和海上风电、生物质混燃发电、垃圾填埋气、沼气和其他能源作物发电等。至于监管机构，法令中规定，由英国天然气与电力市场监管办公室（Office of Gas and Electricity Markets）负责可再生能源义务的监管。

较之于其他国家或地区，交通燃料领域的可再生能源配额是英国可再生能源配额制度的特殊之处。英国于 2004 年 7 月颁布的《能源法》（Energy Act 2004）中规定了交通燃料供应商的可再生能源义务[33]，根据该规定，2007 年 10 月又颁布了《可再生交通燃料义务法令》（The Renewable Transport Fuel Obligations Order 2007），其中规定设立可再生燃料署办公室（The Office of Renewable Fuels Agency），并要逐年提高可再生交通燃料的供应比例。[34]并且，自 2007 年颁布该法令后，英国政府每年都会修订《可再生交通燃料义务法令》，通过不断更新供应商应实现的

〔31〕 参见 Directive on the Promotion of Electricity Produced from Renewable Energy Sources in the Internal Electricity Market（2001 /77 /EC）.

〔32〕 吕霞："以可再生能源义务法令为核心的英国可再生能源法"，载《中州学刊》2002 年第 5 期。

〔33〕 参见 Energy Act 2004，Part 2 Sustainability and Renewable Energy Sources，Chapter 5 Renewable transport fuel obligations，124 Imposition of renewable transport fuel obligations.

〔34〕 参见 The Renewables Obligation Order 2006（Amendment）Order 2007.

可再生交通燃料比例，以实现满足现实需要之目的。

（三）对我国的借鉴意义

美国可再生能源配额制度有三个特点。一是起步最早、实施时间最长，因此经验丰富、效果显著；二是受行政体制影响，各地区可以分别根据本地能源赋存状况和开发利用情况制定更灵活、更具有操作性的制度实施方案；三是通过发展监测技术、设置监管机构实现了有效的制度监管。其中后两点都值得我国借鉴：我国和美国类似，都是幅员辽阔、行政区域划分较多的国家，虽然我国大多数省份现在已有能源综合性规定的法律法规，〔35〕但关于可再生能源配额却还没有地方性立法。因此要充分发挥各地区的能动性，把可再生能源配额目标化整为零，地方政府要在权限范围内与国家立法相配套，制定完成本省配额目标的实施办法。在制度监管方面，要根据实施监管的方式合理设置监管主体，同时加快监管技术研发，减少监管阻力。

由英国在可再生能源领域的相关立法可以发现，其中一个显著特点是立法周期短、修法频率高，如前文所述，英国在1990~2000年间每一年都不断修订其《电力（非化石燃料发电）法令》，其他法律法规也在不断地更新、修改中。我国在电力体制改革中已经意识到当时由于立法修法工作的滞后，制约了电力市场化和健康发展。〔36〕英国可再生能源配额制度中另一个可借鉴之处是通过《可再生交通燃料义务法令》扩大了配额制度

〔35〕 如《黑龙江省农村可再生能源开发利用条例》《浙江省可再生能源开发利用促进条例》《湖南省农村可再生能源条例》《新疆维吾尔自治区发展改革委关于我区可再生能源发电项目上网电价管理有关问题的通知》等。

〔36〕 参见《中共中央、国务院关于进一步深化电力体制改革的若干意见》。

的适用范围。2016年全球有126个国家采取了电力政策来发展可再生能源，却只有68个国家在交通领域采取了措施。[37]我国也可以参考英国的制度构建，不要把配额制度的适用范围局限在可再生能源发电阶段，从用电阶段来考虑，交通领域对化石燃料的高度依赖性也意味着该领域存在着巨大的可再生能源发展空间。

三、我国可再生能源配额制度的发展

与前文典型国家丰富的可再生能源配额制度实践经验相比，我国还处于探索、构建本国可再生能源配额制度的阶段。自2004年第一次在立法草案中提出该制度至今的十几年间，我国法律法规和政策性文件中对可再生能源配额制度的规定日渐增多。

（一）立法发展历程

我国可再生能源产业这些年得到了较快的发展，风力发电、太阳能发电等可再生能源发电量占据了我国大部分比例的新增电力。而可再生能源电力进一步发展的瓶颈已经发生了转变，曾经在技术装备、开发建设能力方面的缺陷得到了克服，面临的新问题是市场、体制方面的制约，尤其表现在水电、风电、太阳能发电的电网接入和市场消纳困难等问题上。[38]为了进一步发展可再生能源、提高可再生能源开发利用效率，也为了解决可再生能源发电电量的市场消纳困难问题，随着2018年3月

---

〔37〕参见REN21, *Renewables Global Status Report* 2017 *Highlight*, June 2017, p. 20.

〔38〕参见国家能源局综合司：《可再生能源电力配额及考核办法编制说明》。

再次公布的《可再生能源电力配额及考核办法（征求意见稿）》，或许很快会迎来可再生能源配额制度的正式实施。

从法律效力位阶来看，我国关于可再生能源配额制度的规定，主要以部门规范性文件为主。通过对可再生能源法律规范的梳理（见下表1）可以发现自2004年编制《可再生能源法（草案）》开始，可再生能源配额制度的实施就不断被提上立法议程。并且，可再生能源电力配额制度的相关立法草案分别于2012年、2014年、2018年三次公开发布征求意见，但至今仍未正式通过。其中原因一是《可再生能源法》中已经确立了总量目标制度、全额保障性收购制度、上网电价制度等，这些制度的设计目的与可再生能源配额制度存在重叠、实施效果能够在一定程度上弥补可再生能源配额制度空缺的不足；二是考虑到可再生能源开发利用的程度以及我国可再生能源市场发展水平，立法者认为可再生能源配额制度的立法需求还不够强烈和迫切。

表1　可再生能源法律规范

名　　称	发布时间	内　　容
《可再生能源法（草案）》	2004. 12. 25	第18条　国务院能源主管部门可以根据燃煤发电装机的权益容量，规定大型发电企业的可再生能源电量指标。可再生能源电量指标经确定后，大型发电企业必须执行。
《可再生能源发电有关管理规定》	2006. 01. 05	第14条　发电企业应当积极投资建设可再生能源发电项目，并承担国家规定的可再生能源发电配额义务。发电配额指标及管理办法另行规定。

续表

名　称	发布时间	内　容
《可再生能源中长期发展规划》	2007. 08. 31	八、2. 对非水电可再生能源发电规定强制性市场份额目标：到2010年和2020年，大电网覆盖地区非水电可再生能源发电在电网总发电量中的比例分别达到1%和3%以上；权益发电装机总容量超过500万千瓦的投资者，所拥有的非水电可再生能源发电权益装机总容量应分别达到其权益发电装机总容量的3%和8%以上。
《国务院关于加快培育和发展战略性新兴产业的决定》	2010. 10. 10	八、（一）深化重点领域改革 实施新能源配额制，落实新能源发电全额保障性收购制度。
《能源发展“十二五”规划》	2013. 01. 01	第七节　深化能源体制机制改革 四、推进可再生能源和分布式能源体制机制改革 探索建立可再生能源电力配额及交易制度和新增水电用电权跨省区交易机制。
《〈中华人民共和国可再生能源法〉实施情况的报告》	2013. 08. 26	三、（二）切实增强规划的科学性和权威性 二是强化规划权威性和宏观调控作用。建立和完善可再生能源开发利用中长期总量目标制度和考核制度，切实增强国家规划实施的权威性和约束力。加快研究制定可再生能源电力配额制。
《可再生能源发展“十三五”规划》	2016. 12. 10	四、（四）加快发展生物质能 5、建立无歧视无障碍并入管网机制，研究建立强制配额机制。 八、（三）建立可再生能源绿色证书交易机制

续表

名　称	发布时间	内　容
		通过设定燃煤发电机组及售电企业的非水电可再生能源配额指标，要求市场主体通过购买绿色证书完成可再生能源配额义务。
《国家发展改革委、财政部、国家能源局关于试行可再生能源绿色电力证书核发及自愿认购交易制度的通知》	2017.01.18	一、建立可再生能源绿色电力证书自愿认购体系 根据市场认购情况，自2018年起适时启动可再生能源电力配额考核和绿色电力证书强制约束交易。
《解决弃水弃风弃光问题实施方案》	2017.11.08	二、完善可再生能源开发利用机制 （六）实行可再生能源电力配额制
《可再生能源电力配额及考核办法（征求意见稿）》	2018.03.23	第2条　国务院能源主管部门按年度制定各省级行政区域可再生能源电力配额指标，并进行监测、评估和考核。

（二）制度内容构建

根据《可再生能源电力配额及考核办法（征求意见稿）》的规定，我国将可再生能源电力配额分为“可再生能源电力总量配额”和“非水电可再生能源电力配额”。由此，通过对配额类型的划分，解决了水电和其他可再生能源种类的差异问题，能够体现配额制度的科学性，也有利于解决弃风弃光问题。

首先，可再生能源电力配额制度的制定主体是国务院能源主管部门和各省级人民政府，由国务院能源主管部门制定配额指标，由各省级人民政府负责制定配额指标的实施和保障方案。其次，可再生能源电力配额制度的义务主体是输电商，主要是省级电网企业，包括国家电网公司和南网电网公司以及所属的省级电力公司、地方电网企业。再次，可再生能源电力配额制度适用的可再生能源发电类型包括水电、海上风电、陆上风电、生物质能发电、太阳能光伏发电、太阳能光热发电、城市固体垃圾发电、地热发电、海洋能发电等。[39]最后，可再生能源电力配额制度的监管主体是国务院能源主管部门，具体工作还由各省级政府能源管理部门和各省级电网企业进行辅助。

另外，国家能源局授权国家可再生能源信息管理中心向可再生能源电力生产者核发可再生能源电力证书，可再生能源电力证书也分为水电证书和非水电证书。证书价格由市场形成，其交易和转移登记由电力交易中心完成，随后由各地电网企业核算本区域内证书的产生、转移情况并汇总上报至国家可再生能源信息管理中心。

四、现存问题及完善建议

《可再生能源电力配额及考核办法（征求意见稿）》是综合考虑我国可再生能源开发利用情况和各地区电力供需情况以及我国发电、输电和供电管理状况的产物，在各种因素的权衡考量之下，征求意见稿所构建的可再生能源配额制度仍存在几个问题有待解决。

（一）现存问题

综合考察可再生能源配额制度的目标设置、实施主体、监测监管等内容，同时结合我国已实施的其他可再生能源制度的相关内容，目前对可再生能源配额制度的构建存在义务主体重叠、

〔39〕参见国家能源局综合司：《可再生能源电力配额及考核办法编制说明》。

指标监测评估主体不适当、与固定电价制度相冲突等问题：

1. 义务主体重叠

可再生能源全额保障性收购制度中规定，电网企业要全额收购其电网覆盖范围内符合并网技术标准的可再生能源并网发电项目的上网电量。[40]同时，按照我国目前对可再生能源配额制度的设计，省级电网企业也是配额义务的重要实施主体。电网企业同时作为两种制度的义务主体，会出现主体重叠[41]、义务过重的情况。例如，在可再生能源丰富地区，电网企业可能在完成配额目标之后还未完成全额收购义务；而可再生能源发电较少地区，电网企业可能在完成全额收购义务后却还不能实现配额目标。由于两个制度的义务主体重叠，会互相削弱制度价值。

2. 指标监测评估主体不适当

省级电网企业作为配额义务主体，[42]同时还要负责组织经营区域内的市场主体完成区域可再生能源电力配额指标，对本经营区域完成配额指标进行监测和评估。[43]也就是说，省级电网企业不仅是配额指标的实施者，也是配额指标完成状况的监测者、评估者，尽管有国家能源局作为更高一级的可再生能源配额监管者，但从制度设计来看，省级电网企业的双重身份仍然是“有懈可击”的不足之处，是可以通过更改征求意见稿来解决的问题。省级电网企业为了完成配额指标，可能会放松对

---

〔40〕 参见《可再生能源法》第14条、《电网企业全额收购可再生能源电量监管办法》第4条。

〔41〕 岳小花：《可再生能源配额与相关法律制度研究》，中国政法大学出版社2015年版，第85页。

〔42〕 参见《可再生能源电力配额及考核办法（征求意见稿）》第7条。

〔43〕 参见国家能源局综合司：《可再生能源电力配额及考核办法编制说明》。

本经营区域内其他市场主体完成配额指标情况的监测或者降低评估标准，这些隐患会影响可再生能源配额制度的实施效果。

3. 与固定电价制度相冲突

有学者认为，若对大型传统发电企业进行可再生能源发电配额，同时要求电网企业对大型传统发电企业生产的可再生能源电力实行固定电价，在这种情况下，固定电价制度和可再生能源配额制度不仅没有冲突反而互相补充、相互促进。〔44〕可是按照征求意见稿中的规定，将电网企业而不是大型传统发电企业作为配额义务主体，这就意味着电网企业的配额目标完成的越好，它按照固定电价制度付出的收购可再生能源电力的成本就越高，而同时可再生能源发电企业却还可以获得补贴。这样就形成了电网企业双重义务、发电企业双重获利的冲突局面。

4. 未规定法律责任

虽然征求意见稿中规定了对未完成配额指标的可以暂停下达或减少该区域化石能源电源建设规模、按区域限批其新增高载能工业项目、核减其下一年度市场交易电量，或取消其参与下一年度电力市场交易的资格等，〔45〕但并未像英国或美国德克萨斯州那样规定未完成可再生能源配额指标的主体要承担罚款等法律责任。参考我国全额保障性收购制度，由于在《电网企业全额收购可再生能源电量监管办法》中没有规定法律责任，实施效果并不好。法律责任是法律法规强制性和权威性的体现，同时也是法律法规得到有效落实的保障之一，或许是考虑到在配额制实施初期不应给义务主体施加太重的负担而没有规定法

〔44〕 任东明：《可再生能源配额制政策研究——系统框架与运行机制》，中国经济出版社 2013 年版，第 81 页。

〔45〕 参见《可再生能源电力配额及考核办法（征求意见稿）》第 22、23 条。

律责任，但更重要的是为了法律制度的贯彻落实和有效实施有必要增加法律责任的规定。

（二）完善建议

针对上述可再生能源配额制度的构建中存在的问题，下文提出了相应的完善建议。但要注意的是，有些问题是因与可再生能源全额保障性收购制度和固定电价制度相冲突而引起的，这些问题是否仍会存在、是否会得到解决，也将受到其他两项制度后续修改的影响。因此，在目前的制度状况下提出以下建议：

1. 加强电网建设，规范跨省跨区消纳

针对电网企业既是全额保障性收购的义务主体、也是可再生能源配额制度的义务主体这一问题，需要明确的是当前情况下电网企业是配额义务主体的最佳选择——因为若将发电商作为配额义务主体，发电商数量较多不便于管理，且会降低发电商开发可再生能源电力的积极性；若将供电商作为配额义务主体，而实际上我国供电商目前还是各地设立的供电公司，绝大部分由电网企业直供直属。〔46〕

既然无法找到更合适的配额义务主体，那么为了解决配额目标和全额收购量之间的矛盾，应该加强我国电网建设，优化长距离输送电力的高压电网状况，解决我国不同地区之间可再生能源供需矛盾。另外要规范、鼓励跨省跨区的可再生能源电力消纳，指导、激励跨省跨区送受电协议的达成，尽量实现地区可再生能源发电量和需电量的平衡。

---

〔46〕 岳小花：《可再生能源配额与相关法律制度研究》，中国政法大学出版社2015年版，第84页。

2. 由地方政府负责监测评估

通过前文的论证分析，可以发现我国若开始实施可再生能源配额制度，由于各项可再生能源制度的“合力出击”，省级电网企业承担的义务较重，难免会影响到各项制度的实施效果。因此可以考虑将省级电网企业监测、评估配额指标完成情况的义务转移给省级地方政府，同时由国家能源主管部门不定期抽查各省级地方政府监管义务的履行情况。

有学者提出，可以参照国家节能目标管理方法，由国务院把可再生能源消纳量纳入对地方行政长官业绩考核指标体系，由中央政府进行直接考核和监督。同时，为了调动地方积极性、为消纳可再生能源电力创造积极条件，可以规定可再生能源发电可以不计入本地区能源总消耗和总排放量的控制指标。[47]按照该种设想，省级地方政府不是配额义务主体，而是可以监测评估可再生能源配额指标完成情况的义务主体，将监测评估义务的实施纳入业绩考核指标体系。这样更换监测评估义务主体的做法，既能减轻电网企业的义务负担，也能解决实施与监测评估二合一的问题。

3. 调整价格政策机制

可再生能源配额制度与固定电价制度的冲突，不是当前能够得到解决的问题，尽管二者之间存在冲突，但目前来看两个制度都有制度存在的目的、需求和意义。因此只能期待可再生能源价格政策机制的调整，比如新建的可再生能源发电项目不再享受固定电价政策；又考虑到可再生能源电力证书的具体管理办法有待另行制定，也可以寄希望于未来可再生能源电力证

〔47〕 任东明：《可再生能源配额制政策研究——系统框架与运行机制》，中国经济出版社 2013 年版，第 177 页。

书机制将会与可再生能源价格和补贴机制进一步衔接，比如将证书作为可再生能源发电企业的额外收入来源替代原有的可再生能源电价附加资金补贴等。

4. 适时增加法律责任规定

缺少法律责任的制度如同缺少武器的军队。一方面可再生能源配额制度具有强制性，另一方面该制度的实施目的是提高开发可再生能源发电技术的积极性、增强可再生能源电力消纳能力，考虑到这两方面因素的影响，可以理解立法草案中暂时未规定法律责任的原因。但是，由于我国能源相关立法的立法周期较长且存在立法修法的滞后性问题，为了可再生能源配额制度的实施效果着想，应该增加法律责任规定，如配额义务主体未完成配额任务时对其处以罚款，或取消其下一年年度内的证书交易资格等。

五、结论

我国对可再生能源配额制度的研究已经从早期“应不应该实行该制度”发展到如今的“如何构建符合我国国情的可再生能源配额制度”。该制度的构建，在《可再生能源电力配额及考核办法（征求意见稿）》中已经初具雏形，但不能忽视该草案中设置配额义务主体和监管主体方面尚存在进一步完善的空间。另外，与固定电价相冲突的部分也有待后续立法解决，法律责任规定的缺失也需要及时填补。从更长远的发展来考虑，深化电力体制改革以及加强电网建设也有利于解决可再生能源配额制度中存在的问题。

光伏发电产业法律规制探析

孙阳阳*

光伏发电产业是依托半导体界面的光生伏特效应而将光能直接转变为电能的科学技术而发展起来的产业。我国的光伏发电产业开始发展时间较晚、发展速度较快，政府扶持力度大、政策调控性强，所依托的技术复杂。目前我国光伏发电装机量比重不断扩大，发电量不断增加，市场规模迅速扩大，弃光率下降显著，光伏发电产业的发展呈上升态势。

一、光伏发电产业法制现状

我国关于光伏发电产业的法制体系逐渐成熟，目前已经形成了以《可再生能源法》为基础、以相关部门规章及规范性文件为补充的法规体系，并形成了较为完备的法律制度体系。

（一）法规体系

1. 法律

我国关于光伏发电产业的法律共有三部：1996 年 4 月 1 日起施行、2018 年 12 月 29 日修正的《中华人民共和国电力法》（以下简称《电力法》）；2006 年 1 月 1 日施行、2009 年 12 月

---

* 中国政法大学环境与资源保护法学专业硕士研究生，环境法方向。

26日修正的《中华人民共和国可再生能源法》（以下简称《可再生能源法》）；2009年1月施行、2018年10月26日修正的的《中华人民共和国循环经济促进法》（以下简称《循环经济促进法》）。

《电力法》中第5条第2款规定："国家鼓励和支持利用可再生能源和清洁能源发电。"第48条第2款规定："国家鼓励和支持农村利用太阳能、风能、地热能、生物质能和其他能源进行农村电源建设，增加农村电力供应。"[1]

《可再生能源法》的第17条第1款规定："国家鼓励单位和个人安装和使用太阳能热水系统、太阳能供热采暖和制冷系统、太阳能光伏发电系统等太阳能利用系统。"[2]

《循环经济促进法》第23条第1款规定："……有条件的地区，应当充分利用太阳能、地热能、风能等可再生能源。"[3]

2. 行政法规及国务院规范性文件

国务院以规范性文件的形式明确了发展光伏发电产业对调整能源结构、推进能源生产和消费革命、促进生态文明建设具有重要意义。例如，国务院于2013年7月出台了《关于促进光伏产业健康发展的若干意见》。该意见从充分认识促进光伏发电产业健康发展的重要性，完善并网管理和服务等方面为规范和促进光伏发电产业健康发展提出意见。[4]

3. 部门规章及规范性文件

国家发展改革委员会、能源局、住房和城乡建设部 、财政

[1] 《中华人民共和国电力法》第5、48条。

[2] 《中华人民共和国可再生能源法》第17条。

[3] 《中华人民共和国循环经济促进法》第23条。

[4] 《关于促进光伏产业健康发展的若干意见》第一部分至第八部分。

部等部门颁布了较多的促进光伏发电产业发展的部门规章及规范性文件。将光伏发电产业的部门规章及规范性文件划分为光伏发电产业发展方向及规划类、技术及监管政策类、财政及补贴类，并对主要的部门规章及规范性文件进行梳理如下。

（1）方向及规划类部门规章及规范性文件。

第一，部门规章。完善上网电价形成机制，推进电力体制改革，国家发展和改革委员会于2005年3月颁布了《上网电价管理暂行办法》。该办法第23条规定："……风电、地热等新能源和可再生能源企业暂不参与市场竞争，电量由电网企业按政府定价或招标价格优先购买，适时由政府规定供电企业售电量中新能源和可再生能源电量的比例，建立专门的竞争性新能源和可再生能源市场。"〔5〕该办法的规定为光伏发电的电价管理进行了统筹规划，为光伏发电产业的发展营造了良好的市场环境。

2006年1月国家发展改革委员会颁布的《可再生能源发电有关管理规定》中第5条规定："可再生能源开发利用要坚持按规划建设的原则。可再生能源发电规划的制定要充分考虑资源特点、市场需求和生态环境保护等因素，要注重发挥资源优势和规模效益。项目建设要符合省级以上发展规划和建设布局的总体要求，做到合理有序开发。"〔6〕该管理规定为光伏发电产业的奠定了良好的发展基础与保障。

第二，规范性文件。相关部门颁布的光伏发电产业发展方向及规划类的规范性文件主要包括：《关于实施金太阳示范工程的通知》《关于组织申报2010年太阳能光电建筑应用示范项目的通知》《关于做好2012年金太阳示范工作的通知》《关

〔5〕《上网电价管理暂行办法》第23条。

〔6〕《中华人民共和国可再生能源发电有关管理规定》第5条。

于进一步落实分布式光伏发电有关政策的通知》《分布式光伏发电示范区工作方案》《关于开展分布式光伏发电应用示范区建设的通知》《关于实施光伏扶贫工程工作方案》等。密集出台的相关规范性文件表明政府部门对光伏发电产业的发展进行统筹管理。

(2) 技术及监管类部门规章及规范性文件。

第一，部门规章。2009 年后相关部门颁布的光伏发电产业发展技术及监管类部门规章主要有：《分布式发电管理暂行办法》《分布式光伏发电项目管理暂行办法》《电网企业全额收购可再生能源电量监管办法》《光伏发电运营监管暂行办法》《光伏电站项目管理暂行办法》等。光伏产业的产品最终都需进入市场因此相关部门出台了较多的规章进行管理，例如，2013 年 8 月国家能源局颁布的《光伏电站项目管理暂行办法》第 26 条规定："国务院能源主管部门按照建设项目工程质量有关要求，加强光伏电站建设质量监督管理及运行监管，将建设和运行的实际情况作为制定产业政策，调整各地区年度建设规模和布局的依据。根据产业发展状况和需求，及时完善行业规范和标准体系。"[7]光伏产业技术及监管类规章的完善为光伏产业的发展营造了良好的发展氛围。

第二，规范性文件。相关部门颁布了较多关于光伏发电产业发展技术及监管类的规范性文件，例如《关于进一步加强光伏电站建设和运行管理工作的通知》《关于规范光伏电站投资开发秩序的通知》等，促进了光伏发电产业的有序发展。

---

〔7〕《光伏电站项目管理暂行办法》第 26 条。

（3）财政及补贴类部门规章及规范性文件。

第一，部门规章。2005年后相关部门颁布的财政及补贴类部门规章主要有：《可再生能源发电价格和费用分摊管理试行办法》《可再生能源发展专项资金管理暂行办法》《可再生能源电价附加收入调配暂行办法》《可再生能源发展基金征收使用管理暂行办法》《太阳能光电建筑应用财政补助资金管理暂行办法》《金太阳示范工程财政补贴资助资金管理暂行办法》等。

第二，规范性文件。我国的光伏产业财政及补贴类规范性文件主要有：《关于印发太阳能光电建筑应用财政补助资金管理暂行办法的通知》《关于完善太阳能光伏发电上网电价政策的通知》《关于做好分布式光伏发电并网服务工作的意见》《关于做好分布式电源并网服务工作的意见》《关于分布式光伏发电实行按照电量补贴政策等有关问题的通知》《关于调整可再生能源电价附加标准与环境电价的有关事项的通知》《关于光伏发电增值税政策的通知》《关于对分布式光伏发电自发自用电量免征政府性基金有关问题的通知》《关于清算2012年金太阳和光电建筑应用示范项目的通知》等，政府的财政及补贴是促进光伏发电产业发展的有力措施。

（二）法律制度

目前我国促进光伏产业发展的法律制度主要包括总量目标制度、固定电价制度、费用分摊制度、配额制度和经济激励制度等。关于我国光伏发电产业的法律制度的内容具体如下：

1. 总量目标制度

总量目标制度是指某国家或者地区通过法律法规的形式将一段时间内的某类可再生能源的发展总量进行规定而形成的制度规范。一般而言，总量目标可以被分为定量目标和比例目标，我国通常使用的是定量目标。[8]《关于促进光伏发电产业健康发展的若干意见》在总体要求部分提到了发展目标，指出2013~2015年，年均新增光伏发电装机容量1000万千瓦左右，到2015年总装机容量达到3500万千瓦以上。[9]

总量目标制度具有强制性、战略性、指导性等特点。因此总量目标制度的设立是为了促进光伏发电产业持续平稳发展，以强制性的发展目标为基础来逐步建立完善的制度保障机制。总量目标制度的作用是使光伏发电产业能够在市场竞争中保持稳定的供应量，在满足市场需要的前提下促进光伏发电产业的整体发展和战略部署。

2. 固定电价制度

固定电价制度是指发电企业与购电企业在进行电能买卖时，以发电企业接入电网的价格进行结算的制度规范。[10] 在国家发展和改革委员会颁布的《关于完善太阳能光伏发电上网电价政策的通知》中提到太阳能光伏发电实行全国统一的标杆上网电价。[11]

固定电价制度有利于光伏发电产业的电力系统安全平稳运行，有利于促进光伏发电企业在生产中不断提高效率和优化电源结构，还有利于向供需各方竞争形成电价的改革方向平稳过渡。[12] 因此，在光伏发电产业实行固定电价制度是提高市场竞争力的有力制度措施。

---

〔8〕 于文轩：《中国能源法制导论——以应对气候变化为背景》，中国政法大学出版社2016年版，第75页。

〔9〕《关于促进光伏发电产业健康发展的若干意见》第二部分第（三）条。

〔10〕 李英等："电网实行接网费和过网费探讨"，载《中国电力》1999年第1期。

〔11〕《关于完善太阳能光伏发电上网电价政策的通知》第1条。

〔12〕《上网电价管理暂行办法》第3条。

3. 费用分摊制度

费用分摊制度是指购电企业在购买光伏发电产生的电能的价格如果高于其他常规能源的价格，则高出的部分以附加费的方式通过销售电价进行分摊的制度规范。销售电价就是售电企业对终端用户的售价。〔13〕费用分摊制度的实施由国务院价格主管部门进行指导并监督。〔14〕《可再生能源法》明确规定了上网电价收购可再生能源电量所发生的费用，高于按照常规能源发电平均上网电价计算所发生费用之间的差额，应该附加在销售电价中分摊。〔15〕

在光伏发电产业实施费用分摊制度的原因在于，光伏发电在产业运行过程中成本高昂，但光伏发电企业作为供电企业，承担着普遍服务义务。根据公平原则，应对高出常规能源的价格以分摊的方式对光伏发电产业进行补偿。

4. 配额制度

配额制度指一个国家或者地区的光伏发电产业的发电量在所有能源发电量中所占的份额应该以法律法规的形式强制规定的制度规范。〔16〕配额制度与总量目标制度息息相关，总量目标制度的确定为配额制度提供了基础，而配额制度则是完成总量目标制度的保障。〔17〕配额制度通过市场机制降低成本，提高光

〔13〕 于文轩：《中国能源法制导论——以应对气候变化为背景》，中国政法大学出版社 2016 年版，第 77 页。

〔14〕 中国能源经济研究院主编：《中国新能源和可再生能源政策法规汇编》，经济管理出版社 2011 年版，第 89 页。

〔15〕 《可再生能源法》第 20 条。

〔16〕 毛如柏、安建主：《中华人民共和国可再生能源法释义》，法律出版社 2005 年版，第 81 页。

〔17〕 金自宁、薛亮：《环境与能源法学》，科学出版社 2014 年版，第 195 页。

伏发电产业的生产效率，从而逐渐提高了光伏发电产业的市场竞争力，促进其稳步发展。

5. 经济激励制度

经济激励制度主要分为专项基金制度、税收优惠制度和融资制度。专项基金制度是指为了有效地促进光伏发电产业的发展壮大，在对太阳能资源的开发利用管理、光伏发电上网并网技术创新、太阳能光板电池技术的研发、光伏发电产业质量检测及产业标准认定等方面设立专门的基金来对此进行支持的制度规范。可再生能源专项基金由国家财政设立，主要资金来源是国家财政和征收的可再生能源电价附加收入。〔18〕税收优惠制度是指国家运用税收政策在税收法律、行政法规中规定对光伏发电产业给予减轻或免除税收负担的一种措施。融资制度是指光伏发电产业通过国家支持政策下的可再生能源项目来向金融机构获取信贷资金，从而筹集到充足的资金支持的制度规范。〔19〕金融制度能够使光伏发电产业资金链条通畅，减少发展成本。经济激励制度在光伏发电产业中占有重要位置，在颁布的《可再生能源发展专项资金管理暂行办法》《关于促进节能服务产业发展增值税、营业税和企业所得税政策问题的通知》《关于支持分布式光伏发电金融服务的意见》等中均有所体现。

二、光伏发电产业法制政策存在的问题

我国光伏发电产业虽然发展速度逐渐加快、发展前景良好，但是在发展的过程中也会出现问题。主要存在法规体系不健全

〔18〕《可再生能源法》第24条第1款。

〔19〕刘画洁：《气候变化与能源法理论与实践》，法律出版社2016年版，第72页。

和相关的法律制度内容不完善的问题。

（一）法规体系不健全

光伏发电产业法规体系不健全主要体现在相关法规规定零散，缺少高位阶的专门立法；政策执行缺乏法律法规等配套措施支撑以及缺乏完善的光伏发电产业保障措施三方面问题，具体如下：

1. 缺少高位阶的专门立法

关于光伏发电产业的法规相对较多，但是对于光伏发电产业法规的制定机关分散于国家财政部、国家发展和改革委员会、国家能源局等十多个部门，缺少一个专门制定关于光伏发电产业法规的机关。正因如此，光伏发电产业的法规繁杂零散，缺乏统一性、科学规划性。同时，关于光伏发电产业发展的部门规章及规范性文件主要是由各部委制定的，效力层级比较低，导致在实施这些文件时，各部门之间权力划分、责任划分不明确，引发执法中的推诿现象，缺乏效率。

2. 政策执行缺乏配套法律法规

由于光伏发电产业是利用太阳能资源来进行发电，太阳能资源的特殊性以及发电产业的公益性和成本高昂等特点决定了光伏发电产业需要政府通过行政手段来促进其发展。但是，政府在对光伏发电产业进行指导时缺乏相应的法律法规以及配套措施的支撑。《可再生能源法》是光伏发电产业的基础性法律，在政府执行政策的时候起到指引性作用。该法主要规定了可再生能源开发利用过程中的法律问题，包括对总量目标的规定、对其市场的创设和扩展以及在可再生能源领域内的参与者的行为进行了规定。[20] 但是由于该法是对所有可再生能源作出的系

〔20〕《可再生能源法》第1、4条。

统性规定，没有专门对光伏发电产业作出规定，同时由于本法属于宏观框架的法律，所以对于光伏发电产业如何具体的运营发展并没有具体的法律文件加以规定，缺乏配套措施，使实际操作面临很多障碍。

在《可再生能源法》指导下，各部委制定的繁杂的规范性文件，从效力等级上看效力较低，对政府引导光伏发电产业的发展缺乏权威性保障，并且各个规范性文件之间相互交叉，既存在法律上的空白，又存在权力及职责上的重叠，各个规范性文件之间缺乏协调性。这些原因直接导致政府在指导光伏发电产业运行的过程中，缺乏具体明确的配套法律法规的支撑而使政策执行难以开展，容易出现市场的无序发展。

3. 缺乏完善的光伏发电产业保障措施

我国的光伏发电产业保障措施相对不完善，主要体现在缺乏统一的管理机构以及光伏发电产业监管措施不足两方面。

（1）光伏发电产业缺乏统一的管理机构。太阳能作为一种新型能源，对其利用主要集中在光伏发电方面。但对于光伏发电产业的发展需要涉及诸多方面，例如光伏发电的总量目标的制定、光伏发电设施的修建、光伏发电上网电价的制定与管理、光伏产业发展的财政优惠补贴等方面。但是关于光伏发电这些发展方面被划分为不同的管辖领域，由不同的政府部门如国家能源局、国家发展和改革委员会、国家财政部等进行管理、甚至进行交叉管理，管理情况混乱、效力低下。光伏发电产业的发展缺乏一个部门进行宏观性、统一性的管理指导。目前，太阳能作为一种能源，主要由国家能源局进行管理，在某些领域与其他部门协同管理。但是国家能源局与其他部门在行政地位上属于平级部门，国际能源局单独发布的规范性文件也需要抄送、传达到相关的部门，这会导致在对光伏发电产业进行行政管理的过程中效力等级与权威性不高、影响力相对薄弱，对光伏发电产业的发展心有余而力不足。

（2）光伏发电产业监管措施不足。信息公开透明有利于促进社会进步、产业发展。光伏发电产业离不开政府部门的监管控制，因此政府有关部门有必要采取强有力的监管手段，近年，政府利用公众参与的方法有效地发挥了监督的作用。〔21〕因此，监管是促进光伏发电产业发展的重要手段，从法制基础上看，我国的《可再生能源法》从法律的层面直接规定了光伏发电企业受电力监管部门的监管，〔22〕另外，关于光伏发电产业方面的监管办法有《光伏发电运营监管暂行办法》《电网企业全额收购可再生能源电量监管办法》《可再生能源发展专项资金管理暂行办法》等都对光伏发电产业的监督作了较为详细的说明。

以上关于光伏发电产业监管方面的法制措施虽然对其提出了监管的途径，但是在实际实施中仍然存在着问题。例如，《电网企业全额收购可再生能源电量监管办法》的制定机关为国家电监会，该部门已被取消，导致该办法的执行机构不明确。我国光伏发电产业监管办法比较分散，没有形成体系化，导致在实施过程中难度比较大，对光伏发电产业市场中出现的问题难以灵活的应对，这是监管措施不足的表现。同时，由于市场机制的缺陷，在某些缺乏监管的领域，如自然人独自开展光伏发

〔21〕王伟、郭伟煜主编：《低碳时代的中国能源发展政策研究》，中国经济出版社2011年版，第75页。

〔22〕《可再生能源法》第11条规定："国务院标准化行政主管部门应当制定、公布国家可再生能源电力的并网技术标准和其他需要在全国范围内统一技术要求的有关可再生能源技术和产品的国家标准。"第27条规定："电力企业应当真实、完整地记载和保存可再生能源发电的有关资料，接受电力监管机构的检查和监督。"

电等领域内，由于缺乏相应的监管措施而使自然人在开展光伏发电时面临很多阻碍。同时，在对光伏发电产业的财税支持方面缺乏相应的监管，而导致对光伏发电产业的财税政策执行效果不良。

法律制度的完善程度对光伏发电产业的发展具有重要意义，但目前光伏发电产业法律制度内容存在着总量目标制度缺乏制定依据、上网电价制度存在疏漏以及经济激励与实际落实存在脱节的问题。

（二）总量目标制度缺乏制定依据

总量目标制度在光伏发电产业发展过程占据指导性与统摄性地位，规划着光伏发电产业的总体性发展。因此，总量目标制度具有宏观性和预见性的特点。〔23〕但是我国的光伏发电产业的发展处于初级阶段，政府监管部门与相关企业在不断摸索前进中，对光伏发电产业的发电总量、需求量、实际可供应量等考虑缺乏前瞻性，无法充分实现与市场的良好衔接。

同时，总量目标制度还具有稳定性和权威性的特点。国家对光伏发电产业的发展规划的制订，特别是光伏发电总量目标的制订需要从宏观层面着眼。但是我国光伏发电的总量目标由于对市场的考量不足，导致不断修改的窘境。这也间接削弱了总量目标制度的权威，使光伏发电产业难以稳定有序地发展。〔24〕

最后，总量目标具有准确性和科学性的特点。由于我国的光伏发电产业的发展长期存在创新技术上的瓶颈问题，与此同

---

〔23〕 薛荣娣：《我国风力发电法律促进机制研究》，西南政法大学出版社 2010 年版，第 189 页。

〔24〕 周欣星、张冀新："全球价值链下我国光伏产业竞争力评价及路径选择"，载《科技和产业》2015 年第 7 期，第 12 页。

时近几年面临着出口受到外国欧美等国家的贸易壁垒阻碍，导致国际市场份额逐渐减少。但是我国光伏发电产业政策却一直利好，政府放宽对光伏发电产业的批准条件和手续更是促使光伏发电产业如雨后春笋般蓬勃发展，造成的后果就是国内光伏发电装机量逐年上升，总量目标也随之不断提升，导致产能过剩，市场难以消化。究其根本是我国的总量目标制度的制定过程中缺乏对国内外市场的通盘考虑，同时以装机量而非市场需求量来制定总量目标，依据单纯的发电量数据来制定总量目标，缺乏制定依据，这是缺乏科学规划的表现。

（三）固定电价制度存在疏漏

依据2005年国家发改委以及有关部门共同制定的《上网电价管理暂行办法》《输配电价管理暂行办法》《销售电价管理暂行办法》，我国的电价可以分为三大类，分别是上网电价、输配电价和销售电价。其中上网电价是指发电企业与购电方进行上网电能买卖结算时所体现的价格。上网电价又可分为竞价上网电价和非竞价上网电价两种形式。非竞价上网电价的制定是由政府在考量多种因素的情况下制定，由于电网经营企业的特殊性，因而大部分企业都实行非竞价上网电价，光伏发电企业当然也不例外。〔25〕因此，在光伏发电企业上网电价的制定过程中，政府需要考虑哪些具体的因素是上网电价制定过程中最大的障碍。同时，由于目前上网电价实行一厂一价的政策，采用个体成本家利润的上网电价形成机制，因而导致市场上出现了新老电厂发电成本不同、不同类型的发电成本不同的现象，进一步导致了上网电价的一厂一价甚至一机一价的复杂局面。

---

〔25〕 胡德胜主编：《能源法学》，北京大学出版社2017年版，第220页。

此时光伏发电产业处于刚刚起步的阶段，非竞价的上网电价能够充分考虑其目前市场需求，符合该产业的发展需要。但是由于上网电价制度的制定是以社会投资额和经营成本为基础而制定的，社会投资额、运营成本由于各个光伏发电企业的地域、规模、市场占有额等息息相关，如何在充分考虑不同地域、不同市场占有率等因素的基础上制定公平合理的上网电价，是对政府的挑战。在我国光伏发电产业起步阶段以及其他发达国家对我国的光伏产业进行打压的情况下，上网电价制度的实施需要完善的法律法规以及配套措施来进行指导，而目前我国在上网电价制度法律政策方面的保障还存在漏洞。

（四）经济激励与实际落实存在脱节

经济激励制度为光伏发电产业的发展提供了强大的物质支持，但是经济激励制度实际落实中仍存在着问题。

首先，在专项基金制度的落实方面，我国光伏发电产业存在着管理不善的问题。我国光伏发电产业的专项资金主要用来支持光伏发电产业技术创新、技术标准体系建设以及开展示范工程项目等，在专项基金制度的基础上，我国光伏发电产业在技术体系建设方面逐渐发展壮大。但是涉及专项基金的来源途径没有具体规定，同时对于专项基金的配置管理也没有完善的法制措施予以具体化规定，缺乏相应的配套措施予以落实。

其次，在税收优惠制度的实施方面，我国光伏发电产业存在着政策分散、缺乏统一明确规定的问题。我国光伏发电产业的税收优惠政策繁杂，制定主体涉及各部门，导致税收优惠政策缺乏统一性，加大了实施的难度。同时，由于光伏发电产业是一个涵盖从投资、运营、后期维护等一系列活动的产业链条。因此，目前的税收优惠制度在对产业链条中各个部门是否有优惠政策以及明确的实施方案等方面的规定十分含糊不清，进一步导致在对税收优惠政策的落实方面存在阻碍。[26]

最后，在融资制度方面，我国光伏发电产业存在着可操作性弱、缺乏具体措施等问题。例如，2013 年《关于支持分布式光伏发电金融服务的意见》中指出，国家开发银行应该为分布式光伏发电企业提供专门性的金融服务，强调在提供金融支持时要考核光伏发电企业的信用程度，对符合申请条件的对象提供信贷支持。但该意见只是系统的说明了融资制度框架性内容，对于申请的条件、具体如何进行申请信贷、信贷额度和各种程序性问题都没有明确规定。[27] 另外，融资制度的一个重要内容就是融资渠道，我国目前为光伏发电产业设立了专门的融资渠道，但是没有相应的法律机制对该融资渠道进行规制，导致该融资机制缺乏稳定性。市场经济体制下，如想让光伏发电产业取得平稳长远发展，则不能仅仅依靠政府设立的单一的融资渠道，应该积极推进融资渠道多元化、体系化建设。[28] 只有这样，才能使光伏发电产业获得更多的资金支持，加强在市场，尤其是国际市场上的竞争力。

三、光伏发电产业法制政策的完善建议

由于我国光伏发电产业发展过程中存在着问题，因此需要对此进行法律规制，健全完善光伏发电产业的法制建设，为光

---

〔26〕 左媛：《我国太阳能光伏发电法律保障制度研究》，山东科技大学 2011 年硕士学位论文，第 19 页。

〔27〕 于文轩：《中国能源法制导论——以应对气候变化为背景》，中国政法大学出版社 2016 年版，第 79 页。

〔28〕 高玮：“我国光伏产业融资问题研究”，载《海南金融》2014 年第 3 期，第 86 页。

伏发电产业的发展提供良好的基础保障。

（一）健全法规体系

针对上文提到的光伏发电产业法规体系存在的问题，我国光伏发电产业法律体系应该整合相关部门规章及规范性文件，建立高位阶专门性立法；健全配套法律法规，完善保障措施。

1. 制定高位阶专门立法

我国关于光伏发电产业的部门规章及规范性文件繁杂多样，但是却没有关于该方面的专门立法，只有《可再生能源法》对太阳能的开发利用作了简单笼统的规定，这对于光伏发电产业的发展而言缺乏法律法规的保障，不利于其稳步发展。因此，需要将关于光伏发电产业的部门规章及规范性文件进行进一步梳理整合，制定专门立法。该立法则需要涵盖光伏发电产业链条的各个环节，制定该专门立法可以会同国家其他部门共同制定，增强其实施的可能性以及科学性，防止制定过程中的遗漏，使其真正成为统领性、基础性的光伏发电产业专门性法律。

同时，由于我国关于光伏发电产业的规定，大部分是通过各部委以“办法”“意见”“通知”等形式进行规定的，从法律属性上看属于规范性文件，法律位阶较低，难以落实。所以，可以在专家学者的等理论基础支持下建立高位阶的光伏发电产业方面的立法，这部立法的位阶至少应该定位于法规或规章的形式，增强其效力和权威，以真正做到光伏发电产业在发展过程中的有法可依，促进光伏发电产业稳定有序发展。

2. 健全配套法律法规

由于光伏发电产业主要以《可再生能源法》为指导，以规范性文件为实施依据，但由于缺乏配套法律法规，使光伏产业的有关规定难以落实。因此，为了使光伏发电产业平稳有序推进、不断扩大发展规模，需要对其配套的法律法规进行完善，具体可以从以下几方面着手：

（1）应该重视地方性配套法律法规，进一步细化光伏发电产业法规体系。目前关于光伏发电产业的规范性文件大都是中央各部委制定颁布的，但由于太阳能资源的显著的地域性导致地区之间对光伏发电产业的发展速度与水平不一致。因此，应当逐渐加强地方性配套法律性文件的建设，使地方性光伏发电产业配套法律法规与中央的法律法规相统一，并协调好不同区域的发展现状不同的问题，使配套措施力求公平但有差别的规划安排。同时对光伏发电产业链条中各个部分进行具体规定时，也需要在总体上与中央立法相统一，但可以因地制宜、灵活地制定适合本区域发展程度的法规，从而真正使光伏发电产业配套措施能够得到实际落实。

（2）增强光伏发电产业政策实施的可操作性，降低弃光率。由于光伏发电产业发展历史比较短，还面临着国外对我国光伏发电相关技术方面的封锁，导致我国在发展光伏发电产业的相关经验与技术上比较匮乏，因此制定的规范性文件中包含了很多框架性的内容，使其在实施过程中操作难度变大。例如，2013年国家发改委发布了《关于完善光伏发电价格政策通知（征求意见稿）》，该征求意见稿中对四类太阳能资源区制定了不同的标杆上网电价，同时还规定对分布式的光伏发电补贴0.35元/千瓦时。[29] 但是目前关于国家如何计算四类地区的不同标杆上网电价以及发放的补贴具体应该怎么进行结算与发放，

---

〔29〕“发改委发布《关于完善光伏发电价格政策通知》征求意见稿”，载http://guangfu.bjx.com.cn/news/20130311/421729.shtml，最后访问时间：2018年7月15日。

是否需要建立专门的账户等内容没有作出具体的规定，难以实施。鉴于此，国家应该在充分调查考虑光伏发电产业所存在问题的基础上，着重培养光伏发电产业专业人才，在制定措施的过程中充分听取其意见，增强措施的可操作性，从而不断降低弃光的现象。

3. 完善保障措施

针对我国光伏发电产业在保障措施方面存在的问题，相应可从确立统一的管理机构和建设完备的监管体系两方面进行完善。

（1）确立统一的管理机构。由于我国关于光伏发电产业方面的治理一直被各部委进行分化管理，主要由国家发展和改革委员会、国家能源局、财政部等部门各自在权限范围内对此进行管理。由于各部委之间的职责分了导致无法统一地对光伏发电产业进行管理，缺乏统一的管理机构对不同的职能管辖进行协调，很容易出现“九龙治水”的现象。〔30〕

首先，确定对光伏发电产业统一的管理机构是有法律依据的。《可再生能源法》明确指出，国务院能源主管部门对可再生能源实施统一管理。〔31〕因此，应该由国家能源局对太阳能资源，包括光伏发电产业进行统一的管理。

其次，应相应的提高国家能源局的政治地位，加强对光伏发电产业的统一化管理。由于国务院相关部门在自己的权责范围内也对光伏发电产业进行相应的管理，导致一个产业涉及众多部门，管理过程中发生权责混乱、甚至对责任互相推诿的问题，不利于各种政策的实施与产业的管理。原因在于各部门与国家能源局的行政位阶属于平级，虽然法律规定了国家能源局

---

〔30〕 李艳芳：“我国可再生能源管理体制研究”，载《法商研究》2008年第6期。
〔31〕《可再生能源法》第5条第1款。

有统一管理的权力，但是这在实际操作中却难以贯彻。因此需要提高国家能源局对再生能源的管理地位，真正实现光伏发电产业的统一化管理。

最后，国家能源局应该在专业性人员的指导下对各部门制定的规范性文件进行系统的协调。国家能源局既然具有统一管理的权力，那就应该充分发挥其作用，在光伏发电方面的技术人员以及管理人员的专业科学的指导下，将繁杂的法规以及措施进行梳理，加强各部门职能之间的联系交流、促进统一性发展。

（2）建设完备的监管体系。目前，《可再生能源法》只有第 27 条规定电力企业应当记载和保存可再生能源发电的有关资料，并接受电力监管机构监督。〔32〕但对于可再生能源的发展却没有建立完备的监管体系，追责机制匮乏。依据《中国能源法（草案）专家建议稿》第 19 条的规定，应该建立能源监督管理委员会，对可再生能源进行监管。同时该建议稿还建议能源监督管理委员会应作为国务院直属特设机构，这样做一方面能够提高能源监督管理委员会的政治位阶，提高其监督的权力、增强权威性，另外能够使其独立于能源主管部门之外，增强其独立性与执行监管的执行力度和效率。

对于光伏发电产业的监管，主要体现在产业发展过程中的市场监管和行政监管。首先，建立完善的监管体系需要从源头进行监管，由于太阳能资源的特殊性决定了在太阳能资源的利用过程中需要行政权力的介入，例如优惠的财政政策等，这就需要建立监管体系对行政权力进行监督，促进行政权力介入的

〔32〕《可再生能源法》第 27 条："电力企业应当真实、完整地记载和保存可再生能源发电的有关资料，并接受电力监管机构的检查和监督。电力监管机构进行检查时，应当依照规定的程序进行，并为被检查单位保守商业秘密和其他秘密。"

公平性、清廉性以及高效性，建立良好明确的追责问责机制。其次，光伏发电产业产品最终需要投入市场消纳，因此产业的发展最终还需参与到市场竞争中，因此需要充分发挥“看不见的手”的监管作用，另外，政府也应该做好“守夜人”的角色，适度监管市场经济活动，减少不当竞争。[33] 最后，也要充分调动社会监督力量，通过社会公众的参与与监督来逐渐建立光伏发电产业的监督体系，减少负外部效应，促进产业发展壮大。

针对上文提到的关于光伏发电产业法律制度存在的问题，我国应从完善总量目标制度、改进固定电价制度、健全经济激励制度三方面进行完善改进，促进光伏发电产业的发展完善。

（二）完善总量目标制度

我国目前关于光伏发电的总量目标制度不尽完善，制定标准、制定方法以及制定程序等方面存在不合理性。《可再生能源法》第 4 条规定了对于可再生资源的发展需要制定总量目标，同时第 7 条规定由国务院能源主管部门在能源需求与实际状况的基础上制定中长期总量目标。[34] 但是从制定标准来看，我国的光伏发电产业的总量目标主要是以光伏发电的装机量为主要标准的，这样就会造成制定的总量目标不够科学合理。因此，对于光伏发电总量目标的制定标准应该综合参考实际上网电量、装机量、国家能够承受的财政支持力度等因素，确保总量目标制度的科学性和预见性。

从总量目标制度的制定方法来看，关于《可再生能源中期规划》等文件对总量目标的具体制定过程没有进行详细的说明，

---

〔33〕 高健：《中国能源领域内的政府管制研究》，中共中央党校 2007 年硕士学位论文，第 8 页。

〔34〕《可再生能源法》第 4 条和第 7 条。

实际操作过程中相关部门只是统计目前各个区域的光伏发电装机量情况，对其他因素标准并没有实际进行调查统计、科学计算。因此应该赶紧制定过程的粗制化，立足市场经济体制下的市场需求量，力求供需平衡，减少产能过剩的情况。从制定程序来看，光伏发电产业总量目标的制定主体是国务院能源主管部门，但是关于如何制定总量目标以及制定总量目标过程中的程序性问题、监督性问题都缺乏明确具体的规定。因此，需要对制定程序进行具体化，开展公众参与，特别是专业性技术人员的参与，全面搜集需要的标准数据，科学分析，加强论证。同时，制定程序应该符合程序性要求，引入监督，使总量目标的制定更加严谨准确。

（三）改进估定电价制度

首先，由于光伏发电运营成本高、又兼有公益性的特点，我国光伏发电产业在固定电价制度中实行非竞价上网电价，因此需要政府给予相应的财政补贴以适当降低市场竞争。但是对于固定电价制度如何制定一直没有具体的法律法规进行规制。因此要改进固定电价制度则需要首先从法律规制入手，应相应的根据现有的《太阳能光伏发电上网电价政策的通知》等文件制定详细具体的法律法规或者在可再生能源法关于太阳能能源方面单列条款建立标准。

其次，合理的固定电价制度应该在充分考量市场需求、地域发展程度差别、财政补贴力度的基础上进行科学计算得出的。目前，出现光伏发电产业出现产能过剩的重要原因在于，政府的优惠政策吸引了众多企业加入该产业，但实际上政府的财政补贴却难以及时的到位，因此很多光伏发电企业甚至面临无法上网的状况。所以应该立足市场供需标准，合理制定上网电价，促进光伏发电产业的健康发展。

最后，光伏发电产业的地域性发展差异特别明显，这是由于太阳能资源的分布不均衡造成的。上网电价的制定要充分考虑地域差异和地域供求量、需求量的不对等性，可以根据《中国光伏分类上网电价政策研究报告》提出的分布式电价为参考，〔35〕制定公平合理的固定电价制度。

（四）健全经济激励制度

光伏发电产业的特殊性决定了其需要国家的经济激励。但我国的经济激励制度在实际落实中存在脱节的情况，具体而言：

第一，在专项基金制度的落实方面，应该逐步加强对专项基金的管理。明确专项基金的来源渠道以及通过法律法规的形式对专项基金的使用管理进行明确规制，并建立操作性强的配套措施保障制度落实。

第二，在税收优惠制度的实施方面，应该梳理繁杂的法规、形成统一明确的规定。虽然《可再生能源法》第26条规定了国家对可再生能源给予税收优惠，但也说明了具体的优惠办法由国务院来规定。〔36〕国务院出台的优惠办法多为框架柱的指导，具体如何给予税收优惠以及给予多少税收优惠和税收优惠何时给予到光伏发电产业中都没有作出明确的规定。因此需要在梳理现有的法规的前提下，国务院有关部门应该整合出具体明确的税收优惠实施办法，加强在实际实施中的可操作性。

第三，在融资制度方面，应该制定具体的实施措施、拓宽融资渠道。由于《关于支持分布式光伏发电金融服务的意见》

〔35〕“中国光伏上网电价政策正式发布”，载 http://guangfu.bjx.com.cn/news/20130516/434557.shtml，最后访问时间：2018年6月18日。

〔36〕参见《可再生能源法》第26条。

对于具体如何进行申请信贷、信贷额度和各种程序性问题都没有明确规定，因此应该对信贷申请的程序性要求进行进一步的明确细化，完善贷款流程，减少光伏发电企业在申请贷款过程中的繁杂模糊的手续，提高服务效率。另外，国家应该鼓励在光伏发电产业方面积极拓展融资渠道，从而为光伏发电企业的发展提供强大的资金支持。

四、结论

我国光伏发电产业在国家优惠政策的支持下，发展迅速。但仍然存在着相关法规规定零散，缺少高位阶的专门立法；政策执行缺乏配套措施支撑；缺乏完善的光伏发电产业保障措施等法规体系方面的问题和总量目标制度缺乏制定依据，固定电价制度存在疏漏；经济激励与实际落实脱节等制度方面的问题。因此，应该通过整合相关法规，制定高位阶专门立法；制定配套规范；完善保障措施来健全光伏发电产业法规体系。通过科学改进总量目标制度、改进固定电价制度、经济激励制度逐渐完善光伏发电产业法律制度，从而真正地促进光伏发电产业的稳定发展。

风能法制的挑战与对策

周征宇*

经济发展要求与环境资源约束等因素，为我国风能等可再生能源的发展提供了契机。〔1〕在此情况下，有必要在梳理我国风能法制现状的基础上，发现我国风能法制存在的缺陷并提出相关完善建议。

一、风能及其产业

风能作为代表性的可再生能源，以其独特的优势推动了自身产业化发展。我国风能产业在经历了不同时期的变化后，也进入新的发展阶段。

（一）风能概述

风能，是指地球表面大量空气流动所产生的动能。〔2〕作为清洁的能量来源，风能具有可再生和总量丰富的优势，对于缓

---

* 中国政法大学环境与资源保护法学专业硕士研究生。

〔1〕“中央经济工作会议：9 个方面准确把握经济发展新常态”，载 http://www.ce.cn/xwzx/gnsz/gdxw/201412/11/t20141211_4104260.shtml，最后访问时间：2018 年 5 月 24 日。

〔2〕孙建安等：《持续不断的风电新能源》，甘肃科学技术出版社 2012 年版，第 10 页。

解能源危机、减少温室气体排放、保护生态环境具有重要意义。同时，风能发展可能带来一些噪声污染、对鸟类生物的危害以及对土壤等周边环境的影响。尽管如此，风能仍是目前主流电能来源中环境友好性最佳的来源之一。

中国幅员辽阔，陆地边境线总长达2万多公里，还有18 000多公里的海岸线，边缘海中有岛屿5000多个，风能资源丰富。据国家气象局估算，全国风能密度为100瓦/平方米，风能资源总储量约为1.6×105兆瓦。[3]2017年，全国陆地70米高度层平均风速均值约为5.5米/秒，平均风速大于6.0米/秒的地区主要分布在东北大部、华北北部、内蒙古大部、宁夏、陕西北部、甘肃大部、新疆东部和北部的部分地区、青藏高原大部、四川西部，以及云贵高原和广西等地的山区，其中等地年平均风速达到7.0米/秒，部分地区甚至达到8.0米/秒[4]以上，具有极大利用价值。[5]

（二）风能产业

风能利用早在公元前就已经开始，发展至今已有近千年。目前风能利用有三种形式：一是以风能为动力，如带动水泵提水、风帆助航；二是利用风能加热，如风能热水器；三是风力发电，如使用风力发电机发电。三者中风力发电是风能利用的

---

〔3〕 中国气象局："2016年中国风能太阳能资源年景公报发布"，载http://www.cma.gov.cn/2011xwzx/2011xqxxw/2011xqxyw/201701/t20170111_385897.html，最后访问时间：2018年5月24日。

〔4〕 一般认为，可将风电场风况分为三类：年平均风速6米/秒以上为较好；7米/秒以上为好；8米/秒以上为很好。

〔5〕 中国气象局："2017年风能太阳能资源年景公报发布"，载http://m.cma.gov.cn/2011xwzx/2011xqhbh/2011xdtxx/201801/t20180130_461313.html，最后访问时间：2018年7月4日。

主要形式，也是目前可再生能源中开发利用技术最成熟、最具规模化开发条件和商业化发展前景的发电方式。实践中，风力发电主要是通过风车将风的动能转化为旋转的动作去推动发电机以产生电力，原理是通过传动轴将转子（由以空气动力推动的扇叶组成）的旋转动力传送至发电机。[6]

风电产业，是以原材料、风电设备、整机制造、物流、开发与运营与终端应用为主要环节的风能开发利用产业。[7]风电产业，从狭义上讲，主要包括风机的设计、制造、维护及其风电场建设、并网运行等环节；从广义上讲，风电产业还包括风能测量及预测、风电与电网的系统集成等相关产业。[8]

（三）我国风电产业发展历程

经过近二十年的发展，我国风电产业发展大致经历了四个阶段：

第一阶段，2003~2010年，高速发展期。期间国内新增风电装机复合增速达115%，这一期间，政策主导了风电发展规模和速度。2003年9月，国家发改委出台《风电特许权项目前期工作管理办法》，实行风电特许权招标政策，特许权项目通过上网电价的招标竞争选择开发商，以大力推广商业化风能开发利用。

第二阶段，2011~2012年，发展停滞期。2010年，当年我国风电新增装机18.9吉瓦，累计装机达44.7吉瓦，超过美国跃

---

〔6〕徐克祥："浅谈风力发电机组控制技术研究方法"，载《中国科技博览》2014年第23期，第243页。

〔7〕周冯琦、刘新宇、陈宇：《中国新能源发展战略与新能源产业制度建设研究》，上海社会科学出版社2016年版，第146页。

〔8〕王正明：《中国风电产业的演化与发展》，江苏大学出版社2011年版，第121~125页。

居世界第一。但是，经过连续多年爆发式发展，我国开始出现明显的弃风限电现象。2011 年，我国风电限电量首次超过 100 亿千瓦时，弃风率达到 16.23%，2012 年则进一步攀升至 17.12%，成为有史以来弃风限电最为严重的一年。持续加重的弃风限电影响了开发商的积极性，是这一阶段新增装机下滑的主因。与此同时，风机产品故障问题也开始显现，国内风电场后发生多起大面积脱网事故。为此，政府监管趋严，电监会要求已经电网运行的风电场要进行风电机组低电压穿越能力核查，不符合相应要求的风电机组尽快完成改造，也因为同期排队检测造成风电上网速度短时期内的停滞。〔9〕

第三阶段，2013~2015 年，转型发展期。期间国内新增风电装机出现持续的增长。风电弃风率在 2013 和 2014 年出现下滑：2013 年冬季气温同比偏高，供暖期电网调峰压力较小，风电消纳较好的夏秋季来风增加，同时全国电力负荷同比增速提升，弃风率呈现一定好转；2014 年整体来风偏小，同时哈密-郑州特高压、新疆与西北主网联网 750 千伏通道等输电工程的投运，都对弃风率的进一步下降起到推动作用。〔10〕

第四阶段，2016 至今，调整改革期。2016 年，国内新增风电装机 23.37 吉瓦，同比大幅下滑 24%。一方面，抢装过后，需求有所透支；另一方面，国内弃风率维持高位，政府出台更严格的管控措施应对弃风问题。2016 年 7 月，国家能源局发布《关于建立监测预警机制促进风电产业持续健康发展的通知》，

〔9〕 中国产业信息网："2003~2017 年中国风电行业发展历程"，载 http://www.sohu.com/a/198132197_99931651，最后访问时间：2018 年 7 月 4 日。

〔10〕 周冯琦、刘新宇、陈宇：《中国新能源发展战略与新能源产业制度建设研究》，上海社会科学出版社 2016 年版，第 148~149 页。

风电投资监测预警机制正式启动。按照该机制，风电平均利用小时数低于地区设定的最低保障性收购小时数的，风险预警结果将直接核定为红色预警。2017 年，由于 2016 年度弃风率继续上扬，政策监管依然偏紧。〔11〕

（四）我国风电产业发展现状

我国风能产业始终保持着强劲增长势头，发电规模持续增长，空间格局趋向稳定。与此同时，由于我国电力并网建设滞后，也导致风电并网问题频发。

1. 风力发电规模持续增长

2017 年，我国风力发电量 2950 亿千瓦时，比上年增长 24.4 %，风电已成为我国第三大类型电源。分地区看，内蒙古是我国最重要的风电基地，2017 年其风力发电量为 551 亿千瓦时，接近全国的 1/5。此外，风力发电量超过 200 亿千瓦时的地区还有新疆和河北，分别为 289、258 亿千瓦时；上海、四川风力发电量比上年增长超过 100%，分别增长 148.3%、111.2%。〔12〕

2. 中国风电发展空间格局稳定

中国风电发展空间格局是“三北”地区比重高，华东地区次之，西南地区发展迅速，中南地区稳步增长。2008~2014 年，“三北”地区风电累计装机占全国比重从 69.3%增长至 73.3%，进一步固化了中国风电区域格局；云南与贵州大规模风电的建设使得西南地区的份额从 2008 年 0.7%增加到 2014 年的 5.4%；

〔11〕 中国产业信息网：“2003~2017 年中国风电行业发展历程”，载 http://www.sohu.com/a/198132197_99931651，最后访问时间：2018 年 5 月 24 日。

〔12〕 国家统计局：“电力生产稳步增长，电源结构调整优化”，载 http://www.stats.gov.cn/tjsj/zxfb/201803/t20180319_1588744.html，最后访问时间：2018 年 5 月 24 日。

华东地区份额不断萎缩；中南地区份额增长较慢。[13]

3. 风电并网问题频发

当前新增风电装机规模始终高于新增并网装机容量，这说明新增风电规模与上网电量极不平衡，从而导致弃风现象严重，即在风机仍可正常运行的情况下，由于电网无法接纳多余发电导致大量风机停止发电的现象，这也直接导致了风电产业链上游的资源浪费。我国弃风率在2012年一度增长至17%，之后在政府的管控下虽然有所下降，但截至2018年一季度，我国平均弃风率仍高达8.5%。[14]

二、我国风能法制现状

风能法律体系及相关制度为我国风电产业快速发展提供保障。我国现形成了以《可再生能源法》为核心的风能利用开发法律体系，并逐渐形成资源调查制度、总量目标制度、发展规划制度、产业指导与技术支持制度、全额保障性收购制度、上网电价及费用分摊制度以及发展基金制度等一系列法律制度，为推动风能及其产业的发展发挥了不可或缺的作用。

（一）法律体系

我国风能法律体系是以《可再生能源法》等法律为核心，大量部门规章及规范性文件为配套，《联合国气候变化框架公约》与《京都议定书》等国际法文件为补充的完整体系。

---

〔13〕 李俊峰等：《中国风电发展报告（2008）》，中国环境科学出版社2008年版，第67~88页。

〔14〕 国家能源局："2018年一季度风电并网运行情况"，载http://www.nea.gov.cn/2018-04/28/c_137143494.htm，最后访问时间：2018年7月4日。

1. 法律

我国与新能源和可再生能源开发利用相关的法律已有四部：1996 年 4 月实施、2018 年 12 月 29 日修正的《中华人民共和国电力法》（以下简称《电力法》）；1998 年 1 月实施、2016 年修订的《中华人民共和国节约能源法》（以下简称《节约能源法》）；2006 年 1 月实施、2009 年 12 月修正的《中华人民共和国可再生能源法》（以下简称《可再生能源法》）；2009 年 1 月实施、2018 年 10 月 26 日修正的《中华人民共和国循环经济促进法》（以下简称《循环经济促进法》）。

其中，《可再生能源法》较为全面地规定了风能为代表的可再生能源的开发利用。该法明确了风能作为可再生能源的一种，在全国范围内由国务院能源主管部门统一管理其开发利用，具体规定了包括对于可再生能源资源的调查、相关开发利用规划、可再生能源产业指导、可再生能源利用推广、价格管理、并网发电、可再生能源利用技术支持、产业促进以及相关法律责任等方面的内容。但《可再生能源法》并没有针对风能开发利用作出专项规定。

2. 部门规章及规范性文件

风能及其产业发展的具体规定，多规定于国务院各部门发布的部门规章及规范性文件中。部门规章涉及风电规划、投资、关税、招投标、价格与补贴、风电工程与项目管理等多个方面，如国家能源局发布的《风电开发建设管理暂行办法》、国家发改委发布的《关于做好风电、光伏发电全额保障性收购管理工作的通知》等；规范性文件则主要为风电装备及风电项目的技术规范，如国家质量监督检验检疫总局和国家标准化管理委员会发布的《风电场接入电力系统技术规定》等。

3. 国际法相关规定

《联合国气候变化框架公约》和《京都议定书》都意在减少温室气体的排放，作为联合国成员国，为履行大国义务，我国积极制定完善法律法规和政策，通过多种方式积极参与全球绿色行动。这些相关国际条约为我国发展风能开发利用具有重要的推动作用，且以风能为代表的可再生能源的国内法律与部分具体制度是在间接借鉴了《京都议定书》附件一国家的成功经验的基础上确立的。〔15〕

（二）法律制度

我国风能相关的法律制度包括资源调查制度、总量目标制度、发展规划制度、产业指导与技术支持制度、全额保障性收购制度、上网电价及费用分摊制度以及发展基金制度等。

1. 资源调查制度

《可再生能源法》第 6 条第 1、2 款规定："国务院能源主管部门负责组织和协调全国可再生能源资源的调查，并会同国务院有关部门组织制定资源调查的技术规范。国务院有关部门在各自的职责范围内负责相关可再生能源资源的调查，调查结果报国务院能源主管部门汇总。"〔16〕

依据相关规定，中国气象局成立了风能、太阳能资源评估中心，负责我国风能、太阳能资源的调查与评估任务。该中心于 2017 年 1 月 7 日发布了《2016 年中国风能太阳能资源年景公报》〔17〕，

〔15〕 李艳芳："气候变化背景下的中国可再生能源法"，载《政治与法律》2010 年第 3 期，第 12 页。

〔16〕《可再生能源法》第 6 条。

〔17〕 中国气象局："2016 年中国风能太阳能资源年景公报发布"，载 http://www.cma.gov.cn/2011xwzx/2011xqxxw/2011xqxyw/201701/t20170111_385897.html，最后访问时间：2018 年 5 月 24 日。

公报显示风能太阳能资源中心利用全国气象台站2004~2016年地面观测资料，统计分析2016年我国陆地10米高度的风速特征，得出2016年全国地面10米高度年平均风速较近十年（2004~2013年）均值偏大0.68%，属正常稍偏大年景，但分布不均，地区差异性较大。公报所显示的十年间的风能资源变化和空间分布特征可以作为风能发电企业评价往年发电量生产的客观依据，其对风能资源现状的调查也是风能开发利用总量目标和发展规划制定的基本前提。

《可再生能源发展“十三五”规划》要求，“十三五”期间，加强可再生能源资源勘查工作，及时公布各类可再生能源资源勘查结果，引导和优化项目投资布局。尤其要加大中东部和南方复杂地形区域的低风速风能资源、海域风能资源评价。

2. 总量目标制度

总量目标制度主要针对风电累计并网装机容量、风电年发电量以及风电占全国总发电量的百分比等方面对一定时期内的风电发展提出要求。《可再生能源法》中明确规定了总量目标控制制度，包括国家与地方层面总量目标的制定、审批主体及其程序等方面。[18]其中，总量目标可细分为三种：一是风电装机容量；二是风电发电量；三是风电占比，包括风电在总发电量中以及在可再生能源发电量中的占比。以风能为代表的可再生能源相较化石能源，仍处于产业化的初期，而总量目标制度保证了风能利用规模化的稳定增长，直接体现了国家促进可再生能

〔18〕《可再生能源法》第7条：“国务院能源主管部门根据全国能源需求与可再生能源资源实际状况，制定全国可再生能源开发利用中长期总量目标，报国务院批准后执行，并予公布。国务院能源主管部门根据前款规定的总量目标和省、自治区、直辖市经济发展与可再生能源资源实际状况，会同省、自治区、直辖市人民政府确定各行政区域可再生能源开发利用中长期目标，并予公布。”

源开发利用的原则。

在风能开发利用领域，总量目标制度主要表现为对风力发电量的强制性规定。国家发展和改革委员会于2016年12月发布的《可再生能源发展“十三五”规划》规定，以2020年底为时间节点，提出五个风电总量目标：全国风电并网装机确保达到2.1亿千瓦以上、中东部和南方地区陆上风电装机规模达到7000万千瓦、部分省份风电装机规模达到500万千瓦以上、“三北”地区装机规模1.35亿千瓦、海上风电建设1000万千瓦。据此，风电发展目标首次由“装机量”向“发电量”转变。

3. 发展规划制度

《可再生能源法》第8条明确规定了发展规划制度：“国务院能源主管部门会同国务院有关部门，根据全国可再生能源开发利用中长期总量目标和可再生能源技术发展状况，编制全国可再生能源开发利用规划，报国务院批准后实施。省、自治区、直辖市人民政府管理能源工作的部门会同本级人民政府有关部门，依据全国可再生能源开发利用规划和本行政区域可再生能源开发利用中长期目标，编制本行政区域可再生能源开发利用规划，经本级人民政府批准后，报国务院能源主管部门和国家电力监管机构备案，并组织实施。”[19]

此外，《可再生能源发展“十三五”规划》中明确规定了我国2016~2020年可再生能源发展的目标、任务、方式及保障措施，并将风能作为重点发展对象。同时，针对风能提出了按照“统筹规划、集散并举、陆海齐进、有效利用”的原则。具体表现为严格开发建设与市场消纳相统筹，着力推进风电的就

〔19〕《可再生能源法》第8条。

地开发和高效利用，积极支持中东部分散风能资源的开发，在消纳市场、送出条件有保障的前提下，有序推进大型风电基地建设，积极稳妥开展海上风电开发建设，完善产业服务体系。〔20〕

4. 产业指导与技术支持制度

产业指导与技术支持制度是指国家针对以风能为代表的可再生能源产业进行产业指导和技术支持的制度，包括制定相关产业发展指导目录、行业标准以及安排资金促进其开发利用的技术进步等一系列具体措施。《可再生能源法》第 10 条规定："国务院能源主管部门根据全国可再生能源开发利用规划，制定、公布可再生能源产业发展指导目录。"〔21〕国家发展和改革委员会发布的《可再生能源产业发展指导目录》则对涉及风能开发利用和系统设备的 23 个类型的项目说明技术指标和发展状况作出规定，包括但不限于离网型风力发电项目、并网型风力发电项目、风能设备制造。

《可再生能源法》第 12 条第 1 款规定："国家将可再生能源开发利用的科学技术研究和产业化发展列为科技发展与高技术产业发展的优先领域，纳入国家科技发展规划和高技术产业发展规划，并安排资金支持可再生能源开发利用的科学技术研究、应用示范和产业化发展，促进可再生能源开发利用的技术进步，降低可再生能源产品的生产成本，提高产品质量。"〔22〕

在"十二五"期间，"风电技术水平明显提升，关键零部件基本国产化，5~6 兆瓦大型风电设备已经试运行，特别是低风

---

〔20〕《可再生能源发展"十三五"规划》。

〔21〕《可再生能源法》第 10 条。

〔22〕《可再生能源法》第 12 条。

速风电技术取得突破性进展，并广泛应用于中东部和南方地区。”〔23〕《可再生能源发展“十三五”规划》进一步提出：推动全产业链的原材料、产品制备技术、生产工艺及生产装备国产化水平提升，加快掌握关键技术的研发和设备制造能力。〔24〕

5. 全额保障性收购制度

全额保障性收购制度，是指电网企业有义务对电网覆盖范围内符合并网技术标准的可再生能源发电企业生产的电力优先调度，并全额予以收购的一整套措施〔25〕。风速和风能密度的不稳定特性，导致了风能发电的不稳定。而电网企业出于效益考虑，自然偏向于选择更为稳定的化石能源作为能源来源进行发电，导致风能电力难以上网。而全额保障性收购制度通过确保规划内的风电项目优先发电，很大程度上缓解了风能以及其他可再生能源发电并网的难题，进一步降低了风电企业投资风险，进而提高风电项目投资积极性，对培育风电产业起到了不可或缺的作用。〔26〕

《可再生能源法》第 14 条规定了全额保障性收购制度，意在减少“弃风”“弃光”现象，为风能及其他可再生能源的发电并网提供保障。这一制度主要涉及三方主体即风电企业、电网企业及政府部门三个主体的权利、义务与职责，具体规定为：国务院能源主管部门会同国家电力监管机构和国务院财政部门，按照全国可再生能源开发利用规划，确定在规划期内应当达到

---

〔23〕《可再生能源发展“十三五”规划》。

〔24〕《可再生能源发展“十三五”规划》。

〔25〕于文轩：“气候变化背景下可再生能源法制的挑战与对策”，载《江苏大学学报》2013 年第 6 期，第 46 页。

〔26〕周冯琦、刘新宇、陈宇：《中国新能源发展战略与新能源产业制度建设研究》，上海社会科学出版社 2016 年版，第 20~25 页。

的可再生能源发电量占全部发电量的比重，制定电网企业优先调度和全额收购可再生能源发电的具体办法，并由国务院能源主管部门会同国家电力监管机构在年度中督促落实；电网企业应当与按照可再生能源开发利用规划建设，依法取得行政许可或者报送备案的可再生能源发电企业签订并网协议，全额收购其电网覆盖范围内符合并网技术标准的可再生能源并网发电项目的上网电量；发电企业有义务配合电网企业保障电网安全。〔27〕此外，《可再生能源法》第29条、《电网企业全额收购可再生能源电量监管办法》第20条规定了相关法律后果，以确保全额保障性收购制度的实施。

此外，《可再生能源发电全额保障性收购管理办法》在原有规定的基础上引入了市场交易机制，将风电在内的可再生能源发电项目的年发电量分为保障性收购电量和市场交易电量。根据此办法第5条规定："可再生能源并网发电项目年发电量分为保障性收购电量部分和市场交易电量部分。其中，保障性收购电量部分通过优先安排年度发电计划、与电网公司签订优先发电合同（实物合同或差价合同）保障全额按标杆上网电价收购；市场交易电量部分由可再生能源发电企业通过参与市场竞争方式获得发电合同，电网企业按照优先调度原则执行发电合同。"〔28〕

6. 上网电价及费用分摊制度

2009年国家发改委发布的《关于完善风力发电上网电价政策的通知》中明确规定，分资源区制定陆上风电标杆上网电价，即按风能资源状况和工程建设条件，决定将全国分为四类风能

〔27〕《可再生能源法》第14条。

〔28〕《可再生能源发电全额保障性收购管理办法》第5条。

资源区，相应制定风电标杆上网电价。〔29〕2016年国家发改委发布的《关于调整光伏发电陆上风电标杆上网电价的通知》对四类资源区电价及海上电价作出了新的调整。〔30〕

费用分摊制度是指风力发电上网电价高于常规能源发电平均上网价格的部分，通过向电力消费者征收附加电价费的方式分摊。〔31〕《可再生能源法》第20条明确规定："电网企业依照本法第19条规定确定的上网电价收购可再生能源电量所发生的费用，高于按照常规能源发电平均上网电价计算所发生费用之间的差额，由在全国范围内对销售电量征收可再生能源电价附加补偿。"〔32〕第21条规定："电网企业为收购可再生能源电量而支付的合理的接网费用以及其他合理的相关费用，可以计入电网企业输电成本，并从销售电价中回收。"〔33〕此外，《可再生能源发电价格和费用分摊管理试行办法》对费用分摊制度也进行了规定，即风电上网电价高于当地脱硫燃煤机组标杆上网

---

〔29〕《关于完善风力发电上网电价政策的通知》：分资源区制定陆上风电标杆上网电价。按风能资源状况和工程建设条件，决定将全国分为四类风能资源区，相应制定风电标杆上网电价。具体标准见附件。

〔30〕《关于调整光伏发电陆上风电标杆上网电价的通知》：降低光伏发电和陆上风电标杆上网电价。根据当前新能源产业技术进步和成本降低情况，降低2017年1月1日之后新建光伏发电和2018年1月1日之后新核准建设的陆上风电标杆上网电价，具体价格见附件1和附件2。2018年前如果新建陆上风电项目工程造价发生重大变化，国家可根据实际情况调整上述标杆电价。之前发布的上述年份新建陆上风电标杆上网电价政策不再执行。光伏发电、陆上风电上网电价在当地燃煤机组标杆上网电价（含脱硫、脱硝、除尘电价）以内的部分，由当地省级电网结算；高出部分通过国家可再生能源发展基金予以补贴。

〔31〕杨惜春："论我国风能资源开发利用法律制度"，载《可再生能源》2010年第2期，第7~10页。

〔32〕《可再生能源法》第20条。

〔33〕《可再生能源法》第21条。

电价的部分，向省级及以上电网企业服务范围内的电力消费者收取。[34]

7. 发展基金制度

可再生能源发展基金制度，是国家为了促进以风能为代表的可再生能源的开发利用，而建立的关于可再生能源发展基金的资金筹集、使用管理和监督检查的一系列措施。可再生能源发展基金，是指由国务院财政部门依法设立的、用于支持可再生能源开发利用的资金，主要包括国家财政年度公共预算安排的专项资金和依法向电力用户征收的可再生能源电价附加收入等。

专项资金采取无偿资助和贷款贴息两种方式，主要用于支持可再生能源开发利用的科学技术研究、标准制定和示范工程、农村、牧区生活用能的可再生能源利用项目、偏远地区和海岛可再生能源独立电力系统建设、可再生能源的资源勘查、评价和相关信息系统建设、促进可再生能源开发利用设备的本地化生产等；可再生能源电价附加收入则用于补贴电网企业按照国务院价格主管部门确定的上网电价，或者根据《可再生能源法》有关规定通过招标等竞争性方式确定的上网电价，收购可再生能源电量所发生的费用，高于按照常规能源发电平均上网电价计算所发生费用之间的差额、执行当地分类销售电价，且由国家投资或者补贴建设的公共可再生能源独立电力系统，其合理的运行和管理费用超出销售电价的部分电网企业为收购可再生能源电量而支付的合理的接网费用以及其他合理的相关费用。[35]

---

〔34〕《可再生能源发电价格和费用分摊管理试行办法》第5条。

〔35〕《可再生能源发展基金征收使用管理暂行办法》第14条。

三、我国风能法制面临的挑战

我国现行风能法律体系及相关法律制度为推动风能及其产业的健康发展发挥了基础性作用，但在法律体系、制度内容等方面仍存在缺陷。

（一）法律体系不合理

首先，系统性缺失。《可再生能源法》作为我国目前唯一一部可再生能源专门立法，并没有对风能作出具体规定，国务院也没有专门制定风能相关的行政法规，而且政府有关部门出台的涉及风能开发利用的规定也十分零散。现有的法律体系缺乏完整的结构，尤其是上位法的缺失导致各个法规规定较为零散，缺乏全局性统筹。

其次，权威性缺失。《可再生能源法》确立的内容较为简单，制度设计上也较为原则，关键在于并没有针对性的风能相关规定，有直接规定的往往是部门规章及规范性文件，法律层级较低，降低了立法的权威性，往往导致地方政府及企业不重视风能开发与利用，甚至直接影响法律制度与具体规定的贯彻实施。〔36〕

最后，配套法规不完善。上位法有关风能开发利用的规定大都过于原则，具体法律实施往往需要出台配套法规进行指导。而现有的法律体系却存在着明显的配套法规缺位，如上位法中明确规定的可再生能源产业发展经济激励政策明显缺少具体实施细则，导致理想的制度设计难以落实。

〔36〕 周冯琦、刘新宇、陈宇：《中国新能源发展战略与新能源产业制度建设研究》，上海社会科学出版社 2016 年版，第 295 页。

（二）法律制度不完善

我国风能法律制度的不完善体现在总量目标制度、发展规划制度、上网电价定价及分摊制度、发展基金制度等各方面。

1. 总量目标制度缺乏前瞻性

总量目标制度作为可再生能源整体及分类开发利用的指导性制度，需要保证其科学性和前瞻性。但在我国实践中，总量目标的制定却存在缺乏前瞻性的问题。2007 年国家发改委发布的《可再生能源中长期发展规划》规定：到 2010 年，全国风电总装机容量达到 500 万千瓦。但随着我国风电的快速发展，2007 年末风电累计装机已达 590.6 万千瓦。为此，发改委于 2008 年发布了《可再生能源发展“十一五”规划》，将《可再生能源中长期发展规划》中规定的总量目标调整为到 2010 年，风电总装机容量达到 1000 万千瓦，可是 2010 年我国总装机容量已达到 4167 万千瓦，远远超越了“十一五”规划所确立的目标。[37]这一现象反映了我国现行的总量目标制度并没有按照制度设计有效地指导我国风电产业的发展，一方面造成了政策法律资源的浪费，另一方面也会使得整个风能法律制度体系缺失基础性的指导，容易导致风能产业无序发展后期的诸多问题。而这一问题的主要原因，是由于相关部门在制定总量目标时，并没有做好前期的资源调查和分析评估工作，使得总量目标制度丧失了应有的科学性和前瞻性。

2. 发展规划制度缺乏内部协调性

修改前的《可再生能源法》规定，“省、自治区、直辖市人

---

〔37〕 中国可再生能源学会风能专业委员会：“2016 年中国风电装机容量统计简报”，载 https://www.sohu.com/a/126543356_472920，最后访问时间：2018 年 11 月 25 日。

民政府管理能源工作的部门根据本行政区域可再生能源开发利用中长期目标，会同本级人民政府有关部门编制本行政区域可再生能源开发利用规划，报本级人民政府批准后实施。”[38]即地方规划只需地方政府批准即可实施，而不需向国务院相关部门备案。地方在政绩刺激下开始了风能开发狂潮，地方大量上马接近5万千瓦的陆上风电场项目，或将大项目化整为零规避审批，从而导致地方陆上风电场项目与国家新能源开发整体规划冲突，与电网整体规划不协调，进而造成陆上风电场并网困难。

发展规划制度由于没有处理好中央与地方的关系，直接导致了发展规划内部的不协调，这是源于制度设计本身的缺陷。所以，2009年修改的《可再生能源法》就针对这一制度作出了修正，要求地方可再生能源开发利用规划需报国务院能源主管部门备案。[39]

3. 上网电价现有定价制度混乱

对于风能等可再生能源上网电价，《可再生能源法》及相关规范性文件作出了相关规定，但在实践中仍存在如下问题：一是法律规定“有利于促进可再生能源利用和经济合理性”的原则难以把握；二是我国现存的三种并行定价制度使得定价机制

〔38〕《可再生能源法》（2005年）第8条。

〔39〕《可再生能源法》第8条：国务院能源主管部门会同国务院有关部门，根据全国可再生能源开发利用中长期总量目标和可再生能源技术发展状况，编制全国可再生能源开发利用规划，报国务院批准后实施。国务院有关部门应当制定有利于促进全国可再生能源开发利用中长期总量目标实现的相关规划。省、自治区、直辖市人民政府管理能源工作的部门会同本级人民政府有关部门，依据全国可再生能源开发利用规划和本行政区域可再生能源开发利用中长期目标，编制本行政区域可再生能源开发利用规划，经本级人民政府批准后，报国务院能源主管部门和国家电力监管机构备案，并组织实施。经批准的规划应当公布；但是，国家规定需要保密的内容除外。经批准的规划需要修改的，须经原批准机关批准。

混乱；三是现有定价机制不利于公平竞争。

4. 费用分摊制度有失公平

由于近来风电产业发展迅速，为了填补以风能为代表的可再生能源发电的补贴需求和电价附加费之间的资金缺口，国家财政部和发改委于2016年发布了《关于提高可再生能源发展基金征收标准等有关问题的通知》，规定自2016年1月1日起，将各省（自治区、直辖市，不含新疆维吾尔自治区、西藏自治区）居民生活和农业生产以外全部销售电量的基金征收标准，由每千瓦时1.5分提高到每千瓦时1.9分。[40]电价附加费征收的范围为所有能源来源发电的电价，所以以风能为代表的可再生能源和传统能源的社会成本区别并没有得到体现，传统能源发电的工业用电消费者即使没有使用可再生能源发电同样会因为这一制度分摊费用，进而使得整个电价费用分摊制度有失公平。

5. 可再生能源发展基金缺乏实施细则

《可再生能源法》与《可再生能源发展基金征收使用管理暂行办法》并没有针对基金的法律性质作出明确规定，也未规定除了专项资金和电价附加费之外的资金来源，未明确国家财政年度安排的专项资金的数量及占比，也未对可再生能源发展基金的规模、监管机构等作出规定，而这些问题对风能开发、利用及其产业发展有着重要的意义。

四、风能法制的完善建议

为解决上述风能法制存在的问题，应从法律体系、具体制度两方面入手。健全法律体系，首先应当完善《可再生能源

〔40〕《关于提高可再生能源发展基金征收标准等有关问题的通知》第1条。

法》，进而推动风能专项立法，同时完善配套法规细则。完善法律制度，则需要从总量目标制度、发展规划制度、上网电价定价和费用分摊制度、发展基金制度等具体制度出发。

（一）健全风能法律体系

首先，完善《可再生能源法》。我国现行的《可再生能源法》对于风能相关规定都较为抽象而具体内容则需要有关实施部门再另行制定相关实施方案加以具体化，一旦配套措施没有跟进，则容易导致出台的法律制度被架空，成为一纸空文。因此需要结合风能资源特点，以增强应用性和可操作性为出发点，在《可再生能源法》中增加有关风能开发利用的专门章节，对风能开发利用及其产业作出比较明确的规定。

其次，建立风能专项立法。应当有针对性地制定风能专项立法，着重规定风能资源调查制度、总量目标制度、发展规划制度、全额保障性收购制度、上网电价定价与费用分摊制度、可再生能源发展基金制度等基本制度。专项立法还应该完善风电产业促进经济激励、技术支持等方面的相关内容。[41]

最后，完善配套规章。上位法有关风能开发利用的规定难免过于原则，具体法律实施往往需要出台配套法规进行指导。因此，需要尽快出台风能开发利用及其产业相关的配套规章，特别在经济激励、技术支持和海上发电等方面，如尽快完善海上风力发电并网相关细则等。

（二）注重资源调查制度与总量控制制度的衔接

作为风能开发利用法制环节中最为基础的制度，资源调查

---

〔41〕于文轩、朱婷婷：“气候变化背景下可再生能源法制的挑战与对策”，载《江苏大学学报》2013年第6期，第46~50页。

制度和总量控制制度的衔接尤为重要。我国《可再生能源法》中明确规定了需要根据全国能源需求与可再生能源资源实际状况制定全国可再生能源开发利用中长期总量目标。〔42〕风能资源调查作为总量目标制定的必要步骤，必须先保证资源调查的全面性和科学性，进而在资源实际状况信息相对准确的前提下进行需求与供应的经济学分析，从而制定出合理且科学的总量目标，以此推动总量目标制度发挥其引导型和前瞻性。

因此，应当注重资源调查制度和总量控制制度的衔接。首先，资源调查内容应当包含资源区域布局等与总量控制目标以及资源开发利用规划直接相关的方面；其次，资源调查的分析方向应当重点放在发展目标、重点项目、服务体系和保障措施等方面，方便总量目标制度为可再生能源开发利用做出统筹安排；最后，国务院有关部门在各自的职责范围内负责的相关可再生能源的调查结果，应当及时报国务院能源主管部门汇总，并确保以此为基础制定相应的总量目标，保证总量目标的科学性和前瞻性，以更好地指导全国风能开发布局，平衡地区间发展，提高能源使用效率。〔43〕

（三）加强风能发展规划制度的中央与地方合作

进一步落实《可再生能源法》修订后的发展规划制度，明确省、自治区、直辖市人民政府管理能源工作的部门会同本级人民政府有关部门，依据全国可再生能源开发利用规划和本行政区域可再生能源开发利用中长期目标，编制本行政区域可再生能源开发利用规划，经本级人民政府批准后，必须报国务院

〔42〕《可再生能源法》第7条。

〔43〕任东明："关于建立我国可再生能源发展总量目标制度若干问题探讨"，载《中国能源》2005年第4期，第24页。

能源主管部门和国家电力监管机构备案才能组织实施。[44]

同时，应当细化省级政府对于本级可再生能源发展规划与中央规划的衔接程序。进一步规定当国务院主管部门和国家电力监督机构对省级可再生能源发展规划有异议时的处理程序，确保风能等可再生能源规划内容在中央和地方层面的相容性，这样从根本上保证了国家规划与地方规划的一致，有利于改善长期以来我国风能开发利用实际情况与国家中长期规划失衡的现象。

（四）改进上网电价制度

我国现行的固定电价制、招标电价制和市场电价制各有利弊。固定电价制在我国现阶段对于电力市场的刺激最大、最有效，但从长远来看易造成各可再生能源电力布局不合理；市场化的定价机制较为先进，但该类价格体系唯有在完全市场化的电力体制下推行才会有较为明显的效果。[45]

风电价格水平的确定应综合考量风电成本、税收、补贴等其他税收政策甚至碳排放交易收益等影响，确定合理的价格水平，以保证风电投资企业获得合理的收益。因此，建议目前继续推行固定电价制，充分考虑电力的外部价值，参考各地煤电的成本和价格，实行有差别的电价，以体现当地发电量的经济价值和风电的地区差异。[46]

（五）注重费用分摊制度的公平原则

上文提到的基金标准的提高是我国执行前期的补贴政策的

〔44〕《可再生能源法》第8条。

〔45〕李艳芳："气候变化背景下的中国可再生能源法"，载《政治与法律》2010年第3期，第288页。

〔46〕李艳芳："气候变化背景下的中国可再生能源法"，载《政治与法律》2010年第3期，第319页。

结果，是为填补补贴资金的缺口而临时要求所有工业用电消费者分摊可再生能源发电上网高于传统能源的成本。这一制度一方面使得传统能源的工业用电消费者承担了过多的义务，另一方面被动的过多的补贴也并不利于可再生能源发电企业自主走向市场竞争的道路。

因此，应当尽快纠正不公平的制度设计，将费用分摊制度的重点放在建立电价附加补贴资金与可再生能源发展规模相匹配的联动机制上，明确逐渐取消度电补贴才是可再生能源发展的长期目标。使得费用分摊制度在权利和义务的平衡下发挥其对以风能为代表的可再生能源的扶持作用，逐步推动风电在经济性上与煤电竞争，以实现风电直接参与市场竞争。

（六）完善发展基金制度

完善发展基金制度，重点在于细化发展基金制度的各项安排。现有的可再生能源发展制度基本架构已经完备，包括可再生能源的资金筹集、使用管理和监督检查等方面内容，只需进一步细化有关资金来源、管理机关、使用方法等配套细则。

除了上文提及的电价附加费，可再生能源发展基金的来源可以扩展到排污费、环境税等较为稳定的收入。可再生能源发展基金可由专门机构进行管理，国务院能源主管部门对其进行监督，并定期向公众披露基金收支事项。同时，进一步细化可再生能源发展基金的使用办法，尤其是各使用对象及其占比。

五、结论

在国内经济转型的背景下，为适应全球气候变化，需要逐步完善以风能为代表的可再生能源法制。上述针对风能法律体系和法律制度提出的对策不仅是阶段性的应对，也是风能乃至可再生能源法制走向完善的必经之路。为建设更加完善的风能法制，需要不断完善促进风电产业发展的政策措施，尽快建立适应风电规模化发展和高效利用的体制机制，积极推动技术进步，不断提高风电的经济性，实现风电从补充能源向替代能源的转变，进而促进可再生能源布局优化和提质增效，加快推动我国能源体系向清洁低碳模式转变。

俄罗斯可再生能源法制及其借鉴意义

马　鑫*

随着国际社会对保障能源安全、保护生态环境、应对气候变化等问题日益重视，加快开发利用可再生能源已成为世界各国的普遍共识和一致行动。2017 年 1 月初，俄罗斯总统命令政府在制定战略规划文件时，应特别注意提高经济的能源效率，其中包括创造可再生能源。〔1〕特别是在 2009 年通过的《2030 年前俄罗斯联邦能源战略》中，制定了在 2030 年前将可再生能源需求提升至 14%左右的战略目标。规范性法律规制是每个领域得以顺利发展的有利保障，本文着重介绍俄罗斯联邦及其联邦主体在可再生能源领域的立法和政策。

一、俄罗斯联邦可再生能源领域立法与政策

俄罗斯从 20 世纪 90 年代便开启能源转型的相关探索，通过制定开发和利用可再生能源规划和相关规范性法律法规的途径来发展和提高可再生能源的使用规模，从而推动能源转型。

---

* 俄罗斯科学院国家与法研究所生态法教研室博士研究生。

〔1〕 俄罗斯通讯社："普京委派政府关注可再生能源"，载 https://ria.ru/economy/20170125/1486485844.html，最后访问时间：2018 年 6 月 13 日。

（一）可再生能源的定义

"可再生能源"作为专业术语首次出现在1996年颁布的联邦法律《节能法》中。该部联邦法律将可再生能源定义为：太阳能、风能、地热能、水流自然流动的能量、自然界中存在的温度梯度能。2003年联邦法律《电力法》修正案通过，对可再生能源的概念重新进行了界定，即太阳能、风能、水能（其中包括废水能量，在蓄水储能电站上使用该能量的情况除外），潮汐能、水体波能（其中包括水库、河流、海洋），使用天然地下热载体的地热能，使用专门热载体的土地、空气和水的低潜热能，生物质（其中包括用于获取能源而专门培育的植物和树木），以及生产和消费废弃物（在使用碳氢化合物原料和燃料的过程中产生的废弃物除外），生物气，由废弃物处理厂中的生产和消费废弃物分解出的气体，在煤炭开采过程中产生的气体均属于可再生能源。

对比上述两个定义，可以发现俄罗斯立法扩展了可再生能源的范围，并且俄罗斯立法者始终采取闭合式列举方式对可再生能源进行定义，但是这一方式被许多俄罗斯学者所诟病。主要原因在于通过详细列举的方式未能完全涵括所有的可再生能源的类型，比如，上述概念中只提到为获取能源而专门培育的植物，但是未提到砍伐树木后留下的、在其恢复到潜在消费状态前40~50年之内的矮林也可以重新成为生物质，成为能源〔2〕。因此俄罗斯学者提倡使用开放式的列举方法来对可再生能源作出定义。比如白俄罗斯于2010年12月27日颁布的《可再生能

---

〔2〕［俄］巴夫洛夫："电力领域的基本术语：法律概念"，载《俄罗斯法杂志》2008年第7期，第56页。（Павлов В. А. Основные термины в электроэнергетике: правовые определения // Журнал российского права. 2008. N 7.）

源法》中第1条将可再生能源定义为："太阳能、风能、地热能、水流自然流动的能量，木材燃料的能量，其他类型的生物质能，生物气以及不属于不可再生能源的其他能源"。紧接着，白俄罗斯将不可再生能源定义为以矿产资源的形式在自然界中积累的能量：煤炭、石油、天然气、泥煤、油页岩，以及在新地质条件下不可能形成的其他能源。详细列举与参照不可再生能源定义的方式，可以从立法技术角度有效地规制随着科技进步和发展而出现的尚不为人所知晓的其他可再生能源的使用问题。

除此之外，还应当在概念中指明划分可再生能源和不可再生能源的标准。可再生能源和不可再生能源概念的界定，应当通过其属性"可再生性"和"不可再生性"来确定。从哲学的观点来看，所有能源都是会耗尽的：太阳将停止发光、月球将会远离地球，潮汐将不再作为自然现象而存在，等等。但从法律的角度来看，"耗尽"是一个相对意义上的概念，是能量的定性状态，该能量不会随着使用而变化和减少。从这个意义上来讲，太阳能、风能等是取之不尽，用之不竭的。同时，"可再生性"是指在一次性的使用过程中，能源会减少，但是在后续期间，该能源能够再生，恢复到使用前的水平。比如春天蓄水池会蓄满水，植物会再次生长，等等。矿产资源（石油、天然气、煤炭等）这类不可再生资源在经过相当长的一段时间后也可以缓慢再生，所以其与可再生资源的区别不在资源本身是否能够再生，而是在于新的矿产地是有限的。

（二）俄罗斯联邦可再生能源立法

1993年12月12日通过的《俄罗斯联邦宪法》第9条规定，土地和其他自然资源作为在相应区域内居住的人民生活与活动的基础得到利用和保护。第 42 条规定，每个人都有享受良好的环境、被通报关于环境状况的信息的权利，有因破坏生态损害其健康或财产而要求赔偿的权利。

该法第 71 条和第 72 条就俄罗斯联邦及其联邦主体之间的管辖范围进行了划分。俄罗斯联邦负责制定在联邦及联邦主体的共同管辖范围内，使用自然资源、生态安全、环境保护发展领域的政策。第 71 条规定联邦能源体系以及核能在俄罗斯联邦的管辖范围内。因此俄罗斯联邦宪法是国家生态安全和能源安全领域立法法规建立的基础。

在联邦层面，由联邦立法机关和执行权力机关、总统来对可再生能源的使用进行规制。俄罗斯联邦政府是国家的最高权力执行机关，其职权之一即为组织有关保护和合理使用自然资源的活动、规制自然资源使用。〔3〕除此之外，俄罗斯还有一个专门的国家能源管理机构——俄罗斯联邦能源部，其主要职能是制定和落实燃料动力综合体领域的国家政策以及法律规范。〔4〕

1995 年 5 月 7 日颁布的第 472 号总统令《关于 2010 年前俄罗斯能源政策和燃料动力综合体机构重组的主要方向》成为该领域的第一个规范性法律法规，从此开启了法律规制可再生能源使用的进程。该法律文件确定了使用可再生能源相关政策的主要任务，即进一步发展电气化，其中包括通过经济上可行的、生态上安全的方式来使用核电站，非传统可再生能源；扩大地方燃料动力资源的使用，其中包括非传统可再生能源，在 2010

〔3〕 1997 年 12 月 17 日颁布的第 2 号联邦宪法法律《关于俄罗斯联邦政府》。

〔4〕 2008 年 5 月 28 日颁布的第 400 号俄罗斯联邦政府决议《关于俄罗斯联邦能源部》。

年之前对燃料动力综合体领域进行结构性重组，通过建设和引进高效的燃料和能源消耗设备，隔热材料和建筑结构来实现节能。[5]

随后1995年4月28日颁布的第439号俄罗斯联邦政府决议《关于俄罗斯联邦政府规划：1995~1997年俄罗斯经济的改革和发展》，将"加快开发非传统可再生能源和二次能源（风能、太阳能、地热能、沼气、生物气、废弃余热等），特别是在消费者分散的地区"作为燃料动力综合体发展的优先方向。

1998年俄罗斯联邦杜马出台了一项法律草案《关于使用非传统可再生能源领域的国家政策》。经过数次修订，俄罗斯联邦杜马于1999年通过了该项法律草案，但是由于一系列原因被联邦委员会否决。一是从立法技术角度来讲，法律的称谓未能达成一致，联邦委员会认为应当使用"可再生能源"这一称谓；二是根据俄联邦专项规划《1998年至2005年俄罗斯节能规划》，传统能源将在燃料动力供应中发挥主要作用，而该法律草案中的优先选择可再生能源的原则与当时俄罗斯联邦的社会经济发展规划是相违背的。除此之外，该法律草案中制定了一系列的保护投资条件，没有为有意愿使用可再生能源的人员提供优惠条件。[6]为此，成立了立法纠纷调解委员会，在按照联邦委员会的意见进行修改后，草案得到了俄罗斯联邦立法机构的批准，但仍未逃脱被俄罗斯联邦总统拒绝签署的命运。

若干年后，法律规制可再生能源的问题再次被重新提起。

---

〔5〕 克希罗布罗斯：《利用可再生能源进行能源供应的法律规制（民法视角）》，库班州立农业大学2013年副博士毕业论文。

〔6〕 俄罗斯联邦组织管理调解保障部门的1999年春季"分析与统计"会议报告："关于拒绝国家杜马通过的联邦法律的理由的信息"，载http://duma2.garant.ru/analit/1999/vs99/ch02/02-02.htm，最后访问时间：2018年6月12日。

2002年俄罗斯联邦政府制定了《俄罗斯联邦生态原则》。在该原则中指出，在社会和环境之间需要形成一种新型的关系：保护自然系统、维持相应的环境质量，合理使用自然资源（包括通过使用可再生能源向生态高效的能源生产过渡）作为国家能源政策的主要方向。并且规定为落实以环境为导向的政策，必须要制定有关环境保护和自然资源使用的相关规范，为经济主体制定统一的要求，完善生态监督、生态鉴定机制等。

2003年，联邦法律《电力法》修正案通过，如前文中所讲，对“可再生能源”进行了重新地界定，为规范可再生能源的使用制定了法律框架。2007年11月对《电力法》进行的一系列补充修订中，首次确定了可再生能源发展国家支持体系的基本规定。确定了以下国家支持发展电力生产中使用可再生能源的措施：在批发市场中，对必须被评定为可再生能源发电设施实施市场电价附加费制度；为装机功率不足25兆瓦的可再生能源发电设施的连接成本提供补偿；对可再生能源电量证书发放和注销登记进行管理；为批发市场的电力购买者制定购买使用可再生能源电力的义务。

2008年6月第889号总统令《关于提高俄罗斯经济的能源效率和生态效率的若干措施》规定国家权力机关应当采取措施以提高能源安全和生态安全，并为实施可再生能源领域的试验性项目方案划拨财政预算资金。

2009年1月8日颁布的第1-P号俄罗斯联邦政府决议《关于2020年前使用可再生能源提高电力行业能源效率的国家政策主要方向》，指明了俄罗斯在使用可再生能源领域国家政策的基本方向。第3款规定俄罗斯联邦主体执行权力机关和地方自治机关在其权限范围内，在制定地区和市政发展规划时，应当采取措施落实本决议批准的条例，在2020年前使用可再生能源提高电力行业能源效率的国家政策的基本方针政策规定。但是该决议中缺少刺激“绿色能源”使用的规范性法律法规、规范性技术和方法文件，以及相关信息文件。

2008年6月3日颁布的第426号俄罗斯联邦政府决议《关于可再生能源发电设施的分类》规定了可再生能源发电设施的分类条例、标准和程序。在政府决议《关于使用电力能源和电力交易市场可再生能源的激励机制》中规定了已分类的发电设施的销售机制，可再生能源发电设备的功率价格，投资建设该类设施的资金回报原则以及确保其盈利水平的原则。

2009年11月23日颁布了第261号联邦法律《关于节能和提高能源效率，以及对俄罗斯联邦个别法律法规进行修订》（随之1996年《节能法》失效）。第261号法律制定的目的是为了提高可再生能源的使用比例。第3条指出，有关节能和提高能源效率的立法包括本法、节能和提高能源效率领域的其他联邦法律、根据本法通过的俄罗斯其他规范性法律法规，俄罗斯联邦主体法律和其他规范性法律法规，市政法律法规。本法第14条规定，节能指标和提高能源效率的指标应当作为评估俄罗斯联邦各主体执行机构、市地方自治组织机关和市政区域机关活动效率的评价指标之一。并且将增加使用二次能源和（或）可再生能源设施的数量作为提高能源效率的指标之一。节能和提高能源效率领域的地区规划、市政规划应当制定有关节能和提高能源效率的措施[7]清单，应当包括有关增加可再生能源用例

---

〔7〕“俄罗斯联邦经济发展部2010年2月17日第61号令《关于批准可用于制定节能和提高能源效率领域的地区规划和市政规划的节能和提高能源效率领域的措施清单》”，载《公共住房事业主管和总会计师杂志》2010年第5期，第36页。

数量和增加使用风能设备生产电力的措施。作为激励措施，第261号联邦法律对俄罗斯联邦税法中有关提供投资贷款的条款进行了修订。提供投资贷款的条件之一是组织实施投资建设最高能效等级的设施，其中包括多层住宅，和（或）属于可再生能源的设施，和（或）属于生产热能、电能并超过57%效率系数的设施，和（或）根据俄罗斯联邦政府批准的第600号决议《关于批准属于高能效设施和技术设施及技术目录》中规定的其他高能效设施和技术。

俄罗斯联邦政府决议《关于使用已分类的可再生能源发电设施的电能认证的若干问题》，确认“绿色”电力生产量证书的签发、注销登记管理条例。

此外，从规制可再生能源使用关系的法律规范来看，可再生能源通常可以作为促进环境保护的技术。根据2002年1月10日颁布的第7号联邦法律《俄罗斯联邦环境保护法》第14条规定，环境保护领域的经济协调方法包括在采用最佳可行技术、非传统能源、二次能源和加工废弃物时，以及根据俄罗斯联邦立法实施环境保护方面的有效措施时，应当提供税收优惠和其他优惠。

（三）俄罗斯联邦可再生能源的政策

2003年俄罗斯政府批准了《2020年以前能源战略》，其中确立了可再生能源在保障居民能源供应和减少污染物排放方面的必要作用，规定了通过产能市场对可再生能源提供国家支持。国家支持的基本方式为与商业运营商签订有关提供发电功率的合同。

2009年俄罗斯联邦政府制定的《2020年前俄罗斯联邦社会经济长期发展构想》将“优先使用可再生能源”作为目标，并且提议将使用可再生能源的技术投入到工业领域。鼓励引进新技术，并且采取税收优惠政策。例如投入和使用生态清洁型技术和（或）资源节约型技术的，可以在企业所得税、土地税、财产税方面享有优惠政策，以及在个人所得税方面提供不同的优惠。

除此之外，2009 年 11 月 13 日颁布的第 1715 号俄罗斯联邦政府决议批准的《2030 年前俄罗斯能源战略》中指出，必须要为扩大使用可再生能源生产电力创造有利条件，形成可再生能源发展的长期国家能源政策，并为该领域的创新活动创造良好环境。将“充分有效地利用自然能源资源和能源潜力以促进经济可持续增长，提高该国人民的生活质量并促进加强其对外经济地位”作为国家能源政策的目标。致力于打造创新和高效的能源领域，将能源基础设施现代化并建设新的能源基础设施，提高俄罗斯能源和经济的生态效率和能源效率。

2010 年 12 月 27 日颁布的第 2446-P 号俄罗斯联邦政府决议批准的国家规划《2020 年前节能和提高能源效率》规定，在审议有关补贴俄罗斯联邦主体履行义务共同出资落实节能和提高能源效率领域的地区规划问题时，应当将使用可再生能源的情况作为审议的一项标准。

2017 年 4 月 19 日第 176 号俄罗斯总统令批准的《2025 年前俄罗斯生态安全战略》中规定了目标、任务和综合措施以确保生态安全和国家可持续发展。其指出，必须要形成、完善国家各级管理体系，以减少或预防对环境造成的不良影响，合理使用可再生和不可再生资源。加大国家对从事环境保护，合理使用自然资源，发展可再生能源的企业和其他组织的支持力度。

综上，俄罗斯联邦可再生能源领域的立法发展方向和国家政策原则主要是遵循可持续发展理念。现阶段，协调可再生能源领域关系主要是依靠俄罗斯政府决议和决策。

二、俄罗斯联邦主体在可再生能源领域立法与政策

俄罗斯经济发展对传统能源的依赖性较强，因此俄罗斯联邦层面目前尚没有一部综合性的可再生能源法。但是俄罗斯多个联邦主体已制定了综合性的可再生能源立法，例如：克拉斯诺达尔边疆区、阿穆尔州、萨哈共和国，其在可再生能源领域的立法着实可圈可点。

（一）克拉斯诺达尔边疆区可再生能源领域立法与政策

为了支持和发展可再生能源，克拉斯诺达尔边疆区在可再生能源领域通过了两项很重要的文件：2004 年 6 月 7 日颁布的第 723 号法律《关于在克拉斯诺达尔边疆区使用可再生能源》以及 2010 年 3 月 3 日颁布的第 1912 号联邦法律《关于节能和提高克拉斯诺达尔边疆区能源效率》。

1. 立法的基本内容

克拉斯诺达尔边疆区第 723 号法律第 1 条给出了与联邦法律《节能法》相同的可再生能源的定义，但与后者相比，前者不仅仅为可再生能源作出定义，而且还为不可再生能源下了定义（包括天然气、石油、煤炭、页岩和泥炭）。虽然在这一方面前者比后者能够更加清晰地界定可再生能源和不可再生能源的边界，但是前者采用的仍然是闭合式列举的方法来定义可再生能源，这一方法的不足前文已阐述，在此不再赘述。

除此之外，第 723 号法律确定了在以下地区可再生能源优先使用的地位：①该法律专门将分散供应能源的地区划分出来，因为通常这样的地区人口密集度低，更有利于使用可再生能源；②集中供应能源的地区可以优先使用可再生能源，因为该类地区由于线路状况不良或者电力能源短缺，电力用户频繁断电会

造成巨大的经济损失和不良的社会后果；③居民区和大众休息场所应当优先使用可再生能源，因为使用传统燃料的锅炉房排放到大气中的有害物质对上述地区的生态环境造成了不良影响；④在存在供暖问题和电力供应问题的居民区以及居民临时居住地（比如季节性工作地和休息区）应当优先使用可再生能源；⑤在国家保护区、特别自然保护区、大众休息区等地区最好使用可再生能源，以保护生态清洁区的生态系统不会恶化。在该法律中确定了该边疆区机关和地方自治机关在可再生能源领域的职权，规定了可再生能源领域信息保障的主要途径。除此之外，在制定能源税率，建设和使用可再生能源设备方面援引了俄罗斯联邦法律。克拉斯诺达尔边疆区第 1912 号法律《关于克拉斯诺达尔边疆区节能和提高能源效率》是该边疆区节能和提高能源效率的规范性法律基础。

2. 基本原则

根据第 723 号法律的规定，应将可再生能源大量引入能源体系。国家在制定可再生能源领域的政策时应当遵循以下原则：在克拉斯诺达尔边疆区，与不可再生能源相比，应当优先使用经济效益高的可再生能源；承认使用可再生能源装置生产能源的法人和自然人的活动，为确保环境保护效果的活动，以及该类能源的生态优势；利用可再生能源来满足该边疆区能源需求的生态优势；可再生能源的节能导向；该边疆区国家权力机关对可再生能源领域的活动进行法律组织支持和经济刺激。

3. 政策的基本内容

为了提高可再生能源的使用指数，该边疆区制定了三个专项规划，分别是四年规划、五年规划和十年规划。在克拉斯诺达尔边疆区的《2011~2020 年克拉斯诺达尔边疆区节能和提高能源效率》中指出，通过实现该地区使用可替代能源的全部潜力，有可能获得高达220兆瓦的热能和1300兆瓦的电力来代替传统的碳氢化合物，依靠现代生态无污染的设备可以提高住房、办公区、旅游休闲地的能源保证。

《2014~2020年克拉斯诺达尔边疆区节能和提高能源效率》规划指出必须要积极发展该边疆区的可再生能源，为了提高能源效率采取了一系列发展可再生能源的措施：引进太阳能集热器；引进光电设备；引入风能设备；引进地热发电厂；引进液压装置；在农业中使用生物气。

克拉斯诺达尔边疆区行政长官第1183号决议通过的《发展燃料动力综合体》规划的目的在于降低能源成本，减少预算系统支付能源供应服务的负担，并提高该边疆区的竞争力和经济平稳性，其中包括依靠大规模使用能源效率高的设备和投入可替代能源设施。

（二）阿穆尔州可再生能源领域立法

阿穆尔州于2005年3月14日颁布了第一部可再生能源领域的规范性法律法规《关于发展阿穆尔州非传统可再生能源》（第451号州法律）。该法的特点主要包括：①明确规定了可再生能源的主要应用方向，〔8〕比如风能的使用方向是通过使用风力发电装置来获取电能；②可再生能源的使用程序；〔9〕③该法大量援引了联邦法律法规，如森林立法和水资源立法等。

与其他俄罗斯联邦主体制定的可再生能源领域的规范性法

〔8〕 2005年3月14日颁布的第451号州法律《关于发展阿穆尔州非传统可再生能源》第5条。

〔9〕 2005年3月14日颁布的第451号州法律《关于发展阿穆尔州非传统可再生能源》第6条。

律法规相比，该法律给出不同于联邦法律《电力法》的可再生能源的定义，即可再生能源是指在其使用过程中，技术上能够产生有益能源的天然自然客体和自然客体的一部分、自然条件和因素、工程设备、生产和消费废物。随后对可再生能源进行了列举。并且该法律规定了与克拉斯诺达尔边疆区第723号法律《关于在克拉斯诺达尔边疆区使用可再生能源》相同的优先使用可再生能源的地区。

（三）萨哈共和国可再生能源领域立法

2014年11月27日萨哈共和国颁布了第313号法律《关于可再生能源》。该部法律对可再生能源和不可再生能源分别下了定义，规定了该共和国机关和地方自治组织机关在该领域的职能，并且该法律规定设立一个支持可再生能源发展基金，其主要资金来源是通过实施可再生能源替代传统能源措施产生的节余。

与其他联邦主体关于可再生能源立法相比，第313号法律将2009年11月23日颁布的第261号联邦法律《关于节能和提高能源效率以及对俄罗斯联邦个别法律法令进行修订》中有关能源服务的规定进行了具化。第261号联邦法律规定能源服务合同为：其客体为执行人为提高定制人使用能源资源的能源效率而实施的活动的合同。萨哈共和国法律中将能源服务合同定义为：其客体为执行人通过用可再生能源替换不可再生能源的方法为提高定制人使用能源资源的能源效率而实施的活动的合同。这样一来，通过萨哈共和国第313号法律的具体化，便可以将第261号联邦立法中规定的有关能源服务的合同直接应用到可再生能源领域。

除此之外，萨哈共和国还制定了一系列措施以促进可再生能源的发展：①为建设可再生能源客体提供土地；②为设计、建设、生产和运营使用可再生能源设备的法人、自然人、个体工商户提供投资特惠；③立法未禁止的其他措施。

三、俄罗斯可再生能源领域的国家支持

可再生能源的长效发展与国家强有力的支持是分不开的。自20世纪90年代以来，俄罗斯通过立法为可再生能源的发展制定了一系列国家支持措施。1998年俄罗斯联邦杜马出台的法律《关于使用非传统可再生能源领域国家政策》中的国家支持措施仅要求政府必须将国家投资燃料动力综合体资金总量中的至少3%用于发展可再生能源。自此俄罗斯政府不断完善可再生能源领域的国家支持措施，现阶段俄罗斯采用固定补贴机制，补贴连接电网的成本；电网公司承担购买可再生能源电力市场上的电力来补偿其技术损失；用可再生能源“绿色”证书制度来支持可再生能源的开发和利用。

（一）在批发电力和容量市场上可再生能源的支持机制

在批发电力和容量市场上可再生能源的支持机制方面，俄罗斯采用的方法是，将能源生产量和能源销售量作为获得国家对批发电力市场支持的主要依据，但是无论是能源生产量，还是能源销售量都应当在政府按照年限和发电技术制定的发电功率输入量的限制范围内。功率超过25兆瓦的发电设施必须进入批发电力和容量市场，功率在5兆瓦~25兆瓦的发电设施既可进入批发市场，也可参加零售市场。功率小于5兆瓦的发电设施只能进入零售市场。

1. 固定电价附加费

固定电价附加费是批发电力市场的重要支持措施。固定电价附加费是为了执行法律禁止新发电机在批发电力和容量市场

上使用任何违反市场原则的集中或直接形成税费体系的要求。固定电价附加费将支付给批发电力市场的主体—在市场上销售的可再生能源电量的发电公司。固定电价附加费计算方法为可再生能源电量乘以政府为特定电力生产技术确定的附加费（以卢布计算）。

2. 容量费补偿机制

2010 年春季俄罗斯联邦能源部采取了新的方法来支持可再生能源的开发和利用，即通过支付容量费的方式来补偿可再生能源发电公司的费用。容量市场是批发电力市场的组成部分，可再生能源的财政支持来源。除了风能技术和太阳能技术之外，对于所有可再生能源的技术来说，容量费是补偿费总额的一部分。支付发电机的容量费是用于确保电力系统的可靠性和平缓价格高峰的机制，通常被能源政策的制定者和能源市场的参加者广泛接受。

3. 提供容量的协议机制

提供可再生能源容量的合同条款包括批发市场上每一台可再生能源发电设施的每月容量费额的计算方式。根据批发电力和容量市场的可再生能源项目的竞选结果对可再生能源的发电设施进行筛选。

根据《电力法》规定，在计算容量费时，使用申请人在竞选时申请的总成本指标。该指标可以高于实际支出或低于实际支出。当高于实际支出时，投资者将获得额外收入，当低于实际支出时，其收入会低于标准水平或者以其他方式在项目中得到补偿。如果发电设施履行其生产和销售电力的义务，每月将对其等量支付容量费。[10]若未能履行其义务，则会根据合同对其进行制裁，最严重的制裁措施是将其从市场中清除，由市场委员会对其是否履行义务进行监督。[11]

(二) 零售电力市场上可再生能源的支持机制

2014 年针对容量在 5 兆瓦以内的发电设施和 5 兆瓦~25 兆瓦的发电设施制定了一系列决议，为零售市场上使用可再生能源的发电设施提供支持。2015 年 1 月 23 日颁布的第 47 号俄罗斯联邦政府决议《关于修订俄罗斯联邦政府有关激励零售电力市场使用可再生能源问题的一系列法案》确定了零售电力市场上使用可再生能源发电的主要支持条例和措施。[12]2015 年 7 月 28 日颁布的第 1472 号政府决议确定了计算零售电力市场长期税率的相关指标和条件，并将据此制定俄罗斯联邦反垄断部门的相关方法。上述政府决议将批发电力市场的发电技术从三种（太阳、风和小发电站）扩充到六种（补充了生物质、生物气和垃圾气体），并制定了使用燃烧固体生活废弃物发电的条件和指标。

1. 支持机制的适用范围

与批发电力市场的可再生能源的支持机制的适用范围不同的是，因功率不超过 5 兆瓦的发电设备只能在零售市场上销售其能源，此外没有其他途径可以出售其能源，因此零售电力市场的支持措施仅适用于功率不超过 5 兆瓦的发电设施，同时功

---

〔10〕 2003 年 3 月 26 日颁布的第 35 号联邦法律《电力法》第 33 条第 4 款。

〔11〕 2003 年 3 月 26 日颁布的第 35 号联邦法律《电力法》第 33 条第 3 款。

〔12〕 2015 年 1 月 23 日颁布的第 47 号联邦政府决议《关于修改俄罗斯联邦政府有关激励零售电力市场使用可再生能源的一系列法案》中第 1 款第 M 子款、第 Ж 子款，第 2 款等。

率范围为5兆瓦~25兆瓦的发电设施有权自愿成为零售电力市场的主体，因此上述支持措施同样适用于功率在5兆瓦~25兆瓦的发电设施。

2. 支持机制的目的

对零售电力市场上使用可再生能源发电的发电机的支持，主要是为了提高偏远地区的供电可靠性以及降低偏远地区的供电成本，包括连接到统一的能源系统中，不必再采用铺设输电线的方式；发展新型的、现代的和更有效率的电力供应源；建立休闲区、废弃物能源利用（畜牧，作物，林业和木材加工）以及使用当地燃料，当地河流径流的调节和取水口的保护，创造新的就业机会等；通过非燃料技术的替代来减少废弃物和其他类型的温室气体的排放，以降低电力行业对环境的负荷。

3. 强制购买可再生能源电力

根据《电力法》框架下通过的决议，采用强制电网企业购买零售市场上可再生能源发电设施产出的电力以补偿其技术损失，通过此方法对零售市场上可再生能源发电设施提供支持，保障建设可再生能源发电设备的投资项目的投资回报。可再生能源所补偿的损失份额不能超过5%。电网企业将按照当地税务主管部门批准的高于一般水平的电力购置税来购买可再生能源。上述权力部门一般命名为“区域能源委员会”或“税费政策部门”。上述地方税务主管部门会根据发电设施项目的主要成本证明和运营成本证明来确定零售市场上可再生能源发电机的电力购置税。

与批发市场相同的是，针对零售市场设立的成本限额是为了拦截成本高、效率低的发电项目。上述机关可以制定长期的税费指标，根据该税费指标每年对发电站的税费进行核准。“长期税费指标”和“年度税费”的优点在于，若该地区或该国的经济条件发生了重大变化，能够及时调整长期指标。

与批发市场不同的是，在零售电力市场中，对支持使用可再生能源发电的系统没有限制发电功率输入量，但是对电网公司和配电公司的可再生能源强制购买量进行了限制：不得超过其技术损失的5%。零售市场发电的额外支出不是由所有消费者来共同进行补偿，而是只由当地消费者来进行补偿。

（三）其他支持措施和“绿色”证书制度

除了上述批发市场和零售市场的可再生能源的支持机制，俄罗斯立法还制定了一系列其他的措施，比如补贴小型发电机的成本和“绿色”证书制度，以支持可再生能源的开发和利用。

1. 补贴小型发电机的成本

因技术连接成本在小型发电机项目总成本中所占的份额高于大型发电机项目。因此根据《电力法》第21条第1款规定，政府应当制定从联邦预算中分配资金的标准，以补偿小型发电机与电网技术连接的费用。这样可以减少小型发电机的运营成本，从根本上改善其经济状况。为执行《电力法》的上述规定，俄罗斯联邦政府于2010年10月20日颁布的第850号决议核准了联邦预算补贴的标准和指标，以补偿使用可再生能源发电的装机容量不超过25兆瓦的发电设施的技术连接成本。在该政府决议通过后，2013年7月22日颁布了第380号俄罗斯联邦能源部命令，在该项命令中，俄罗斯联邦能源部批准了为落实上述财政预算支持所需提供现金补贴的基本规则。

2. 可再生能源证书制度

俄罗斯联邦第250号法律引入可再生能源证书制度，根据可再生能源证书，发电公司可以确认获得支持的权利，其所获得的支持权与当月交易系统管理者在批发电力市场中销售并核准的电量（兆瓦×小时）成正比。由负责签发证书的机关将实名制证书签发给合格的发电公司，证书是根据电力市场销售的电量（兆瓦×小时）来签发的，该数据由市场委员会根据商业统计系统批准的信息予以确认。根据俄罗斯联邦 2008 年 6 月 3 日颁布的第 426 号政府决议规定的程序对使用可再生能源发电的发电设施是否合格进行评定。

四、结论

纵观俄罗斯联邦及其主体在可再生能源领域的政策和立法的历程，俄罗斯学者、立法者曾多次尝试出台一部综合性的可再生能源法来切实有效地规制该领域的法律关系，但是因俄罗斯的经济发展对传统能源的依赖性很强，所以迟迟未能获得批准。但是，俄罗斯联邦个别主体已经出台了较完善的《可再生能源法》，其中很多理念可圈可点。随着社会的发展和科技的进步，闭合式的可再生能源定义方式已无法满足和适应当代日新月异的发展需求，应当立足当下、着眼未来，采用能够与时俱进的列举开放式和对比式的定义方法来对可再生能源作出定义。再者，应当根据可再生能源的特点（清洁性、安全性、循环利用性、可持续性、发电成本低等），通过立法手段对优先使用可再生能源的地区进行明确的界定和规制。最后，任何一个领域的发展都离不开国家的支持，通过立法手段将国家支持政策予以确立，是法律规制相关领域关系的重要环节，俄罗斯通过上述四种机制对开发利用可再生能源进行支持，值得各国借鉴。

核能风险规制的规范结构*

李玉杰**

在西方发达经济体中，核能利用已经达到了很高的比率，为当地发展带来巨大的经济利益，与之相比我国的核能利用率还很低。纵观核能利用发展历史，发生于西方的数次严重的国际核事件也让我们清醒地认识到核能科技发展背后所隐藏的巨大风险。显然，科技风险与一般的危险相比，是具有其自身的特殊属性的，规制活动必须予以充分考虑，传统的规制模式在面对这种具有“未知性与复杂性并存、科学与民主的双重不确定性以及难以量化计算”〔1〕的规制对象时，总展现出如规制不能、过度规制等“水土不服”的症状，新的规制模式要紧紧抓住风险规制的症结，对症下药。

一、核能风险规制的核心议题

人类发展离不开能源利用，然而由于社会经济发展对化石

* 国家社科基金青年项目“基于环境风险防控视角的决策规制法律问题研究”(15CFX054)。

** 重庆大学法学院环境与资源保护法学专业硕士研究生。

〔1〕 米丹：“科技风险的历史演变及其当代特征”，载《东北大学学报》2011年第1期，第7~11页。

燃料的过度依赖，使得环境问题日益严峻。核能作为清洁能源的一种，在优化能源结构、保障能源安全、应对环境危机等诸多方面具有不可替代的优势。与此同时，核能技术发展到今天，第四代核电技术已经达到了很高的技术水准与安全标准，却依然无法保障核能发展与利用的绝对安全。一方面，核能风险规制要为核能发展留有足够的发展空间。另一方面，核能风险规制扩大了国家责任的保护范围，国家应当积极履行规制义务。这二者之间的紧张关系，是核能风险规制需要面对的首要问题。

（一）规制模式的变迁——由危险防止转向风险预防

法治国时代，国家权力的行使受到控权理念的影响，行政法的核心理念也体现着控制行政权的行使以保护公民个人自由的正义价值。法律保留原则与比例原则是传统行政法的两项重要的基本原则，这两项基本原则的规范价值正是对控权理念的贯彻，前者体现行政权力的来源，后者则规范行政权力的行使过程。〔2〕危险防止的规制模式有着明显的控权理念的烙印。

传统的秩序行政以维护良好的公共秩序为目的，借助危险防止的规制模式来实现规制目标。危险防止通常以一定的构成要件来划定国家权力介入的边界，需要行政机关对危险发生的盖然性、危险发生的因果关系、经验判断依据等作出说明，这显然将国家权力或者行政权的运行划定在了一个较小的范围之中。随着风险预防理念的兴起，风险行政所面临的是完全不同的社会图景，那些以危险发生的概率、因果关系、一般经验作为判断依据的规制模式会极大地束缚行政权的手脚，使得国家无法应对带有特殊性的规制对象。风险规制的特殊性在于，首

---

〔2〕 沈岿：《风险规制与行政法新发展》，法律出版社 2013 年版，第 22 页。

先，规制的客体具有不确定性，这种不确定来源于事物本身的复杂性与人类认知的局限性。核能利用虽然取得了巨大的技术成就，但是科学抑或是完美的制度设计仍然无法消除那千分之几的风险概率，即风险规制总是要“决策于未知”。其次，规制过程与社会公众的主观感受密切相关。风险决策过程需要重点考虑两方面的因素，一是依靠专家理性作出的科学化的评判，往往是客观的、量化的解决方案。二是社会公众的主观认知，而公众对于风险事项的判断依据往往是非理性且情绪化的。[3]这一点将直接影响风险决策的社会效果。规制对象由可知的危险转变为不可知的风险，其背后所呈现的是科技、经济、政治、公民群体等诸多社会元素所交织在一起的复杂时空样态，使得规制活动由单一变得复杂。可以说，传统的秩序行政要求行政机关遵循“被动性”的规制要求，以实现对公民私人领域的最小干预。但是在面对“未知”与“复杂”并存的规制任务时，传统行政法治下的“被动”规制模式已无法应对风险规制带来的挑战，无法进行有效的干预以保障社会安定与公民安全。在风险规制领域，需要行政机关“主动而为”，积极采取规制措施，积极回应公众诉求，全力降低风险概率。在制度层面，行政法也需要实现由“刚性”到“柔性”、由“被动”到“主动”、由“单一”到“复合”的功能转向。[4]一种新的规制模式呼之欲出。

核能利用可以为社会发展带来的巨大利好也可能造成严重

---

〔3〕 潘斌：“风险社会视域中的核能危机反思”，载《探索与争鸣》2011年第8期，第74~76页。

〔4〕 戚建刚：“风险规制的兴起于行政法的新发展”，载《当代法学》2014年第6期，第3~10页。

的损害，风险规制时代，意味着国家责任与义务的扩大，核能风险规制需要适应并在规制的基础、规制手段、规范结构上作出回应，以更好地完成风险规制任务。

（二）核能发展与权利保护的双重国家义务——兼顾安全与发展

“政治社会与政府的目的是为了保护生命财产”〔5〕，即公民的权利需求是国家存在的逻辑起点或是国家的当然义务，这是洛克在《政府论》一书中的经典论述。国家义务的二分理论认为，国家的消极义务旨在保障公民权利不受公权力及第三人的侵犯，国家权力的行使要保持谦抑克制。与此相对应，国家的积极义务是指国家应当积极作为以满足公民日益增长的物质经济文化等福利性的权利需求。依照这种理论观点，核能风险规制对国家义务的要求也可以归纳为消极义务与积极义务。一方面，核能利用带有潜在的危险性，这种危险一旦触发，往往会造成生命财产的极大损失。核事故损害风险对公民基本权利构成威胁，国家应当担负起避免公民权利受损的义务。另一方面，核能作为一种重要的清洁能源应用，对经济发展、生态环境保护也具有十分重要的意义，国家有义务保证核能健康稳健发展，使之为社会经济发展提供稳定清洁的能源供应，间接满足了公民福利性的权利要求。但随着宪法理论的发展，越来越多的学者认为“实际上，所有权利既有‘积极’的相关义务，也有‘消极’的相关义务”。积极义务与消极义务的界限变得模糊，核能规制的国家义务就带有此种意味。我们可以理解为核

〔5〕［英］洛克：《政府论》（下），瞿菊农、叶启芳译，商务印书馆1982年版，第5页。

能规制赋予国家的双重义务，既要核能发展，也要维护安全。

在国家义务二分法基础上发展而来的国家义务三层次理论，将权利保护的国家义务概括为“尊重义务”“保护义务”“实现义务”〔6〕，则更能解构出在核能规制活动中，国家在保护基本权利与促进核能利用两个方面，都承担着相应义务。这样的国家义务要求，核能规制应当避免陷入追求“绝对安全标准”的窠臼，因为科学发展的历程告诉我们科技不可能完全无误地受人类支配，追求绝对安全只会阻碍人类探索未知的脚步。比如现阶段限制核能利用的结果只能是加大对化石燃料的利用以弥补能源缺口，但是对化石燃料的依赖又会形成大气污染这类“次生危害”。〔7〕显然“绝对安全标准”的追求会误入过度规制的歧途。同时，可行的规制方案是要利用各种规制手段，使核能风险处于可接受的范围，既满足公众的安全需求又不阻碍核能技术的发展。

二、核能风险规制国家权力重构

权利保护的国家义务要求国家应当努力平衡核能发展与核能规制二者间的紧张关系，核能规制的模式转换则要求应当以核能风险的特殊性为基点开展规制活动。在安全与发展之间，核能规制需要国家在权力运行的模式上作出回应，寻找一种可行的权力规制进路，并以此为起点进行制度构建。

---

〔6〕 杜承铭：“论基本权利之国家义务：理论基础、结构形式与中国实践”，载《法学评论》2011年第2期，第30~38页。

〔7〕 杜辉：“挫折与修正：风险预防之下环境规制改革的进路选择”，载《现代法学》2015年第1期，第90~101页。

（一）国家权力配置调整的理论基础

经典的国家权力配置理论将国家权力分为立法权、行政权、司法权，由此产生一种制衡的、有明确界限的国家权力体系，共同对国家治理产生作用。这样一种形式主义的分权学说，其价值理念更多关注保护个人自由，在愈加复杂的社会实践中逐渐显示出他不合理的一面。比如行政权的行使需要获得立法的明确授权，以此获得合法性基础，但立法并不能作出事无巨细的规定，在一些新兴的领域，行政权便无法施展手脚。针对这样一种现实的困境，在传统的三权分立的理论之上，出现了功能主义的国家权力配置理论。

区别于形式主义的三权分立理论，功能主义的国家权力配置理论，不仅关注国家权力的相互制衡，同时也更加关注国家权力运行的效率和产生的效果。它从保护个人自由和创新国家治理两个维度来思考国家权力配置，并以此形成了规范意义上的功能适当原则。功能适当原则要求在实现某项国家任务时，需要全面考虑各个国家职能部门的优势与劣势，或者进行职能调整，以找出实现这一国家任务的最优部门。〔8〕实际上，功能适当原则是针对不同的国家治理任务，对国家职能进行优化或者再造。正如前文所述，面对复杂的规制任务和规制模式的转变，基于公共安全与核能发展的双重国家义务，选择何种进路以实现规制绩效，可以以此展开讨论。

（二）核能规制中的功能适当原则

基于功能适当原则，在核能规制领域，我们也需要借助对

〔8〕 张翔：“国家权力配置的‘功能适当’原则：以德国法为中心”，载《比较法研究》2018 年第 3 期，第 143~154 页。

国家权力功能构造的分析，选择出核能规制领域的国家权力运行模式。

核能风险规制的国家基本权利保护义务，首先需要在立法上进行回应。在核能立法领域，需要考虑三种因素：一是规制对象因素，比如危险性的大小、损害发生概率等；二是所保护的法益在宪法层面的位阶性质；三是现行法律规范的不同立场。〔9〕这三种因素将影响立法机关在核能规制与核能发展之间的价值取舍，核能立法需要做到既兼顾公共安全的需要又促进核能的利用发展。传统的秩序行政向风险行政转变，规制模式由危险防止转变为风险预防，体现着国家任务的扩大并且日益复杂。立法权在承担这样的国家任务时，总显得力不从心，立法的稳定性、明确性、严谨的程序性无法适应核能风险规制的特点。核能风险的不确定性、人类认知的局限性和科技不断面向未来的探索显然更适合一种开放的、灵活的规制模式。但这不意味着立法在核能风险规制中无法履行规制义务，它仍然可以通过原则性与程序性的规范加以实现，并以这种方式将自己的义务的一部分转嫁至更加适合的国家权力之上。

核能风险规制对司法机关在法律适用上也造成了不小的困难，这种困难主要在于核能风险规制需要进行大量的科学技术性的判断，比如调查、沟通、实验，在众多科学观点中进行利益衡量，显然司法权并没有足够的经验去面对这样的规制任务。司法权具有被动性，以纠纷发生作为介入起点，这种事后的监督与控制无法胜任面向未知与未来的决策。

立法权与司法权的内涵是相对稳定的，而行政权的发展却

---

〔9〕 伏创宇：《核能规制与行政法体系的变革》，北京大学出版社 2017 年版，第 65 页。

呈现出扩张、开放的趋势，为了适应愈加多元复杂的社会环境，行政权会尽可能地吸收不同的治理手段完成自己的任务。[10]风险治理领域，相比于立法权与司法权，行政权有着诸多明显的功能优势，主要体现在几个方面：一是在信息获取方面，行政机关可以及时地获取大量的专业知识、风险信息，综合权衡并运用于风险规制活动；二是在利益衡量方面，行政机关可以通过多样的方式吸纳公众、专家以及相关利害关系人的意见，在充分考虑各方利益的基础上作出决策；三是在能动性方面，行政机关能够更迅速地动用规制手段对潜在风险进行干预。可以说，在风险规制时代，行政权需要承担起更大的责任。

（三）行政规制的合法性危机及修正

行政权在风险规制领域获得较大的自主空间，这对传统的行政法理念产生了较大冲击，但并不意味着行政权在风险规制领域内可以自由行为，不受约束。行政规制活动的合法性不再只是来源于立法的明确授权，它有了更多的渠道为其提供合法性资源，比如行政过程的“自我合法化”理论，即通过公众参与机制使增强行政规制活动的民主性来获得合法性。[11]也有学者认为，可以通过一种程序主义进路来寻找合法化方案，即通过决策程序构建一种开放式的结构，使得各种用以决策的信息充分沟通交流，实现最大共识。实际上这两种方案有着异曲同工之妙，就是通过吸纳各种有效的手段尽可能保证行政理性。为行政规制寻找合法化基础的过程，其实就是塑造新的规制结构的过程。

---

〔10〕 章剑生：《现代行政法总论》，法律出版社 2014 年版，第 19 页。

〔11〕 王锡锌：“当代行政民主的‘赤字’及其克服”，载《法商研究》2009 年第 1 期，第 42~52 页。

核能规制需要重点关注科学与民主两个方面的因素。知识的运用保证科学性，决策过程的开放性保证民主性，最大程度防止行政肆意，同时也是对行政合理性原则的贯彻与拓展。①知识的运用：核能风险规制涉及解决的事项众多，需要行政学、经济学、物理学、工程学等专业知识体系帮助分析解决，专业知识的运用对于提升决策的理性水平至关重要，需要建构一个开放的规范结构，使得在规制活动中能够充分利用现有的知识信息并且能够及时更新风险信息。②民主参与：知识的运用提升了行政理性水平，同时也形成了一道障碍，依靠专家理性作出的决策，公众却不一定理解或者认可。同时，如果过度依靠专家的作用，往往会陷入另一种"技术专断"的陷阱，专家们也可能以"专业知识"为借口来实现自己的目的。建立民主参与相关机制，弥补政府风险规制中出现的信息断层，能够更有效地开展规制活动。

总之，核能风险规制很大程度上需要依赖科学技术辅助决策，但它又不仅仅是技术问题，也是价值衡量的问题。所以在制度或者程序上，在对知识保持开放性的同时，也需要保持对公众意见的开放，在科学与民主之间搭起桥梁。风险信息的充分沟通可以缓解科学与民主之间的紧张关系，保证决策理性并防止行政的专断，使行政规制合理又合法。

行政权在风险规制领域有着独特的优势，但是立法权与司法权依然需要承担起自己的规制义务，如何保证在优化权力结构的基础上形成理性、灵活、开放、权威的规范结构，还需要进一步分析研究。

三、核能规制的规范结构之塑造

核能风险规制的规范构造需要适应并符合风险规制的特点，也需要按照一国现有的制度资源与实际经验进行妥适性的设计。我国的核能规制体系还不完备，也没有成熟的争议解决经验可供参考。通过前述的分析，我们已经得出了一些结论。一是风险规制的特殊性导致国家保护义务的扩大，国家需要寻找可行路径完成规制任务。二是功能适当理论在风险规制领域对国家权力结构的再造，行政权需要担负起更多的风险规制任务。三是行政权在风险规制领域获得大量的自主空间，要在制度或程序设计上保证行政理性。核能规制不只是制定并执行法律这样简单，它是由法律制定、行政过程、事后救济或制裁所组成的全方位的风险控制体系。

（一）核能规制的立法调控

立法权不足以全面承担起核能风险规制的任务，并不意味着立法无法在核能规制活动中发挥作用，立法机关需要适当地进行角色调整并运用更加灵活的立法技术对规制活动作出指导，包括："可以通过先定规范区分传统规制与风险规制的界限""无法明确具体规范时，可以通过程序规范"；"在无法明确具体规则的情况下，还可以运用原则指导"。[12] 核能立法作为核能规制规范结构的起点，应当做到恰到好处，一方面应当确立基本的规范标准，为行政规制提供指引，另一方面应当保持法律结构的开放性与灵活性。

---

〔12〕 金自宁："风险规制与行政法治"，载《法制与社会发展》2012 年第 4 期，第 60~71 页。

我国核能立法的现状与发达国家相比还有不小的差距，法律制度还不完备。立法体系当中存在重要法律制度的缺失空白，比如作为核能规制重要一环的核损害赔偿制度，目前只有《国务院关于核事故损害赔偿责任问题的批复》（2007 年）对核设施运营主体、运营者承担责任的方式以及核损害国家最高补偿限额等做了简单的规定，赔偿范围不明、依法取得赔偿的程序空白、司法管辖与诉讼时效等事项均无涉及，且文件中已经规定的事项也缺乏实际操作性。[13]在立法的内容上看，法律规定过于笼统，缺乏具体标准，比如现行的核能立法没有对核设施等许可要件作出导引性的调控，立法机关没有履行自身的规范调整责任。主管机关基于何种因素考量决定颁发核能许可，现行法上全权授权主管机关自行认定。[14]立法授权过于宽泛，核能规制的立法目的可能会无法有效贯彻。核能立法需要完成以下的功能目标。其一，不同于传统的危险防止的规制模式，风险规制在国家义务承担的方式范围以及规制原则都出现了巨大变化，立法需要予以回应。其二，现行法规当中缺乏明确的规制标准，比如大量采用“安全可靠”“先进工艺设备”“经济合理”等表述，立法应当规定更加明确的规制标准，以确认立法对风险的容忍度。其三，立法无法做到也不需要做到过于细致的规定，立法要为行政权留下自主空间，从而保障形成开放的法律规范结构，通过程序设定使行政机关充分考虑科技发展的需求与公共安全的需求，达到灵活动态的规范效果。

---

〔13〕 落志筠：“中国大陆核损害赔偿制度的完善”，载《重庆大学学报（社会科学版）》2012 年第 18 期，第 42~49 页。

〔14〕 伏创宇：“核能安全立法的调控模式研究——基于德国经验的启示”，载《科技发展研究》2013 年第 17 期，第 245~250 页。

（二）行政规制的制度构建

为了更好地完成规制任务，行政权被赋予了更多的规制责任，行政规制集合了诸多有效的规制手段，在程序上被设计为决策过程必不可少的环节，用以实现科学评价与利益衡量。行政规制是一个开放的过程，它可以吸纳来自不同领域的意见，但是各方意见的形成过程、产生的效力、适用的范围等问题都需要在规范上明确，保证规制活动既是开放灵活的，也是有序高效的。核能行政规制必须兼顾科学与民主两个因素，保证核能技术的发展与公众安全利益都得到妥善的制度安排。在风险规制工具层面，风险评估、风险信息沟通、是风险决策的重要环节，即通过一种“事实认定—沟通—协商—反思”的理性过程作出科学民主的决策。

1. 完善核能风险评估制度

风险评估就是量化测评某一事件或事物带来的影响或损失的可能程度。风险评估依赖科学方法或者原理，为行政机关提供理性决策的依据，它是风险规制活动的前提。在核能规制领域，以核电厂选址为例，它需要考虑多种因素的影响，比如地质结构、水纹条件、生态系统的承受度、周边人口分布等。《放射性污染防治法》第 18 条规定：“核设施选址，应当进行科学论证，并按照国家有关规定办理审批手续。在办理核设施选址审批手续前，应当编制环境影响报告书，报国务院环境保护行政主管部门审查批准；未经批准，有关部门不得办理核设施选址批准文件。”该条规定引入了环境影响评价制度，可以被视为对环境风险事项评估的要求，同时“科学论证”也蕴含着风险评估的制度理念，但此规定过于模糊，环境影响评价也无法涵盖核电厂选址的全部风险内容，没有对行政机关、评估机构及核设施运营者的决策权责进行划分，无法落实形成程序化制度。[15]可见，核电厂选址需要进行全面的风险评估，但我国在立法或者行政程序方面，都还没有专门的操作性强的规定。

风险评估是一项以科学知识与专业技术为手段进行的事实认定工作，它能够显著增强风险决策的理性水平，所以，风险评估工作应当尽可能保证其独立与客观性，摆脱与科学判断无关的因素影响。同时，风险评估工作也应当接受有效的管控监督，比如公开评估的过程、接受同行审议等，保证风险评估结果不致成为“专家独断”的结果。核能利用风险常常体现在两个维度，一是科学技术的不确定性可能引发的核事故风险，二是民众对核能利用的质疑及核损害引发的社会动荡风险。我们这里所定义的核能利用风险评估仅指客观层面的技术风险——即以一定的科学理论模型所演算出的核能风险发生的概率。而社会动荡风险与公众的主观认识密切关联，与技术层面的风险评估相比二者的属性并不相同，前者借助量化分析的手段来评判，后者借助合作商谈的模式来权衡。风险评估需要保证客观独立，并不是要将风险评估与社会现实完全隔离，而是要寻求在完成自己界限内的工作基础之上，再将二者统筹考量。这也是在风险评估过程中或者之后要开展调研沟通工作的原因所在。

在核能利用的各个环节，如核电站选址、核电站运营过程、核废料处理等，都需要借助风险评估来为接下来的风险决策提供科学依据，所以，通过行政程序将风险评估设定为政府风险规制的必备环节，显得至关重要。要保证这样的制度设计是程序化法治化的，而非只是流程化体制化，避免使风险评估制度

---

〔15〕龚向前：“核电厂选址之程序正当性——基于风险社会视角”，载《中国地质大学学报（社会科学版）》2011年第3期，第36~41页。

成为浮于表面的工作流程，无法触及风险规制活动的实质。[16]

2. 完善风险信息沟通机制

风险评估作为一种理性化的规制手段，为风险决策提供科学依据，但是风险规制活动并不是一项仅通过专家意见就可以完成的任务，而是通过整合专家意见与公众意愿后作出的价值判断与利益衡量。风险规制必须缓和科学与民主之间的紧张关系，风险信息沟通机制就是收纳整理科学与民主两方意见的处理器。

《核安全法》第 63 条第 1 款规定："国务院有关部门及核设施所在地省、自治区、直辖市人民政府指定的部门应当在各自职责范围内依法公开核安全相关信息。"第 66 条规定："核设施营运单位应当就涉及公众利益的重大核安全事项通过问卷调查、听证会、论证会、座谈会，或者采取其他形式征求利益相关方的意见，并以适当形式反馈。核设施所在地省、自治区、直辖市人民政府应当就影响公众利益的重大核安全事项举行听证会、论证会、座谈会，或者采取其他形式征求利益相关方的意见，并以适当形式反馈。"[17]这几项信息公开与公众参与的制度其实已经包含了风险信息沟通基本内容，但是现阶段政府还没有能够以一种风险规制工具理念对风险信息沟通机制进行体系化的应用。风险信息沟通对于核能规制的作用不言而喻，通过有效的信息交流，弥补政府或核电运营者与公众之间的知识断层，通过双向的"信息收集—沟通—反馈"的过程，使沟通的双方尽可能的达成共识，化解由于信息不对称所引发的刚性的冲突。

---

〔16〕 戚建刚："我国行政决策风险评估制度之反思"，载《法学》2014 年第 10 期，第 92~98 页。

〔17〕 参见《中华人民共和国核安全法》第 66 条。

风险信息沟通机制需要在沟通的主体、沟通的介质、风险信息的收集分析等过程进行体系化的设计，最终的目的是要达到有效的沟通，需要做到以下几点：其一，确立沟通目标。需要对沟通的对象进行分析，明确沟通过程要达到的效果。其二，沟通策划。收集公众想要了解的问题，选择合适的信息发布的部门与媒介，确定信息发布的内容。其三，实施与反馈。实施过程保证双向的充分的交流，沟通之后要进行及时反馈评估。[18]

风险评估机制和风险信息沟通机制分别从专家理性与民主参与两个维度，为行政规制提供合法性来源，并且二者本身所包含的制度价值也体现了风险规制应当为缓和科学与民主的紧张关系作出的努力。风险决策不应当被专家意见垄断，也不能够迫于民主的压力而作出妨碍科技发展的决定。完善和利用风险评估与风险信息沟通机制，需要更加深入细致的研究。

（三）司法在核能规制中的作用

司法权的被动性、稳定性、个案裁决性导致司法在风险规制领域展现出一定弱势。以司法审查为例，风险规制所呈现出的不确定性使得立法不得不赋予行政权较大的自由裁量空间，并且要经常决策于未知，这使得司法机关无法准确衡量决策的预期效果，从而不能够借助比例原则来审查决策的合理性。[19]但这并不意味着司法不愿意或者不能够承担相应的风险规制责任。

司法在风险规制中陷入困境，一方面与司法权自身的特点

---

〔18〕 杨波：“浅谈核与辐射风险沟通”，载《核安全》2012年第4期，第59~63页。

〔19〕 刘桂新：“中国行政风险规制及其司法审查难题”，载《陕西行政学院学报》2016年第1期，第90~93页。

有关，另一方面也与我国司法体制现状有关。挖掘司法权在风险规制中的作用，首先要基于对这两点的分析思考来展开。在行政诉讼过程中，行政机关依法需要对被诉行政行为承担举证责任，风险行政规制活动需要在没有现实损害与科学不确定的情境下采取规制措施，那么司法机关在行使判断权时就不得不面对不同以往的诉讼情形，需要对证明范围、证明标准等问题展开新的思考。参考国外的风险规制司法审查发展历程，同样是在面对新的问题不断总结经验的基础之上发展成熟的。司法机关可以在个案裁决中不断积累审判经验，以司法政策或者建议的形式主动对立法产生影响。可见虽然司法权具有被动型，但是司法机关仍然可以发挥能动性。同时，对于我国现行的司法体制而言，也需借助司法政策纳入风险预防的理念，对法官业务产生影响，不断探寻与总结出符合我国现实国情的司法风险预防机制。〔20〕

四、结论

核能风险规制是科技风险规制中的重要议题，是因为核能利用能为社会经济发展带来源源不断的动力，但也随时会成为社会危机的来源。在风险规制时代，国家义务随之扩大，政府应当动用合适的手段保障公民基本权利，维护社会安全。核能风险规制不同于秩序行政时期的危险防止，它需要一种新的规制模式来适应风险作为规制对象的特殊性，而这种新的规制模式也需要借助国家权力的调整来达到最佳规制效果，功能适当

〔20〕 吴锐：“论风险社会语境下司法的风险预防功能”，载《兰州大学学报（社会科学版）》2015 年第 5 期，第 84~94 页。

理论为此提供了理论基础。核能规制的规范结构是以国家权力的配置为起点进行建构的，立法权、行政权、司法权需要根据核能风险规制的特点发挥各自优势，核能风险规制要保持一种开放性、灵活性的规范结构，使得各种有效的规制手段，比如开放性的立法技术、风险评估、风险信息沟通等，能够像模块一样被嵌入规范体系之中。核能规制的规范体系建构需要贯彻科学精神与民主精神，各项具体制度还需要更深入细致的研究。

能效管理法制之现状与完善

孙昭宇*

能源对于一国的发展至关重要。快速发展的经济产生了巨大的能源需求，能源供需矛盾日益突出，经济发展与资源环境的矛盾日益尖锐。保障能源供给稳定，缓解能源紧缺和能源浪费现象，提高能源效率成为当前能源发展的重点之一。

一、概述

在当前的社会发展背景下，能源的开发利用强调通过技术、管理、经济等措施，以更少的能源投入提供更多的能源服务，即加强能源效率管理，提升能源效率。能效管理旨在节约能源、提高能效，以更高效的方式满足社会发展和日常生活的需要。〔1〕

（一）能效与能效管理的内涵界定

能源效率（简称“能效”），这一概念的提出是逐渐从“节能”一词演变而来的。20 世纪 70 年代发生的两次石油危机引起西方许多国家对能源安全、能源可持续利用和能源节约的

---

* 中国政法大学环境与资源保护法学专业硕士研究生。

〔1〕 于文轩：《中国能源法制导论——以应对气候变化为背景》，中国政法大学出版社 2016 年版，第 103～104 页。

重视。20世纪70年代末，世界能源委员会提出了“节能”的概念，即采取技术上可行、经济上合理、环境和社会可接受的一切措施，来提高能源资源的利用效率，减少和消除能源浪费，从而降低能源强度。[2]发展至20世纪90年代，能源效率问题逐渐受到重视，“节能”一词逐渐被“能效提升”的表述代替。1995年，世界能源委员会将能源效率定义为：减少提供同等能源服务的能源投入。[3]对比“节能”与“能源效率”提升，“能源效率”提升更加关注能源服务的产出能力，节能更侧重于降低能源的单位产值消耗，但在大多数的实际应用中并未对两者进行严格区分。关于能源效率的内涵，有学者认为是指能源服务产出量与能源投入量的比值，[4]也有学者从广义角度认为其内涵是所消耗的能源量对于维持或促进整个经济、社会和环境系统可持续发展的贡献量。[5]

能效管理，即能源效率管理的简称。广义的能源效率管理是指通过技术、管理、经济等措施，以更少的能源投入提供更多的能源服务。[6]狭义的能源效率管理主要是指能效主管部门通过采取行政、法律、政策、经济激励等手段，以提高能源效率、实现能源资源的可持续利用为目的，对能源行业主体的相

---

〔2〕 陈晓景：“环境规制对能源效率的影响及制度因应”，载中国能源法研究会编：《中国能源法研究报告2016》，立信会计出版社2017年版，第103~108页。

〔3〕 王庆一：“中国的能源效率及国际比较（上）”，载《节能与环保》2003年第8期，第5~7页。

〔4〕 魏一鸣、廖华：《中国能源报告2010：能源效率研究》，科学出版社2010年版。

〔5〕 陈晓景：“环境规制对能源效率的影响及制度因应”，载中国能源法研究会编：《中国能源法研究报告2016》，立信会计出版社2017年版，第103~108页。

〔6〕 于文轩：《中国能源法制导论——以应对气候变化为背景》，中国政法大学出版社2016年版，第104页。

关活动进行管理和监督，使得能源资源以更高效的方式满足经济社会发展的需要。具体到我国而言，我国的能效管理主要表现为节能管理。

（二）实施能效管理的必要性

我国能源资源总量较为丰富，但人均拥有量低。我国能源消费结构不甚合理，优化难度较大。并且，能源资源浪费现象严重，能源适用效率偏低。[7]能源问题已成为我国经济发展的制约因素。在经济高速发展的背景下，提高能源效率、实现能源节约意义重大。能效管理是确保能源产业健康持续发展的重要方式，是实现低碳经济和可持续发展的重要举措，也具有保障国家能源安全的战略意义。

首先，实施能效管理有利于能源产业的健康持续发展。由于我国优质资源较少，因此通过“开源”方式增加我国能源供给可行性较低。粗放的经济增长方式、不合理的能源结构以及落后的能源开发利用技术，使得我国能源消耗水平远远高于发达国家。通过有效的能效管理，可以极大提升能源效率，改进能源开发利用技术，优化能源结构，缓解能源浪费和不合理利用的现状，确保能源产业的健康发展。

其次，实施能效管理有利于促进我国经济社会的可持续发展，是实现低碳经济和可持续发展的应有之义。在当前经济发展模式下，能源供求关系日趋紧张，积极提高能效、推行节能减排是实现经济社会可持续发展的关键。实现能源的节约利用、合理利用和高效利用意义重大。应对气候变化，积极发展低碳

---

〔7〕 莫神星：《节能减排机制法律政策研究》，中国时代经济出版社 2008 年版，第 6~7 页。

经济要求世界各国应减少化石燃料的使用和温室气体的排放。通过能效管理实现能效提升，走节能减排的低碳经济发展道路是我们的必然选择。

最后，科学合理的能效管理有利于减少能源浪费，缓解能源压力，保障国家能源安全。由于我国能源资源需求量大，国内能源产量难以满足经济发展的需要，石油、煤炭、天然气等对外依存度较高，使得我国能源安全存在很大隐患。通过科学有效的能效管理提高能源效率是保障国家能源安全，构建能源安全体系的核心之一。〔8〕

二、我国的能效管理法制现状

自20世纪80年代起，我国愈发重视能源节约和能源效率的提升。并且，经过三十多年的发展，我国已颁布了多部与能源节约相关的法律法规，在法律体系、管理体制和法律制度等方面为我国能效管理提供了有力的法律支撑。

（一）能效管理法律体系

我国于1997年颁布的《节约能源法》是我国能效管理和能源节约领域的综合性立法，其颁布实施标志着我国能源节约和能效管理法律体系的建设步入正轨，开创了能效监管和节能工作的新时代。2007年修订的《节约能源法》将节约资源确立为我国的基本国策，把节约置于能源发展战略的首位。〔9〕《节约能源法》的目的之一，就是“提高能源利用效率”。〔10〕基于此，

〔8〕 赵宝庆、袁钰姣：“我国能效监管法律制度的现状及问题分析”，载《华北电力大学学报（社会科学版）》2011年第4期，第22~25页。

〔9〕《节约能源法》第4条。

〔10〕《节约能源法》第1条。

修订后的《节约能源法》在调整范围、制度设计等方面突显出对合理使用与节约能源、降低能源消耗的重视。例如建立节能目标责任制和节能考核评价制度，新增建筑节能、公共机构节能等有关规定，强化节能方面的激励措施和制度。《清洁生产促进法》《循环经济促进法》和《可再生能源法》等法律在实践中也发挥了促进能源高效利用和能源节约的作用，譬如《清洁生产促进法》中所规定的限期淘汰制度〔11〕，以及《循环经济促进法》中规定的“应当对建筑物及构筑物采用节能、节水、节地、节材的技术工艺和小型、轻型、再生产品”〔12〕等内容。此外，《电力法》《矿产资源法》《煤炭法》等能源资源单行法中也有关于能源节约和能效提升的规定。

为了进一步推动能效提升，促进能源节约，加强和规范能效监管，国务院也相继出台了一系列的行政法规。譬如《公共机构节能条例》（2017 年）和《民用建筑节能条例》（2008 年）等。《公共机构节能条例》旨在推动公共机构节能，提高公共机构能源利用效率，降低能源消耗。该条例就公共机构的节能规划、节能管理和节能措施等方面进行了规定。《民用建筑节能条例》主要致力于加强民用建筑节能管理，降低能源消耗，提高民用建筑使用过程中的能源利用效率。国务院有关主管部门也制定发布了多部与能效管理和能源节约相关的行政规章，为能效管理工作的开展提供了切实可行的细则和配套制度规范。例如：《重点用能单位节能管理办法》（2018 年）对《节约能源法》中有关用能单位节能的内容进行了细化和扩展；《能源效率标识管理办法》（2016 年）规定了能效标识的实施、监督管理等

〔11〕《清洁生产促进法》第 12 条。

〔12〕《循环经济促进法》第 23 条。

具体内容，旨在加强节能管理，推动节能技术进步，提高用能产品的能源效率，促进高效节能产品的推广。一些省市为规范本地区的节能管理、提高能源利用效率，根据有关上位法的主要原则和制度安排，结合地方实际也出台了建筑、公共机构等领域的能源节约和能源效率管理的地方性法规或地方政府规章。如《深圳经济特区建筑节能条例》(2017 年) 和《宁波市公共机构节能办法》(2017 年) 等。

(二) 能源效率的管理主体和管理体制

能效管理在我国语境下主要体现为节能管理。我国能效管理实行统一管理与分工负责相结合的管理体制。根据《节约能源法》的规定，我国实行央地两级管理的模式。国务院和县级以上地方各级人民政府负责节能工作，具体职权包括节能工作的部署、协调、监督、检查、推动。就中央层面来说，国务院节能主管部门是国家发展改革委下属的能源局，主管全国的节能监管工作。此外，国务院其他有关部门在各自职责范围内负责节能监督管理工作，例如：建设主管部门负责建筑领域的节能监管工作，交通主管部门负责交通领域的节能监管工作，水行政主管部门负责水资源节约的监管工作等。2007 年成立的国家应对气候变化及节能减排工作领导小组承担着组织贯彻落实国务院有关节能减排工作的方针政策、统一部署节能减排工作、研究审议重大政策建议、协调解决工作中的重大问题等与节能管理相关的职责。[13] 此外，国务院标准化主管部门负有能效标准、节能标准制定的职责；国家发展和改革委员会、国家质量

〔13〕 国家发展改革委应对气候变化司网站："国家应对气候变化领导小组"，载 http://qhs.ndrc.gov.cn/ldxz/，最后访问时间：2018 年 5 月 17 日。

监督检验检疫总局、国家认证认可监督管理委员会负责能效标识管理制度的建立并组织实施。

（三）能效管理制度

我国现行的能效管理制度主要包括：能效标准制度、能效标识制度、能效统计计量类制度、公众参与制度、经济激励制度、能效管理市场机制等。

1. 能效标准制度

能效标准制度是以国家强制力保障能效提高和能源节约这一立法目的实现的重要制度，是用以衡量用能单位是否符合节能要求的手段之一，〔14〕可以为节能工作的开展提供必要的技术支撑。《节约能源法》《标准化法》《节能监察办法》《节能产品评价导则》等法律文件为能效标准制度提供了法律依据。我国的能效标准体系，主要由国家标准、行业标准、地方标准和企业标准构成。《节约能源法》规定，国务院标准化主管部门和有关部门依法组织制定并适时修改有关节能的国家标准、行业标准，建立健全节能标准体系。国务院标准化主管部门会同国务院管理节能工作的部门和有关部门制定强制性的用能产品、设备能源效率标准和生产过程中耗能高的产品的单位产品能耗限额标准。国家鼓励企业制定严于国家标准、行业标准的企业节能标准。省、自治区、直辖市报经国务院批准可以制定严于强制性国家标准、行业标准的地方节能标准。〔15〕生产过程中耗能高的产品的生产单位，应当执行单位产品能耗限额标准。〔16〕不

---

〔14〕 王文革："我国能效标准和标识制度的现状、问题与对策"，载《中国地质大学（社会科学版）》2007年第2期，第7~12页。

〔15〕《节约能源法》第13条。

〔16〕《节约能源法》第16条。

符合强制性能源效率标准的用能产品、设备禁止生产、进口和销售。[17] 此外，《节约能源法》第 14 条和第 46 条规定了建筑节能标准的制定和交通运输营运车船的燃料消耗量限值标准的相关内容。截至 2017 年 6 月，我国已发布了三百多项节能国家标准。[18]

2. 能效标识制度

能效标识是表示用能产品能源效率等级等性能指标的一种信息标识，属于产品符合性标志的范畴。[19] 能效标识是贯彻实施能效标准的重要途径，是一项以节能为目的、以市场为导向的能效管理制度。能效标识制度与能效标准制度均为能效管理和调控的有力手段，两者相辅相成，共同保障能效管理工作的开展。能效标识通过提供能效等级、能源消耗量等信息，有助于引导消费者选择高效节能产品，从而影响用能产品的设计、工艺流程的选择和市场销售，起到推动产品能效提高和节能技术提高的作用。[20] 国家发展改革委和原国家质检总局于 2004 年联合发布的《能源效率标识管理办法》，标志着能效标识制度在我国的正式确立。《节约能源法》对能效标识制度进行了原则性规定。《产品质量法》《认证认可条例》《中国节能产品认证管理办法》等法律法规也为该制度提供了法律依据。我国对家用电器

〔17〕《节约能源法》第 17 条。

〔18〕国家质检总局："我国节能国家标准总量达到 339 项"，载 http://finance.sina.com.cn/roll/2017-06-19/doc-ifyhfhrt4788010.shtml，最后访问时间：2018 年 5 月 17 日。

〔19〕《能源效率标识管理办法》第 2 条。

〔20〕徐壮：《节能法制与政策制度》(上)，中国标准出版社 2010 年版，第 39 页。

等使用面广、耗能量大的用能产品，实行能源效率标识管理，[21]具体产品实行目录管理，目前已发布14批产品目录。列入国家能效标识管理产品目录的用能产品，生产者和进口商应当在包装物或说明书中标注能效标识，并按照法律规定向有关部门备案。禁止销售应当标注而未标注能源效率标识的产品。禁止伪造、冒用能源效率标识或者利用能源效率标识进行虚假宣传。[22]

3. 能效统计计量类制度

能效统计计量类制度是实现能效管理公开、透明、高效的关键之一，是完善我国能效管理体系、提高能效管理能力的基础和加强能效管理宏观调控的基础。《节约能源法》第21条规定了能源统计制度，并规定了统计的相关技术要求，要求完善能源统计指标体系，改进和规范统计方法，并要求定期公布能源消费和节能情况等信息。第27条规定了能源计量制度、能源消费统计和能源利用状况分析制度，制度的主要约束主体为用能单位。《节约能源法》第三章关于“重点用能单位节能”部分规定了重点用能单位能源利用状况报告制度，要求重点用能单位对能源消费情况、能源利用效率、节能目标完成情况和节能效益分析、节能措施等内容进行报告。国家发展改革委研究制订的《重点用能单位能源利用状况报告制度实施方案》，[23]对能源利用状况报告的主要内容和填写形式进行了细化规定。此外，《公共机构节能条例》和《民用建筑节能条例》中也有关于统计计量类制度的规定。能效统计计量类制度对能源统计、

〔21〕《节约能源法》第18条。

〔22〕《节约能源法》第19条。

〔23〕赵宝庆、袁钰姣：“我国能效监管法律制度的现状及问题分析”，载《华北电力大学学报（社会科学版）》2011年第4期，第22~25页。

计量等活动进行了规范，确保能源利用状况信息的透明、公开，便于能效管理和监督工作的有效开展。

4. 公众参与制度

公众参与制度是实现善治的必要要素，在能效管理发挥着重要作用。《节约能源法》规定任何单位和个人都有检举浪费能源行为的权利，〔24〕保障了公众的检举权；并规定对检举严重浪费能源行为的单位和个人给予表彰和奖励，〔25〕可以提高公众行使检举权的积极性。此外，该法第21条要求有关主管部门定期向社会公布能源消费和节能情况等信息，保障了公众的知情权，便于公众监督作用的发挥。《循环经济促进法》中强调公众参与是发展循环经济的方针之一，并且规定了公众有权对浪费资源的行为进行检举，以及对发展循环经济的信息进行了解、提出意见和建议的权利。〔26〕《清洁生产促进法》也对公众参与制度的具体内容作出规定，如鼓励公众参与节能、节水相关活动，对未达到能源消耗控制指标的企业进行监督等。〔27〕除此之外，《民用建筑节能条例》规定应当向社会公布国家机关办公建筑和大型公共建筑采暖、制冷、照明的能源消耗情况〔28〕；《公共机构节能条例》规定“公共机构的节能工作应当接受社会监督”〔29〕。赋予公众检举权、保障公众知情权，可以确保公众有效地参与到能效管理的工作中，充分发挥社会公众的监督作用，可以有效降低管理成本，提高能效管理的效率，实现全方位监管。

〔24〕《节约能源法》第9条。

〔25〕《节约能源法》第67条。

〔26〕《循环经济促进法》第3、10条。

〔27〕《清洁生产促进法》第16、17条。

〔28〕《民用建筑节能条例》第32条。

〔29〕《公共机构节能条例》第8条。

5. 经济激励制度

经济激励制度是指通过价格、财税、信贷、补贴等经济工具，促进能效提升的一类措施。《节约能源法》第五章专门对节能激励措施进行了规定，主要包括财政专项资金、税收优惠、财政补贴、金融信贷支持、价格政策、表彰奖励等经济激励措施。例如，该法第60条规定，中央财政和省级地方财政安排节能专项资金，对节能相关活动进行支持；第62条规定，国家实行有利于节约能源资源的税收政策；第64条规定，政府采购名录的制定应当优先考虑取得节能产品认证证书的产品、设备；第65条对节能项目的金融信贷支持进行了规定。通过上述经济激励措施，可以极大提高用能主体研究、开发、改造、使用和推广节能技术的积极性，提高节能技术水平，减少能源资源浪费，实现能效提升和能源节约的目标。此外，《循环经济促进法》中也涉及了节能经济激励措施的内容，例如规定运用税收等措施鼓励进口先进的节能等技术、设备和产品；要求金融机构对符合国家产业政策的节能等项目给与优先贷款等信贷支持；规定国家通过实行有利于资源节约和合理利用的价格政策，实现节约和合理使用能源资源的目的。〔30〕

6. 能效管理市场机制

能效管理的市场机制是指通过市场手段对能源资源进行配置，体现资源使用成本，争取最高效率地使用有限的能源资源。〔31〕《节约能源法》中列举了电力需求侧管理、合同能源管理和节能自愿协议等方法。〔32〕所谓需求侧管理制度，即指国家运用财税、

〔30〕《循环经济促进法》第44~46条。

〔31〕王文革：《中国节能法律制度研究》，法律出版社2008年版，第129页。

〔32〕《节约能源法》第66条。

价格等措施对用能行为进行影响，引导用能单位和个人节能，实现提高能效和节约能源的目的。电力需求侧管理是指通过采取合理可行的技术和管理措施，在终端用电环节改变用电方式，提高用电效率，优化配置电力资源。《节约能源法》中规定“国家实行峰谷分时电价、季节性电价、可中断负荷电价制度，鼓励电力用户合理调整用电负荷”。〔33〕为进一步加强全社会用电管理，推动电力需求侧管理工作的开展，2017 年国家发展改革委等六部委联合发布《电力需求侧管理办法（修订版）》，对管理主体、管理措施、激励措施等进行了规定。合同能源管理是指节能服务公司与用能单位以契约形式约定节能项目的节能目标，节能服务公司为实现节能目标向用能单位提供必要的服务，用能单位以节能效益支付节能服务公司相应报酬的节能服务机制。〔34〕我国自 20 世纪 80 年代引入该机制，最初能源管理公司在我国发展态势较为低落，直至 2010 年《关于加快推行合同能源管理促进节能服务产业发展的意见》发布后，合同能源管理才逐渐呈现出蓬勃发展的态势。〔35〕节能自愿协议是一种可以有效弥补行政手段不足的非强制性节能措施，是指为达到节能减排目标、提高能源利用效率，政府与用能单位或行业组织自愿签订协议并实施的一种节能管理活动。〔36〕通过市场机制运用，可以优化能源资源的配置，实现能源利用效率的提高，减少能

〔33〕《节约能源法》第 66 条。

〔34〕李英、曾宇：《合同能源管理法律与实践》，光明日报出版社 2011 年版，第 1~2 页。

〔35〕毕竞悦：“节能规制中市场机制的运用——以合同能源管理为例”，载中国能源法研究会编：《中国能源法研究报告 2016》，立信会计出版社 2017 年版，第 187~198 页。

〔36〕《节能自愿协议技术通则》（GB/T 26757—2011）第 2.1 条。

源不合理消耗和浪费。

三、我国能效管理法制存在的问题

现有能效管理法制为能源效率管理提供了重要的法律基础，但也存在一些亟待解决的问题，主要体现在法律体系、管理体制和法律制度等方面。

（一）法律体系存在的问题

我国能效管理法律体系尚不完善，问题主要集中在以下方面：

首先，法律更新速度较慢。能源领域的科学技术水平持续进步，因此发展需求变化较快，能效管理的需求也在不断发生变化。在此背景下，能效管理方面的法律法规也需要适时予以修订或修改，使其能够及时适应管理实践的需要和经济社会发展的要求。我国《节约能源法》颁布于1997年，2007年进行了较大幅度的修订，2016年和2018年对一些条文进行了修正，更新速度过慢，在一定程度上减损了它的指导和规范作用；《能效标识管理办法》《民用建筑节能条例》《公共机构节能条例》等也都是实施长达十多年之久才进行了修订修改。可见，能效管理相关的法律法规更新较慢，难以及时响应社会经济发展和能效管理的需要。

其次，法律可操作性有待提升。《节约能源法》中规定了不少能效制度，例如能效标准制度、能效标识制度、信息公开制度、需求侧管理制度等，但多为原则性规定，主体、权利、义务和责任未能在法律中得到明确，不利于能效管理工作的有效开展。原则性或宣示性的规定所占篇幅较多，可能会导致一些法律制度形同虚设，无法发挥制度的规制和约束作用，实施效果不佳。

最后，能效管理方面的配套实施性立法较为欠缺。由于《节约能源法》对一些法律制度的规定较为原则，缺乏配套法规规章，也大大降低了法律的可操作性，无法发挥能效法律法规的真正效用。以能效标准制度为例，能效标准的有效实施需要做好一系列的工作，标准的制定、发布、实施、监管和修订各项工作都应当通过法律法规予以规范和指引，法律法规有待进一步对现有规定进行细化和完善。[37]

（二）管理体制存在的问题

我国目前尚未能形成科学、顺畅、高效的管理体制，主要存在如下问题：

第一，缺乏统一的综合性能效管理主管部门。我国现有法律对能源效率主管部门的规定并不明确。目前国家层面节能管理部门是国家发展改革委下的能源局，该部门的决策影响力较低，此外还涉及住建部门、交运部门、质监部门、国土资源部门等，未能形成管理职能相对集中的综合性协调机构，这在一定程度上削弱了部门间的综合决策能力和跨部门协调能力。能效管理中的各个环节衔接也不够顺畅，能源领域各行业、产业间协调性差，不利于决策制定和实施，无法实现能效管理工作的统一性和系统化。这种职能划分方式，也造成了职能分散、权力“寻租”、责任推诿等状况，致使管理效率低下，影响能效管理工作的开展和管理水平的提高。

第二，能效管理手段和措施滞后。一方面，我国能效管理

〔37〕 王文革：“我国能效标准和标识制度的现状、问题与对策”，载《中国地质大学（社会科学版）》2007 年第 2 期，第 7~12 页。

过多依赖行政指令性措施，无论是能效标准制度、能效标识制度还是高耗能产品淘汰制度，多以行政命令型为主，未能发挥市场机制的积极作用，能效管理的科学性、合理性有待提升。[38]另一方面，执法手段和处罚措施的震慑力不足，缺乏强有力的执法和处罚手段，主管部门的权威性未能得到维护。检查验收、调查评估等管理手段也有待完善和健全。[39]

第三，权力监督机制缺乏，节能目标责任制和节能考核评价制度有待完善。从《节约能源法》中对能效和节能管理部门的规定来看，政策制定部门与监管执行部门未进行区分，这种模式大大影响了监管的实效。[40]受传统政绩考核方式的影响，地方过多注重经济发展，能效提升和节能减排方面的管理工作流于形式，甚至存在“地方保护”现象。因此需要完善节能政绩考核评价制度和重点领域的节能减排目标责任制，实行严格问责制，进而推动能效管理工作的实质性进展。

（三）法律制度存在的问题

我国能效管理制度在其实施过程中对提高能效、节约能源确实发挥了重要作用，但仍然存在一些不足之处；现行法律法规对于一些重要法律制度的规定还存在立法上的空白，亟待完善。具体体现在如下方面：

第一，能效标准制度方面，主要存在的问题包括：一是由于能源统计数据准确性较差，能效计算方法不科学等原因，致

---

〔38〕 赵宝庆、袁钰姣：“我国能效监管法律制度的现状及问题分析”，载《华北电力大学学报（社会科学版）》2011 年第 4 期，第 22~25 页。

〔39〕 王文革：“我国能效标准和标识制度的现状、问题与对策”，载《中国地质大学（社会科学版）》2007 年第 2 期，第 7~12 页。

〔40〕 王文革：《中国节能法律制度研究》，法律出版社 2008 年版，第 46 页。

使现有能效限定值和节能评价值规定偏低，能耗限额偏离最优点，不能真正实现能源高效利用的目的。[41]二是能效标准的规定过于依赖现有技术水平，欠缺引导性的超前性节能标准。三是能效标准未能实现与能源节约实践的有效衔接，标准的制定缺乏动态性和及时性，修改周期较长，难以适时满足经济社会可持续发展的需要。四是能效标准的制定主要以政府为主导，企业和社会参与程度较低，难以有效实现能效标准的实施。五是能效标准的实施模式不完善，且实施过程缺少有效的监管与评估措施，存在监管缺位的现象，也制约了能效标准实施效果。[42]

第二，能效标识制度方面，主要存在以下问题：一是强制能效标识的产品范围较窄，目前我国共发布了 14 批次的能效标识产品，主要局限于一些家用电器、照明器具及一些工业设备等领域，能效标识的实施范围亟须拓展。二是能效标识的体现形式和能效等级划分较为滞后，能效等级的五级节能标识难以满足能效提升的现实要求。三是主管部门未能实现对能效标识的有效监管，有不少企业存在虚假标注能效信息等行为，极大影响了能效标识的权威性，也对市场经济秩序产生了不良影响。四是能效标识制度与其他相关标志标识制度的缺少有效衔接，如节能产品认证标志、绿色产品标识、低碳产品标识等，不能充分发挥各标志标识制度的价值。[43]

第三，在经济激励制度方面，主要存在如下不足：首先，

---

〔41〕 王文革、汪文鹏、董向农：“论完善中国能效标识制度的对策”，载《环境科学与技术》2009 年第 6 期，第 181~184 页。

〔42〕 曹宁、夏玉娟、彭妍妍：“中日能效标准标识制度浅析比较”，载《中国能源》2010 年第 2 期，第 42~46 页。

〔43〕 董恒年：“我国环境标识制度与产品发展现状研究”，载《环境与可持续发展》2011 年第 4 期，第 36~40 页。

经济激励力度有待加强。虽然《节约能源法》中规定了财政专项资金、财政补贴、金融信贷支持等措施，但我国目前资金投入相对不足，缺乏充足的资金支持，节能技术的研究和能效项目的开发工作进展缓慢；有关能效推进的税费制度不完善，资源税体系亟须建立健全。其次，缺乏有效的运行机制。由于运行机制和运作条件的缺乏，《节约能源法》中规定的经济激励制度有些未能有效落实，例如节能融资制度，未能建立多渠道的节能融资机制，实施效果并不如意。最后，激励管制和制约机制有待健全。能源资源核算和绿色核算制度不健全，经济成本—效益分析难以真实反映资源耗竭状况，缺乏有效的实施评价制度，未能从根本上转变用能主体重经济效益轻生态效益的观念，能源浪费行为没有得到有效遏制。

第四，在市场机制方面，主要存在如下问题：首先，《节约能源法》中仅对需求侧管理制度、合同能源管理、节能自愿协议等进行了宣示性规定，〔44〕其他法律法规中的规定也不够完善，相关制度的实践存在不少障碍。例如针对合同能源管理的流程、标准、风险等细节的规定缺乏，节能服务公司资质认证、能效标准、节能审计、节能效果评估等具体工作的标准也未能得到明确，大大影响节能工作的开展。其次，我国需求侧管理制度未能充分发挥市场机制的作用，能效管理仍以行政手段为主，不能有效发挥需求侧管理制度的价值。市场机制的激励作用难以发挥，削弱了市场对用能主体的调节作用，无法促使用能企业等积极进行节能技术的开发和创新。

第五，在公众参与方面，我国能效管理中的公众参与程度

〔44〕 董志芳：“论我国节能减排激励规制的法治保障”，载中国能源法研究会编：《中国能源法研究报告 2016》，立信会计出版社 2017 年版，第 168~174 页。

较低，公众参与制度主要存在如下缺陷：一是公众参与的法律地位未得到明确。《节约能源法》并没有明确提及公众参与，仅少数条文间接体现了公众参与制度的精神，未能使得公众参与成为制定节能标准等重要节能管理措施的法定要求。〔45〕《清洁生产促进法》《循环经济促进法》等法律的规定也过于原则，欠缺可操作性。二是信息公开程度较低，公众难以获取足够的信息。《节约能源法》中规定的公开主体的范围过窄，用能企业信息披露不足，公开的信息类型也较少，不利于公众全面、及时地了解能效和节能状况等信息。三是公众参与的形式有限。目前公众参与的形式多为检举能源浪费行为、参与宣传教育等，未能使公众真正参与到法律、政策、标准等制定和决策过程中，影响公众的实质性深度参与。四是关于公众参与的规定欠缺法律责任有关内容，现有法律条文并未明确义务主体违反相关责任或不履行义务应承担的法律后果等，使得政府或企业主体缺乏动力和积极性。

四、我国能效管理法制的完善建议

基于我国能效管理中存在的问题和不足，应着重从加强法律体系建设，改进管理体制，完善能效标准和能效标识制度，科学设计公众参与机制，完善经济激励制度，健全能效管理市场机制等方面对我国能效管理进行完善。

（一）加强能效管理法律体系建设

加强能效管理方面的立法，健全能效管理法律体系，具体

〔45〕 于文轩：《中国能源法制导论——以应对气候变化为背景》，中国政法大学出版社2016年版，第120页。

来说：

第一，要健全能效管理和节能减排的法律体系。从世界范围看，能效推进实施效果较佳的国家，无论是美国、日本还是丹麦、德国等欧洲国家，均有着较为系统全面的能效管理法律法规。健全的法律体系是保障能效管理工作有序开展、实现节能目标的基础。要不断丰富和完善能效管理方面的法制建设，加强立法，减少和消除立法空白。

第二，应根据能源发展状况和能效管理的需要对法律法规进行及时的修改。首先要创新能效管理法律的立法理念和基本原则，深入贯彻可持续发展、能效提升和能源节约的思想，与国家政策和能源发展战略的要求实现有效衔接。其次要及时对法律文本中一些难以适应社会发展现状的制度或规定进行修订或删减，更新符合能效管理实际需求的内容，丰富法律制度和执法措施。从国外经验来看，多数发达国家例如日本、美国，对能效管理方面的法律修订都较为及时，在不损害法律稳定性的基础上反复予以完善。

第三，要提升法律的可操作性，对一些制度进行细化。具体来说，可以从以下方面着手：对能效管理主体、职责、管理方式、法律责任等内容进行明确，这是确保能效管理工作顺利开展、理顺能效管理体制的基础；明确具体能效管理制度中关于主体、权利、义务等内容的规定，并从立法层面健全法律责任追究机制，使得这些制度能够真正发挥效用，落到实处。

第四，及时制定配套细则。现有法律对于重要制度的规定过于原则，因此需要及时制定出台相关配套法规规章等细则予以细化，为法律的进一步实施提供明确的法律依据。从能效管理的横向领域来看，我国未来还应加强交通运输等领域的配套法规建设，细化相关规定。从能效管理的具体制度来看，未来应当注重能效标准、公众参与、合同能源管理等重要制度的具体实施办法和细则的制定。通过配套法规规章的建设，更好地确保能源节约和能效管理工作的顺利开展。

（二）改进能源效率管理体制

应逐步改进能源效率管理的管理体制，完善能效管理的组织体系，确保能效管理工作的高效开展。

首先，尽快建立统一的综合性能效管理部门。十九大提出应深化机构和行政体制改革，切实推进机构整合和职能融合。在能效管理方面也应尽快实现统一管理，建立综合能效管理部门。设立专门的能效管理部门负责本国的能效管理和节能减排工作已成为世界多国的通行做法，例如美国设有能源部、日本经济产业省下设节能新能源部、丹麦设有能源署等。要尽快设立从中央到地方综合性能效管理部门，实施统一管理。〔46〕同时，也需要明确界定其他专业性主管部门的管理职责，主要负责相关政策和规划的执行与落实，合理配置各部门、各机构的管理权限，建立部门间的工作协调机制。

其次，逐步建立与市场化改革相适应的能效管理体制。要切实转变政府管理职能，在能效管理中积极推行“放管服”改革，弱化行政指令性管制。注重市场机制的运用，完善经济激励机制，通过市场机制实现能源资源的最优配置，充分调动企业等用能主体的能效提升和能源节约的积极性。

最后，推进政监分离，建立全方位的能效监督机制。一是应当处理好政策主管部门与监管部门之间的关系，设立专业性

---

〔46〕 王文革：《中国节能法律制度研究》，法律出版社 2008 年版，第 48 页。

强的独立监管机构。二是明确监督部门或机构的权利、义务、执法方式、处罚措施等具体内容。三是要对监管权力进行科学界定和划分，注重能效管理各领域和能源开发使用上、中、下游各环节之间的监管配合与协调。四是健全社会监督机制，建立企业之间的相互监督机制，加强公众监督。〔47〕

(三) 完善能效管理法律制度

能效管理法律制度在管理工作的开展中发挥着举足轻重的作用，为了使能效管理更加高效，应当注重以下制度的设计和完善：

1. 改进能效标准制度

首先，要提高能效标准制定的科学性和合理性，积极开展能效标准体系建设和能力建设，探索科学确定能效指标的方法，〔48〕加强能效统计信息系统建设。其次，要注重能效标准的时效性和动态性，缩短制定修订周期，逐步扩大能效标准的覆盖范围，及时适应能效管理的需求和技术发展的需要。再次，要提升能效标准的等级，在一些领域制定超前性能效标准，明确相关实施程序，辅之一些激励措施，激发企业的节能动力，充分发挥能效标准的节能引导和督促作用。最后，提升能效标准制定修订的信息透明度，广泛吸收企业和其他社会成员参与到能效标准的制定修订过程中，〔49〕还应当积极实现与能效标准利益相关的中小企业、用户、非政府组织等利益相关方的有效参与。此外，还应当完善和细化能效标准的实施模式，建立健全能效标

---

〔47〕 王文革：《中国节能法律制度研究》，法律出版社 2008 年版，第 48~49 页。

〔48〕 曹宁、夏玉娟、彭妍妍："中日能效标准标识制度浅析比较"，载《中国能源》2010 年第 2 期，第 42~46 页。

〔49〕 于文轩：《中国能源法制导论——以应对气候变化为背景》，中国政法大学出版社 2016 年版，第 121 页。

准制度的执法和监督机制，加强公众、节能服务机构等社会监督力量。

2. 完善能效标识制度

首先，应当对根据我国能源发展需要和能效管理的需求，对能效标识制度覆盖的产品范围进行拓展，健全强制标识制度，〔50〕并加强与能效标准制度协同性，发挥能效标识制度的工具作用。其次，及时对能效标识的等级划分进行修订，借鉴参考国际能效等级划分水平，加强对能效标识表现形式的研究，使其真正符合能效提升的现实需要。最后，健全能效标识的执行机制和责任机制。对能效标识制度的实施和贯彻进行严格监督和规范，严厉打击违法标识标注行为，加大违法行为惩罚力度，提高能效标识领域的违法成本，健全责任追究机制。此外，积极推动能效标识制度与节能产品认证标志、绿色产品标识等制度的衔接和配合，引导企业生产能效高耗能低的节能设备、产品，提高企业节能技术开发和应用的积极性。同时，可以通过对能效标识制度的宣传推广，提供能效标识制度的社会影响力，提升公众的节能意识，强化社会监督。〔51〕

3. 科学设计公众参与制度

公众参与制度可以从以下几方面予以完善：一是通过立法对公众参与的法律地位进行明确，明确公众参与能效管理的权利和义务，例如参与立法、参与政策和规划的制定、获取节能主管部门或企业提供的能效信息、提出批评和建议等。二是完善信息公开制度，切实保障公众的知情权。可以明确和扩大信

〔50〕 王文革：《中国节能法律制度研究》，法律出版社 2008 年版，第 73 页。

〔51〕 曹宁、夏玉娟、彭妍妍：“中日能效标准标识制度浅析比较”，载《中国能源》2010 年第 2 期，第 42~46 页。

息公开的责任主体，完善企业能效信息披露；扩展能效信息公开的内容和类型；丰富能效信息查询和获取渠道。三是拓展公众参与的形式和方式。在立法听证、能源发展战略和节能规划制定、公益诉讼、执法监督等方面等积极贯彻落实公众参与制度，实现公众对能效管理的事前、事中和事后的全过程参与和监督。四是强化责任追究机制。通过法律责任追究机制促进政府和能效管理部门、企业、公共机构等主体的能源信息公开，明确义务主体违反相关责任或不履行责任和义务应承担的法律后果。此外，还可以通过宣传教育，培养公众节能意识，提高公众对能效管理的关注程度。[52]

4. 强化经济激励制度

强化经济激励制度可以对能源效率的提升起到有力的推动作用，建议从如下方面着手：一是完善有关能效推进的能源税费制度，深化能源税改革。扩大征税范围，完善差别税率制度。丰富能源节约型产品的税收优惠措施，建立惩罚性税收机制。二是健全节能专项资金机制，加大资金支持力度，加强对节能技术和产品研发的支持。三是加大节能投资的补贴力度，降低用能企业的生产成本，对积极使用节能技术与产品的用能者实行低息贷款。[53]四是积极推动节能融资机制的建立和完善，确立有效的运行机制。设立节能公益基金，综合各种要素确立基金规模，在考虑可行性、稳定性等基础上开拓节能融资的渠道，确保资金充足，并需要妥善处理好基金的使用、分配和管理等

---

〔52〕 王文革：《中国节能法律制度研究》，法律出版社 2008 年版，第 175~183 页。

〔53〕 杨解君主编：《欧洲能源法概论》，世界图书出版广东有限公司 2012 年版，第 191 页。

问题。五是健全能效激励管制和制约机制，完善实施评价制度，加强经济激励制度实施的监督和监管，确保节能资金、基金、补贴的合理合法应用。

5. 健全能效管理市场机制

建立健全能效管理的市场机制，充分发挥市场机制的作用，可以从如下方面予以行动：一是完善需求侧管理制度。以电力行业需求侧管理为例，应当明确电力需求侧管理的政府监管主体和电力企业的实施机构，建立有效稳定的激励机制，保障电力需求侧管理的资金来源。二是积极推广合同能源管理，可以借鉴合同能源管理和能源服务公司在美国、欧洲等国的实施经验，通过完善法律规定、对能源服务公司提供金融支持、规范能源服务公司的组织方式和服务方式以及活动程序等途径保障合同能源管理的健康发展。[54]三是推进节能自愿协议制度的建设，强化节能自愿协议推广过程中的支持和激励机制，例如采取财政金融支持、公开奖励、能源税收、技术支持等手段。[55]此外，还应完善能源价格制度，通过市场竞争的作用淘汰高能耗、高成本的企业主体，建立有利于能效提升的产业结构，例如引入竞争机制、建立基于市场经济的能源价格监管体系、提高资源价格等。

五、结论

能源和环境问题的日益严峻，彰显了提升能源效率、加强能效管理愈加重要的意义和价值。目前我国的能效管理法制为

---

〔54〕 王文革：《中国节能法律制度研究》，法律出版社 2008 年版，第 149~152 页。

〔55〕 王文革：《中国节能法律制度研究》，法律出版社 2008 年版，第 109 页。

能效管理工作的有效开展提供了重要的法律基础，在能效管理和能源开发利用等方面发挥着重要作用。然而，我国能效管理方面还存在不少问题，能源节约和能效提升工作的开展仍存在不少阻力，我国能效管理法制仍然面临一些亟待改进之处。在未来的法制建设中，应进一步健全能效管理法律体系，改进能效管理体制，完善能效管理法律制度，确保能效管理工作的高效开展，实现我国能源的可持续利用和能源产业的健康发展。

出口空调能效标准促进之法律路径

严厚福*

王社坤**

作为高能耗产品，空调能效的提高对于减少能源消耗，应对气候变化具有重大意义。中国是世界第一大空调出口国，中国空调的进口国中不少国家的能效标准都比中国宽松。这就导致大量低能效空调在发展中国家被大量使用，这无疑会在一定程度上抵销中国以及其他国家为了应对气候变化而提高能效标准的努力，也会在很大程度上影响中国和进口低能效空调的国家在能源节约、空气污染控制和气候变化应对方面的国家责任和国际义务的履行情况。因此，如何能够提高中国出口空调的能效标准，并给予法律层面的强制力保障，就具有了相当的实践价值。这也是本文的目的所在。

一、提高中国出口空调能效标准的必要性

空调是一种高耗能的产品，在夏季，空调的耗电量能占到

---

* 北京师范大学法学院副教授。

** 北京大学法学院副教授。

居民用电量的40%到一半左右；[1]在某些炎热的中东国家，夏季空调的耗电量甚至能占到居民用电量的70%；[2]而且随着气候变暖和城市化程度的提高，人们对空调的需求会显著增加，有研究者预测，到2050年空调耗电量将是现在的10倍。可见提升空调的能效，对于减少能源消耗，应对气候变化具有重大意义。

中国是世界第一大空调出口国，2017年中国家用空调出口5244.1万台，同比增长10.0%。[3]其中超过一半出口到亚洲、非洲、拉丁美洲等发展中国家。这其中，不少国家的能效标准都比中国更宽松。从自由贸易的角度考虑，中国出口到这些国家的空调适用这些国家更加宽松的标准没有问题，如果中国出口到这些国家的空调适用更加严格的标准，并因此价格更高的话，很可能会被其他国家的空调厂商以更低的价格抢占市场份额，从而遭受重大经济损失。[4]但如果放任低能效的空调在市

---

〔1〕 例如，"厦门电网调控中心监测数据显示，2014年7月份空调的用电负荷约占到了整个厦门电网用电负荷的40%，其中岛内的占比达到45%左右。"参见陈思亲："7月全市空调用电占40% 居民电费飙高"，载网易新闻，http://news.163.com/14/0818/07/A3TP3E2T00014AEE.html，最后访问时间：2018年4月2日。再如，"受持续高温影响，2017年7月12日18时，北京电力公司电网最大负荷达到2122.5万千瓦，相比于2016年电网最大负荷的2082.8万千瓦，增长率约1.9%。空调降温负荷占比约52%，首次超过全网负荷一半。"参见董禹含、刘可："北京电网负荷创历史新高 空调耗电首次超全网负荷一半"，载《北京日报》2017年7月13日。

〔2〕 "In a country where air conditioners are estimated to account for about 70% of the total electrical consumption in the buildings sector." 参见"Qatar to ban inefficient air conditioners"，载 https://www.coolingpost.com/world-news/qatar-to-ban-inefficient-air-conditioners/，最后访问时间：2018年4月2日。

〔3〕 "家用空调出口：2017年再创历史新高"，载 http://bao.hvacr.cn/201802_2075348.html，最后访问时间：2018年3月25日。

〔4〕 当然，随着技术的进步，能效的提高也并不必然意味着成本的显著提高。

场上泛滥，无疑会在一定程度上抵销中国以及其他国家为了应对气候变化而提高能效标准的努力，也会在很大程度上影响中国和进口低能效空调的国家在能源节约、空气污染控制和气候变化应对方面的国家责任和国际义务的履行情况。

“没有人是一座孤岛。”在气候变化面前，所有的国家都是潜在的受害者。在应对气候变化时，所有的国家都应当站在统一战线上，而不是以邻为壑或者玩污染转嫁——低能效本身就可以视为一种针对气候变化的“污染”——的勾当。任何这种短视的行为都可能最后“搬起石头砸自己的脚”。作为全世界空调出口第一大国，作为应对气候变化领域负责任的大国，中国理应承担起相应的责任，即便这意味着承担一定的经济损失〔5〕。但负责任的大国的隐含要求之一，就是大国应当在某些情况下作出一些牺牲，以此来成全更大的全球整体利益。

目前，中国官方已经意识到这个问题，并且正在为之进行不懈努力。绿色“一带一路”、“人类命运共同体”等倡议和理念的提出，显示中国政府愿意与全世界尤其是发展中国家一道，实现可持续发展的目标。“这个世界，各国相互联系、相互依存的程度空前加深，人类生活在同一个地球村里，生活在历史和现实交汇的同一个时空里，越来越成为你中有我、我中有你的命运共同体。”2013年3月，习近平主席在莫斯科国际关系学院发表演讲，第一次向世界提出“命运共同体”理念。十九大报告再次提出：“没有哪个国家能够独自应对人类面临的各种挑战，也没有哪个国家能够退回到自我封闭的孤岛。……我们呼

〔5〕 这种损失是短期的，但却会产生长期的收益。例如，品牌领导力的长期提升、消费需求的改变、电力负担的减轻、提高一带一路国家中中国拟投资国家对中国的好感等。

吁，各国人民同心协力，构建人类命运共同体，建设持久和平、普遍安全、共同繁荣、开放包容、清洁美丽的世界。……要坚持环境友好，合作应对气候变化，保护好人类赖以生存的地球家园。”充分说明中国政府已经深刻认识到在环境保护问题上各国之间“休戚与共”的关系。中国倡议的绿色“一带一路”，是具体落实“人类命运共同体”的有效途径。2017 年 5 月，习近平主席在“一带一路”国际合作高峰论坛上表示，要践行绿色发展的新理念，倡导绿色、低碳、循环、可持续的生产生活方式，加强生态环保合作，建设生态文明，共同实现 2030 年可持续发展目标，提出“设立生态环保大数据服务平台，倡议建立‘一带一路’绿色发展国际联盟”。2017 年 9 月，习近平主席在金砖国家工商论坛开幕式上的讲话中指出：共建“一带一路”倡议将为各国实现合作共赢搭建起新的平台，为落实 2030 年可持续发展议程创造新的机遇。[6]而《2030 年可持续发展议程》包含了数个与能效及应对气候变化有关的目标，例如目标 7.3 是“到 2030 年，全球能效改善率提高一倍”；目标 13.1 是“加强各国抵御和适应气候相关的灾害和自然灾害的能力”；目标 13.2 是“将应对气候变化的举措纳入国家政策、战略和规划”；目标 13.b 是“促进在最不发达国家和小岛屿发展中国家建立增强能力的机制，帮助其进行与气候变化有关的有效规划和管理，包括重点关注妇女、青年、地方社区和边缘化社区。”[7]作为全世

---

〔6〕“习近平：共同开创金砖合作第二个‘金色十年’——在金砖国家工商论坛开幕式上的讲话（2017 年 9 月 3 日，厦门）”，载 http://www.xinhuanet.com/world/2017-09/03/c_1121596338.htm，最后访问时间：2018 年 3 月 25 日。

〔7〕“变革我们的世界：2030 年可持续发展议程”，载 http://www.fmprc.gov.cn/web/ziliao_674904/zt_674979/dnzt_674981/qtzt/2030kcxfzyc_686343/t1331382.shtml，最后访问时间：2018 年 3 月 25 日。

界第一大空调出口国，如果能通过某些法律或者其他手段，提升这些出口产品的能效标准，显然将为应对气候变化，保护良好的生态环境做出重大贡献。

我国《标准化法》第26条规定："出口产品、服务的技术要求，按照合同的约定执行。"根据《〈标准化法〉释义》的解释，对于出口产品的适用标准，进出口双方可以约定采用国际标准、进口国标准、出口国标准、第三国标准等，还可以直接约定出口产品和服务的技术要求。[8]通常情况下，商品进出口贸易合同对商品质量的约定就是符合进口国的强制性要求（比如强制性标准）。

因此从法律层面看，提高中国出口空调能效标准的路径包括两个方面：一是提高进口国的空调能效标准，从而迫使中国空调生产商提高出口空调的能效；二是中国作为出口国通过行政强制手段或经济刺激手段单方面要求或引导空调生产商提高出口空调的能效。以下分别讨论。

二、提高进口国空调能效标准之路径

提高进口国空调能效标准大体上可以通过国内行动与国际行动两个途径实现。前者是由进口国自愿或者被引导着提高其空调能效标准，后者则主要是通过关于空调能效的国际标准提高进口国的空调能效标准。

（一）"中国标准走出去"

具体而言有两条路径可以选择：一是倡议进口国将其最低

〔8〕"《中华人民共和国标准化法》释义"，载国家标准化委员会网站，http://www.sac.gov.cn/zt/bzhf/bzhfsy/201803/t20180306_341816.htm，最后访问时间：2018年3月25日。

空调能效标准向中国的标准靠拢，甚至直接使用中国的空调能效标准；二是直接提高进口国的空调能效标准。

一旦进口国提高了空调能效标准，那作为出口方的中国空调企业，就必须出口符合这些更高能效标准的空调。[9]实际上，中国政府正在着手通过“一带一路”倡议推进“中国标准走出去”。

2015年10月，“一带一路”建设工作领导小组办公室发布了《标准联通“一带一路”行动计划（2015~2017）》，其中“（八）实施标准化互联互通重点项目”提出：“在……家用电器……领域，支持一批由相关行业协会、产业联盟、科研机构、高等院校和企业等牵头组织，面向东盟、俄罗斯、中亚、中东欧等重点国家和区域开展的标准化互联互通项目，夯实标准化合作基础。”这里的“互联互通”，显然是向这些国家推广中国标准的意思。2015年12月，国务院办公厅又发布了《国家标准化体系建设发展规划（2016~2020年）》，其中明确提到“中国标准走出去工程”，并再次强调“在……家用电器……领域，开展标准化互联互通项目”。

2017年5月，环境保护部、外交部、发展改革委、商务部联合发布的《关于推进绿色“一带一路”建设的指导意见》提出：“加强生态环保标准与科技创新合作，引领绿色发展。建设绿色技术银行，加强绿色、先进、适用技术在‘一带一路’沿线发展中国家转移转化。”再次强调要把中国的一些生态环保标准推广到“一带一路”沿线发展中国家。随后环境保护部发布

---

〔9〕如果进口国没有相应的标准，则应当通过双方的合同约定、国际条约规定最低能效标准或者出口国对出口产品的最低能效标准要求等手段，防止出口企业将高能效空调出口到没有空调能效标准的国家或地区。

的《“一带一路”生态环境保护合作规划》进一步提出了“中国标准走出去”的具体途径——推动绿色对外援助，明确提出“以污染防治、生态保护、环保技术与产业以及可持续生产与消费等领域为重点，探索制定绿色对外援助战略与行动计划。推动将生态环保合作作为南南合作基金等资金机制支持的重要内容，优先在环保政策、法律制度、人才交流、示范项目等方面开展绿色对外援助，提高环保领域对外援助的规模和水平。”

本报告认为，鉴于空调耗电量巨大，对能源消耗、环境保护、应对气候变化的影响较大，中国政府在“中国标准走出去”过程中，应当优先通过“绿色对外援助”，在“一带一路”沿线那些空调能效标准低于中国的发展中国家，推广中国的空调能效标准。这不但可以增强中国标准的国际影响力，也可以巩固中国企业生产的空调产品的市场竞争力。

（二）中国标准国际化

直接推动空调能效较低的国家采用更加严格的能效标准，当然是不错的做法。但这种方法需要“一个个”国家去做工作，可能比较费时费力。另外一种可能的办法是：直接推动空调能效国际标准的制定，将我国的标准转化为国际通用的标准。

在十年前，让“中国标准”成为“国际标准”似乎还是难以想象的事。但到了 2018 年，中国已经有足够的经济和科技实力，将部分中国标准转化为国际标准。并且中国政府已经毫不隐晦这一点，2012 年 2 月国务院发布的《质量发展纲要（2011~2020 年）》就明确提出“推动我国优势技术与标准成为国际标准，积极参与制修订影响我国相关产业发展的国际标准，提高应对全球技术标准竞争的能力。”2015 年 5 月国务院发布的《中国制造2025》提出："鼓励和支持企业、科研院所、行业组织等参与国际标准制定，加快我国标准国际化进程。"2015年12月，国务院办公厅发布的《国家标准化体系建设发展规划（2016~2020年）》更是明确提出，"到2020年，标准国际化水平大幅提升。参与国际标准化活动能力进一步增强，承担国际标准化技术机构数量持续增长，参与和主导制定国际标准数量达到年度国际标准制修订总数的50%……主要消费品领域与国际标准一致性程度达到95%以上。"

如果中国的空调能效标准能成为国际标准，[10]就非常有利于其他国家，包括发展中国家采纳中国的标准。事实上，在推动中国标准的国际化方面，中国政府及中国的企业已经在努力。例如，2016年10月，中国在GB/T 18801-2015《空气净化器》国家标准成功制定的基础上向国际标准化组织提出制定国际标准的提案，已被该国际组织正式接受。[11]凭借在技术储备、市场表现等多方面的成绩，格力作为CSA（加拿大标准协会）家用及商用标准委员会C234，空调技术分委会CSC61D的重要成员，全程参与了CAN/CSA C22.2 No.60335-2-40：2017版标准的开发与撰写，为标准的最终制定及发布做出了自己的贡献。此标准主要涵盖的产品是空调、热泵、除湿机等产品，加入了美国和加拿大的国家差异，并首次将空调产品使用可燃冷媒及功能安全相关技术要求写入了美国和加拿大的国家标准中。这是第一次有中国企业参与美国和加拿大国家标准的制定，为打

〔10〕 需要注意的是，国际标准通常没有强制拘束力，需要通过各个主权国家的转化后才能变为具有强制力的标准。

〔11〕 "制定国际标准：中国家电历史性的一步"，载http://www.aircon.com.cn/news/htmfiles/66234.shtml，最后访问时间：2018年3月28日。

破产品出口的技术贸易壁垒、增强全球技术竞争领域的话语权奠定了重要基础；同时，彰显了中国家电企业的实力，也为中国企业的国际化作出了最佳的典范。[12]

当然，目前中国的能效标准和世界上最严格的能效标准还有一定的差距，中国的空调能效标准成为国际标准还需要假以时日，但这确实是一个值得努力的方向！“一流企业做标准，二流企业做品牌，三流企业做产品。”中国要从空调大国成为空调强国，就必须涌现出一批能够“做标准”的一流企业。

三、出口空调与内销空调“同线同标同质”

提高出口空调能效标准的另一种方法就是出口国的空调生产商对内外销商品“同线同标同质”，其法律路径包括行政强制手段和经济刺激手段。以下分别论述之。

（一）“同线同标同质”法定化

随着中国产业和消费升级来临，内外销产品“同线同标同质”被提上战略日程。2014 年 9 月，李克强总理在视察质检工作时提出要求，质检部门要促进企业出口、内销产品在同一生产线、按相同的标准生产，使内外销产品达到同样的质量水准。“同线同标同质”最开始是针对食品领域提出的，2015 年国家质检总局就开始在出口食品企业开展了“同线同标同质”的探索。“同线”是指出口和内销食品农产品在同一生产链条，就是相同的种养殖基地和生产加工线生产；“同标”是指出口企业的

〔12〕“制定国际标准：中国家电历史性的一步”，载 http://www.aircon.com.cn/news/htmfiles/66234.shtml，最后访问时间：2018 年 3 月 28 日。“自豪，格力成为美国和加拿大空调国家标准的制定者”，载 http://fj.qq.com/a/20171206/028876.htm，最后访问时间：2018 年 8 月 9 日。

质量安全管理体系和生产加工过程达到出口和发达进口国（地区）技术法规和标准要求，产品标准（包括终产品和原辅料）达到发达进口国（地区）标准，如我国产品标准的具体指标更高更严，按我国标准执行，即产品标准遵循“就高不就低”的原则。

由于我国与国际上一些发达国家相比在发展阶段和发展水平上存在差距，客观上长期存在着内销产品与出口产品的标准差异，部分产品的国内标准相对国际标准偏低，导致国内市场与国际市场存在一定程度的“质量高差”。这种情况越来越不适应国内消费需求和消费水平不断提升的现实，导致国内中高端消费需求在国内市场得不到满足，也就是有效供给和中高端供给不足，导致“消费外溢”现象，出现了国内消费者到国外市场抢购的风潮。推行“同线同标同质”模式，有利于改善我国消费者的生活品质，满足国内中高端需求，促进消费回流；也有利于国内企业提升产品和服务质量，拓展市场空间，降低国内国际市场的成本；同时促使国内相关产业全面引入国际标准和先进管理模式，促进产业转型升级。

2016 年 5 月 10 日，国家认监委在京举办出口食品企业内外销“同线同标同质”公共信息服务平台上线暨北京体验中心启动仪式。“同线同标同质”公共信息服务平台正式上线，向社会开放“同线同标同质”企业及产品信息。国内首个“同线同标同质”食品线上交易服务平台和线下体验中心同日运营，首单消费订单通过交易平台产生。这标志着“同线同标同质”食品即日起正式投放国内消费市场。截至 2017 年 3 月，全国已经有 1180 家企业，大概约 5000 种商品，达到了“三同”的要求，都已经在公共服务平台上上线。〔13〕2017 年 3 月 5 日，国务院总理李克强在《政府工作报告》中提出：要增加高品质产品消费，引导企业增品种、提品质、创品牌，扩大内外销产品“同线同标同质”实施范围，更好满足消费升级需求。这是“同线同标同质”首次写入政府工作报告。2017 年初召开的全国质检工作会议也明确要求，将“同线同标同质”工程实施范围从出口食品农产品扩大到消费品。以外向型经济为主、具备良好产业基础的东莞被选为试点区域，入选“国家级出口工业产品质量安全示范区”名单的出口玩具、出口婴童用品，则成为首批“同线同标同质”消费产品。

“同线同标同质”最初的目的是让国内的消费者也可以享受到用国外的高标准生产出来的产品。而本报告讨论的问题是：是否应当让能效标准低于中国的发展中国家的消费者，也能消费以中国的高能效标准制造出来的空调？本报告认为，基于以下原因，应当把“同线同标同质”推广到那些能效标准比中国更宽松的国家去，直接规定出口空调的能效标准不得低于国内标准。

第一，提升中国制造形象的需要。2015 年 5 月，国务院发布了《中国制造 2025》，提出“实现中国制造向中国创造的转变，中国速度向中国质量的转变，中国产品向中国品牌的转变，完成中国制造由大变强的战略任务”。《中国制造 2025》坚持绿色发展的理念，制定和实施与国际先进水平接轨的制造业质量、安全、卫生、环保及节能标准；鼓励企业追求卓越品质，形成

---

〔13〕 许博、卢志坤：“家质检总局：让提质成为社会风尚，约 5000 种商品实现与出口标准‘三同’”，载 http://finance. people. com. cn/n1/2017/0314/c1004-29144567. html? from=groupmessage&isappinstalled=0，最后访问时间：2018 年 3 月 23 日。

具有自主知识产权的名牌产品，不断提升企业品牌价值和中国制造整体形象。《中国制造 2025》特别提出要全面推行绿色制造，加大先进节能环保技术、工艺和装备的研发力度，加快制造业绿色改造升级；积极推行低碳化、循环化和集约化，提高制造业资源利用效率；强化产品全生命周期绿色管理，努力构建高效、清洁、低碳、循环的绿色制造体系。

长期以来，外界对中国制造的印象基本上是中低端——尽管实际上中国已经制造和出口了很多高端产品。如果中国出口的空调产品，仍然适用低于中国强制性能效标准的技术要求，即便数量并不太多，也可能授人口实，用来贬低中国制造的形象。因为空调是耐用品，可能会用好多年，一开始的低标准，可能导致长期以来受人诟病。为了某个企业的数额较小的经济利益，搭上“中国制造”的形象，这无论如何都不能算是一件划算的买卖。

目前，有很多著名的跨国公司，在全世界都销售同一种标准的产品。这种产品的标准一般都依据世界上最严格的标准制定，因此产品质量非常过硬，在全世界都有很好的口碑，未来中国的空调制造企业，应当向这种目标奋斗。中国制造已经到了品质取胜（物美），而非“价格”取胜（价廉）的时代，中国的空调企业，理应把握这种时代的潮流。

第二，提升中国负责任大国形象的需要。在应对气候变化的问题上，中国近年来一直展现了负责任的大国的形象。在美国退出《巴黎协定》之后，中国甚至渐渐成为全世界应对气候变化的“旗手”。中国应对气候变化首席谈判代表、全国政协人口资源环境委员会副主任原发改委副主任解振华曾说过：“中国政府将坚定不移地本着对中华民族福祉和人类长远发展高度负责的态度，积极应对气候变化，并承担与中国发展阶段、应负责任和实际能力相符的国际义务，采取有力度的行动，为保护全球气候环境做出积极贡献。”〔14〕近年来，中国还积极支持发展中国家应对气候变化，为小岛屿国家、最不发达国家、非洲国家及其他发展中国家提供了实物及设备援助，对其参与气候变化国际谈判、政策规划、人员培训等方面提供大力支持，并启动在发展中国家开展 10 个低碳示范区、100 个减缓和适应气候变化项目及 1000 个应对气候变化培训名额的合作项目。〔15〕2011 年以来，中国累计安排 7 亿余元人民币，用于开展气候变化南南合作。截至目前，已与 27 个国家签署物资赠送谅解备忘录，并大量赠送了节能空调、LED 节能灯、LED 路灯、太阳能户用光伏发电系统。〔16〕中国率先签署并坚定支持、落实气候变化《巴黎协定》，启动全国碳排放交易体系，出资 200 亿元人民币建立“中国气候变化南南合作基金”……中国以高度的责任感，守护人类赖以生存的共同家园。〔17〕

如果中国一边地支持小岛屿国家、最不发达国家、非洲国家及其他发展中国家应对气候变化，一边又向这些国家出口低能效的空调，就可能面对这些国家以及西方国家的舆论。

---

〔14〕 熊丽：“《中国应对气候变化的政策与行动 2017 年度报告》发布”，载 http://www.ce.cn/xwzx/gnsz/gdxw/201710/31/t20171031_26714745.shtml，最后访问时间：2018 年 3 月 24 日。

〔15〕 “中国为发展中国家应对气候变化提供多方位援助”，载 http://www.china.com.cn/news/2017-10/31/content_41820656.htm，最后访问时间：2018 年 3 月 24 日。

〔16〕 “中国六年斥资逾 7 亿元开展气候变化南南合作”，载 http://www.xinhuanet.com/politics/2017-09/06/c_1121617684.htm，最后访问时间：2018 年 3 月 24 日。

〔17〕 “引领世界潮流的航标——习近平主席推动构建人类命运共同体的时代启示”，载 http://www.xinhuanet.com/politics/2018-03/23/c_1122581050.htm，最后访问时间：2018 年 3 月 23 日。

第三，降低企业风险的需要。如果出口的空调产品约定了低于中国强制性标准的技术要求，一旦进口方出现任何意外情况，例如经济危机、贸易战、支付能力不足（尤其考虑到能效标准低于中国的往往是贫困落后的国家）、天气原因导致对空调需求减弱等情形，或者进口国突然提高了空调能效标准，那这些空调就无法及时“出口转内销”，或者出口到其他能效标准更高的国家或地区去。而如果不低于中国国内的强制性标准，在遇到这种情况时至少可以“出口转内销”，或者转而出口到其他能效标准较高的国家去。相当于“进可攻退可守”，有利于降低企业的商业风险。

从国际贸易的现实来看，要求所有的出口产品都采用不低于中国自身强制性标准的规定并不现实。但对于一些可能导致严重环境问题，并且具有显著“外部性”的产品，例如像空调、燃油汽车这样的产品，建议应当执行不低于中国的强制性标准的技术要求。[18]否则，出口这种产品，不但是对“人类命运共同体”的不负责任，有违绿色“一带一路”的承诺，也很有可能将来损害中国自身的环境安全，甚至损害中国制造的形象。事实上，在《“一带一路”生态环境保护合作规划》中，环保部

〔18〕一个值得参考的例子是，挪威的《消耗臭氧层物质的管理办法》（Regulations relating to restrictions on the manufacture, import, export, sale and use of chemicals and other products hazardous to health and the environment）规定：禁止制造、进口、出口和使用消耗臭氧层物质。（Section 6-3. Prohibition on the manufacture, import, export and use of ozone-depleting substances and preparations）。参见“Chapter 6. Regulation of ozone-depleting substances”，载 http://www.miljodirektoratet.no/no/Regelverk/Forskrifter/Regulations-relating-to-restrictions-on-the-manufacture-import-export-sale-and-use-of-chemicals-and-other-products-hazardous-to-health-and-the-environment-Product-Regulations/Chapter-6-Regulation-of-ozone-depleting-substances/，最后访问时间：2018年4月2日。

等部门就提出“适度提高贸易量较大的‘两高一资’行业环境标准。”就空调而言，要求出口空调执行与内销空调同样的产品质量标准，不仅有助于长期保持中国在空调行业的主导地位，也有利于巩固中国在环境保护方面的领导力。

根据依法行政的要求，行政机关要求出口空调符合中国强制性标准的要求需要有明确的法律依据。这种法律依据可以通过两种方式获得：

第一，对《节约能源法》第17条进行扩张解释，将“禁止生产、进口、销售国家明令淘汰或者不符合强制性能源效率标准的用能产品、设备；禁止使用国家明令淘汰的用能设备、生产工艺”中的“禁止生产”解释为既包括以内销为目的的生产，也包括以出口为目的的生产。2017年10月1日生效的《民法总则》第9条规定：“民事主体从事民事活动，应当有利于节约资源，保护生态环境”，这被称为绿色原则。基于《民法总则》的基础法律地位，在关于出口空调适用的技术规范中适用《民法总则》所规定的“绿色原则”，对《节约能源法》第17条进行扩张解释就具有了相当的合理性与可行性。

第二，对《标准化法》和《节约能源法》进行修订，建议《标准化法》第26条增加一款作为第2款：“出口产品的使用可能造成显著环境影响的，其技术要求应当不低于中国的强制性标准。可能造成显著环境影响的产品名录由国务院环境保护行政主管部门会同有关部门制定。”或者将《节约能源法》第17条修改为：“禁止生产、进出口、销售国家明令淘汰或者不符合强制性能源效率标准的用能产品、设备；禁止使用国家明令淘汰的用能设备、生产工艺。”

（二）发挥经济手段的作用

目前，阻碍中国的企业以不低于中国的强制性能效标准向国外出口空调最大因素就是担心一旦这么做了，可能会导致空调产品价格上升，从而降低在国际市场上的竞争力，被国外空调产商挤占市场份额。中国虽然是世界第一空调出口大国，但并非没有竞争者。泰国就是中国最强有力的竞争者。“泰国是仅次于中国的世界第二大空调机生产和出口国，在全世界空调机出口总额中占有约22.2%的比重。2016年泰国智能空调机出口额占泰国空调机出口总额的57.7%，且2013~2016年期间的年均出口增长率高达22.1%，比竞争对手中国的智能空调机出口增长率高出约2倍。在短期至中期内（2017~2022年）泰国的智能空调机出口额可望持续增长，且将在4~5年内超过中国。”〔19〕

对于企业来说，制造高质量的产品，赢得市场口碑当然是值得追求的目标。但企业毕竟以营利为主要目标，如果提高产品质量反而不能获得更多利润，那就会打击企业提高产品质量的积极性。因此，想要企业提高生产成本制造能效更高的空调，并保障企业在国际市场上的竞争力，就需要政府发挥引导作用，通过财政补贴等经济刺激手段诱导企业出口高能效空调。当然，由于涉及国际贸易，这种财政补贴应当符合国民待遇、最惠国待遇以及公开透明等WTO规则。

我国的环境保护法律中有多个条款规定国家可以采用经济刺激的手段对环境友好型的产品或服务进行鼓励。例如，《环境

---

〔19〕“泰国在全世界空调机出口总额中占有约22.2%”，载http://news.to8to.com/article/138203.html，最后访问时间：2018年3月28日。

保护法》第21条规定："国家采取财政、税收、价格、政府采购等方面的政策和措施，鼓励和支持环境保护技术装备、资源综合利用和环境服务等环境保护产业的发展。"《节约能源法》第60条规定："中央财政和省级地方财政安排节能专项资金，支持节能技术研究开发、节能技术和产品的示范与推广、重点节能工程的实施、节能宣传培训、信息服务和表彰奖励等。"第61条第1款规定："国家对生产、使用列入本法第58条规定的推广目录的需要支持的节能技术、节能产品，实行税收优惠等扶持政策。"第65条第1款规定："国家引导金融机构增加对节能项目的信贷支持，为符合条件的节能技术研究开发、节能产品生产以及节能技术改造等项目提供优惠贷款。"

对空调企业向能效标准低于中国的国家出口能效标准不低于中国的强制性能效标准的，可以考虑通过补贴方法增强其国际竞争力。由于向空调能效标准高于我国的国家出口空调自然要适用不低于中国的能效标准，对于这部分空调产品，无需进行补贴。补贴只针对向空调能效标准低于我国的国家出口的不低于我国能效标准的空调产品，相对而言，补贴的负担不会很重。如果财政部门认为这种情形下的补贴负担仍然较重，则可以考虑先补贴获得"能效领跑者"或者"能效之星"并出口到能效标准低于我国的空调产品进行补贴。这些达到世界先进能效水平的空调产品也有望树立中国制造的良好形象。

前文提及，中国政府本来就准备了一笔资金用于资助发展中国家应对气候变化，也可以考虑把这笔资金中的一部分用于补贴向低于我国空调能效标准的国家出口的高能效空调。因为向这些国家出口高能效的空调，确实有助于帮助这些国家减少能源消耗和应对气候变化。也可以考虑通过气候援助资金要求接受援助国（进口国）对购买低能耗空调的消费者进行补贴（类似于中国家电节能补贴）。

另外一种可以考虑的经济刺激手段是，加大对于向空调能效标准低于我国的国家出口不低于我国能效标准的空调产品的出口退税力度，并且适当降低对于出口低于我国空调能效标准的空调产品的出口退税力度。使得出口不低于我国能效标准的空调产品的竞争力不低于出口低于我国能效标准的空调产品。

四、结论

2018 年 3 月 11 日，在十三届全国人大一次会议上，中国正式将“生态文明”载入《宪法》。2018 年 3 月 20 日，在十三届全国人大一次会议的闭幕式上，习近平主席再次强调：“推动建设持久和平、普遍安全、共同繁荣、开放包容、清洁美丽的世界，让人类命运共同体建设的阳光普照世界！”[20]

作为应对气候变化的负责任的大国，作为全球空调出口第一大国，“能力越大，责任越大”。面对应对气候变化的严峻形势，中国政府和企业，都不应太在乎一时经济利益的得失，更要注重中国制造的品牌与口碑。通过各种途径，包括“多管齐下”的方式，对出口的空调所适用的能效标准采取“就高不就低”的做法。即，如果进口国的能效标准高于中国国内标准，则适用进口国的标准；如果进口国的能效标准低于中国国内标准，则适用中国标准。这样做，既可以作为履行“大国责任”，践行“人类命运共同体”的重要一步，也可以作为迈向“中国

---

〔20〕 李忠发、白洁、崔文毅：“引领世界潮流的航标——习近平主席推动构建人类命运共同体的时代启示”，载 http://www.xinhuanet.com/politics/2018-03/23/c_1122581050.htm，最后访问时间：2018 年 3 月 28 日。

制造2025”的重要一步。

从法律层面看，提高中国出口空调能效标准的路径包括两个：一是提高进口国的空调能效标准，从而迫使中国空调生产商提高出口空调的能效；二是中国作为出口国通过行政强制手段或经济刺激手段单方面要求或引导空调生产商提高出口空调的能效。

提高进口国空调能效标准可以通过两个途径实现。一是“中国标准走出去”：与能效标准较低的空调进口国合作，提高其国内空调能效标准。具体而言，或者倡议进口国将其最低空调能效标准向中国的标准靠拢，甚至直接使用中国的空调能效标准；或者直接提高进口国的空调能效标准。二是中国标准国际化，推动制定关于空调能效的国际标准。

通过行政强制手段单方面要求空调生产商提高出口空调的能效，就需要将“同线同标同质”规定为出口空调生产商的强制性法律义务。建议对《标准化法》和《节约能源法》进行修订，明确规定：出口产品的使用可能造成显著环境影响的，其技术要求应当不低于中国的强制性标准。禁止出口国家明令淘汰或者不符合强制性能源效率标准的用能产品、设备。在法律尚未修改之前，建议对《节约能源法》第17条进行扩张解释，将“禁止生产、进口、销售国家明令淘汰或者不符合强制性能源效率标准的用能产品、设备；禁止使用国家明令淘汰的用能设备、生产工艺”中的“禁止生产”解释为既包括以内销为目的的生产，也包括以出口为目的的生产。

通过经济刺激手段引导空调生产商提高出口空调能效的方式主要包括补贴和税收优惠。建议针对向空调能效标准低于我国的国家出口的不低于我国能效标准的空调产品进行补贴，并优先补贴获得“能效领跑者”或者“能效之星”并出口到能效标准低于我国的空调产品。建议加大对于向空调能效标准低于我国的国家出口不低于我国能效标准的空调产品的出口退税力度，并且适当降低对于出口低于我国空调能效标准的空调产品的出口退税力度。

应对气候变化法律制度体系研究*

田丹宇**

习近平总书记在全国生态环境保护大会上提出要加快构建以治理体系和治理能力现代化为保障的生态文明制度体系；用最严格制度最严密法治保护生态环境，加快制度创新，强化制度执行，让制度成为刚性的约束和不可触碰的高压线。应对气候变化作为国家生态文明建设的有机组成部分，作为统筹国际国内、共谋全球生态文明建设的主力军，在制度选择上既具有生态环境保护的共同特征，又具有其独特性。应对气候变化制度体系应包括"规划制度、评价考核制度、统计核算制度、标准化制度、信用管理制度、排放总量控制制度、排放配额交易制度、排放核算报告制度、核查制度、现场检查制度、碳汇制度、预测预警制度、气候变化影响评估制度、极端气候灾害应对制度、适应基金制度、气候保险制度、信息公开制度、公众参与制度、国际合作制度、气候专项资金制度、低碳金融制度、低碳技术目录制度、低碳产品政府采购制度"共23项制度，每项制度具有相应的实施主体、实施程序和制度内涵，制度之间

---

* 本文为2017年国家发展改革委应对气候变化专项经费《应对气候变化法的立法路线图和核心问题研究》项目（项目编号TC17083HU）部分成果。

** 国家应对气候变化战略研究和国际合作中心政策法规部副研究员。

存在一定的逻辑联系。

一、制度基本情况

以不同制度介入应对气候变化管控的时间为序，可以将前述制度分为四大类：四项基础管理类制度、九项直接规制类制度、七项间接规制类制度和三项救济类制度：

（一）四项基础管理类制度

此类制度包括气候变化的“预测预警制度”“影响评估制度”“统计核算制度”和“排放核算报告制度”。这些制度旨在弄清气候变化的影响程度和温室气体排放的基本情况，制度本身不直接减少温室气体排放或提高适应气候变化的能力，必须在立法之前就较为成熟。

我国以《统计法》为基础已经建立了较为完善的统计制度体系〔1〕。应对气候变化领域的“统计核算制度”主要是在现有的国家统计体系中增加应对气候变化统计指标和涵盖能源活动、工业生产过程、农业、土地利用变化与林业、废弃物处置等五个领域的活动水平指标〔2〕，并不需要进行新的制度构建。而其余“预测预警制度”“气候变化影响评估制度”和“排放核算报告制度”三项则是应对气候变化领域特有的制度。

---

〔1〕“温室气体排放基础统计制度和能力建设”项目研究小组：《中国温室气体排放基础统计制度和能力建设研究》，中国统计出版社 2016 年版，第 59~60 页。

〔2〕《应对气候变化部门统计报表制度（试行）》第 2 条第 1 款：“本制度为部门综合统计报表制度，由国家发展改革委、财政部、住房和城乡建设部、工业和信息化部、环境保护部、水利部、农业部、国家质检总局、国家林业局、国家能源局、国家海洋局、中国气象局、国家机关事务管理局、中国石油和化学工业联合会、中国电力企业联合会、中国钢铁工业协会等行政主管部门及行业协会负责统计，并报送国家统计局。”

（二）九项直接规制类制度

此类制度的目标直接剑指“降碳”，包括气候变化的“规划制度、评价考核制度、标准化制度、现场检查制度、排放总量控制制度、核查制度、信息公开制度、公众参与制度和碳汇制度”，可根据制度基础分为两类：

1. 基础较为成熟的制度

我国已经出台并新修订了《标准化法》，建立了国家标准化管理的法制体系；虽然《规划法》尚未出台，但以《国民经济和社会发展规划》为统领的规划体系已相当完备；我国正在建立生态文明建设目标评价考核体系[3]，从“十二五”中期开始开展了碳强度下降目标责任考核；《环境保护法》中对于环境领域的“信息公开与公众参与”“现场检查”制度均有明文规定，国务院还出台了《政府信息公开条例》。因此，应对气候变化领域的“标准化制度、规划制度、评价考核制度、信息公开制度、公众参与制度和现场检查制度”均已具备较为成熟的制度基础。

在应对气候变化法制构建中，这六项制度应该在国家已有的制度框架下，突出应对气候变化特有的制度要求：在“标准化制度”中，应规定清楚碳排放标准和低碳产品标识和认证的具体要求；在“规划制度”中，应明确应对气候变化的规划内容、规划体系、规划之间的协同关系；在“评价考核制度”中，应明确目标分解落实规则、考核程序以及考核结果的适用要求；在“现场检查制度”中，应确定针对温室气体排放的现场检查

---

〔3〕 国家发展改革委、国家统计局、环境保护部、中央组织部联合发布的《关于印发〈绿色发展指标体系〉〈生态文明建设考核目标体系〉的通知》，2016年12月。

的实施主体、实施对象和实施程序；在“信息公开制度”中，应明确重点排放单位关于排放信息的公开范围、国家主管部门关于公约履约信息的公开要求，以及相应的法律责任；在“公众参与制度”中，需要在环境保护的公众参与制度之下，进一步明确气候治理领域的公众参与和公众监督等内容。

2. 需进行整体制度设计的制度

在直接规制类制度中，“排放总量控制制度、核查制度和碳汇制度”为应对气候变化领域所特有，也是《应对气候变化法》区别于其他法的“王牌”。这三项制度既没有上位立法，也缺乏相关法律依据，需通过开展应对气候变化立法进行完整的制度设计，其制度的可操作性取决于规则的细化程度。

在“排放总量控制制度”中，需要针对区域排放因素确定排放总量和分配标准；在“核查制度”中，需开展一个完整的制度设计，明确温室气体核查实施者资质、核查对象范围、核查程序、核查结果适用、信息公开与保密、核查违法责任等内容；而“碳汇制度”在《森林法》《草原法》等资源法体系中存在立法空白，需在应对气候变化立法过程中，详细规定碳汇的权属、流转、标准等问题，明确碳汇的法律激励措施。

（三）七项间接规制类制度

应对气候变化制度体系中的“排放配额交易制度、国际合作制度、适应基金制度、气候专项资金制度、低碳金融制度、低碳技术目录制度、低碳产品政府采购制度”七项制度本身不直接产生减排的效果，而是通过经济性、可择性的制度安排实现应对气候变化目的。

1. 具有制度基础的制度

我国已建立了较为完善的政府专项资金管理制度、投融资制度、技术目录制度和政府采购制度。因此“低碳金融制度”“气候专项资金制度”“低碳技术目录制度”和“低碳产品政府采购制度”已具备一定的制度基础，只需在相应的制度框架内，增加应对气候变化和低碳发展的内容，不需要从零开始进行制度设计。例如，低碳金融制度就是在既有的金融体系中突出低碳目标引导。

2. 需进行整体制度设计的制度

“适应基金制度”“排放配额交易制度”和“国际合作制度”是应对气候变化领域特有的制度，需进行专门的制度设计。就“适应基金制度”而言，虽然国家已有成熟的基金管理制度，但专门用于适应气候变化的基金从资金筹措、资金使用和资金管理上均与普通基金具有较大差别，也缺乏相应的实践经验。建立适应气候变化基金制度具有较大的立法挑战性，需做较多的研究储备。

关于将“排放配额交易制度”视为间接性制度可能会受到质疑。但笔者认为，排放配额交易的本质是一种政府对于排放者的奖惩机制。由于我国目前主要采用基准线法进行配额分配，配额分配取决于行业先进值。配额先分配、后清缴的制度规则，将导致技术水平差的排放者配额不够，需要向水平高的排放者购买配额。相当于借用市场交易的手段，对排放水平低的排放者进行了惩罚，对水平高的排放者进行了奖励。

应对气候变化是生态环境体系中国际化程度最高的领域。应对气候变化“国际合作制度”涉及主体丰富，包括国际气候谈判、国际气候条约履约、国际合作管理、国际合作基金等内容，核心是借助国际多、双边力量，提升国内气候治理的动力和能力。虽然国际谈判和国际条约履约在我国已有一定的法律和实践基础，但关于气候变化的“国际合作管理和国际合作基金”则需通过应对气候变化立法进行整体性制度设计。

（四）三项救济类制度

救济类制度包括“极端气候灾害应对制度”“气候保险制度”和“信用管理制度”。这三项制度是当气候变化的不利影响显现出来，或者气候治理的违法行为呈现出来后，所采取的补救性制度。

“极端气候灾害应对制度”是整个适应气候变化的终极目标。气候变化的影响是缓慢的、趋势性的，一旦灾害显现则影响巨大。但实践中很难区分所受到的台风、风暴潮、干旱等灾害是否由气候变化所导致，所以该制度虽最为必要，但从实务层面很难和传统的防灾减灾制度体系相区分，较难在《气象法》《防震减灾法》的管辖基础上有所突破。

“信用管理制度”是以排放者信用为抓手的一项环境管理工具，旨在敦促排放者按要求管控温室气体排放。在制度设计上，该制度主要是借助国家正在建立的信用管理平台和联合惩戒机制，所能具有的气候特色不多。

而“气候保险制度”虽然源于已较为成熟的国家保险制度体系，但气候保险的险种设计、气候风险的识别标准均是崭新内容。我国《保险法》规定，只有法律才能设立强制性保险，因此需通过应对气候变化立法构建气候保险制度。

二、制度之间的关系

前文所述的所有制度均与各类应对气候变化主体的法律责任相联系，成为认定法律责任的参照依据。在各项制度之间，有些互为因果、有些相互依存、有些效果叠加、有些又相生相克。好比配制中药，不仅要发挥每一味药材的独特功效，更重要的是各味药材之间必须调和。

（一）互为依存的制度

以下制度在逻辑上存在先后关系或因果关系，必须在法律中同时出现才能实现制度闭环。以下五组制度之间，前三组是逻辑上的因果关系，后两组是时序上的先后关系：

1. 低碳产品认证制度或低碳标识制度 VS. 低碳产品政府采购制度

政府对产品进行低碳认证和低碳标识，能够从消费端将具有低碳特征的产品和普通产品相区分，便于引导消费者的低碳消费行为，倒逼企业从前端的生产环节降低排放。由于公众购买低碳产品属于自愿性行为，只宜进行立法引导，而针对政府的低碳产品采购则可以纳入国家政采制度。相应地，赋予政府采购低碳产品义务的前提是，国家的低碳产品认证制度和低碳标识制度已经较为健全，市场上有足够数量和种类的商品被冠以“低碳”称谓。

因此，“低碳产品认证制度或低碳标识制度”是“低碳产品政府采购制度”的前置制度。在制度构建过程中，可参考我国现有的政府绿色产品采购制度或节能产品采购制度，或者直接考虑进行制度融合。

2. 信息公开制度 VS. 公众参与制度或公众监督制度

关于气候变化的观测数据、科研成果、政务管理信息和资源通常集中于政府和专业机构手中，不易为公众知悉。企业的排放信息一般由企业向政府平台报送，如果没有强制性的信息公开制度，公众能够获得的气候变化信息和参与气候治理的途径极其有限，公众监督亦为空谈。同时，鼓励公众参与和公众监督也是设置信息公开制度的重要目的之一。

因此，“信息公开制度”是“公众参与制度或公众监督制度”的前提，应同时存续于法中。只有通过立法，建立强制性的应对气候变化信息公开制度，才能保障公众的信息知情权和监督权。

3. 排放总量控制制度或规划制度 VS. 评价考核制度

我国已经建立了基于碳强度的评价考核制度，未来的发展趋势是建立与峰值目标相对应的排放总量控制制度。“总量控制制度”的目的不仅是为了提出并分解排放量，更重要的是落实排放量控制责任。同理，规划制度的重要任务之一是设定应对气候变化目标，旨在追求目标实现的合理途径。可以将“评价考核制度”看作是“排放总量控制制度”和“规划制度”相对应的，用以表征结果的配套制度。

因此，“排放总量控制制度和评价考核制度”一起形成一个闭环，其中的总量控制制度解决了排放控制目标的产生和分配规则问题；同理，“规划制度和评价考核制度”一起也成为一个闭环，其中的规划制度承担了“出题”的任务，评价考核制度担任“判卷”的角色。

4. 标准化制度 VS. 排放核算报告制度 VS. 配额交易制度

按照我国目前的全国碳排放交易制度设计，“标准化制度”为排放者开展排放核算和报告提供了“尺子”，保证了温室气体排放者、政府管理者和核查机构能够“车同轨、书同文”，提升配额交易的公信力；同时，“排放核算报告制度”旨在获得排放数据，掌握排放情况，也是开展排放配额交易的前提。

因此，“标准化制度、排放核算报告制度、配额交易制度”三者之间不但在制度运行中呈现先后关系，在制度产生和成熟度上也应具有先后关系。只有在“标准化制度”和“排放核算报告制度”均较为成熟的基础上，才能建立起顺畅的排放配额交易制度。

5. 配额交易制度 VS. 核查制度 VS. 信用管理制度

“核查制度”为“配额交易制度”提升公信力，“信用管理制度”为“配额交易制度”和“核查制度”提升强制力，三项制度之间既平行独立，又在运行中互为依存。其中“核查制度”因具有独特的法律关系和运行规则而成为一项独立的制度，而非“配额交易制度”的附属制度。为了使排放者按要求完成配额清缴、核查机构按要求开展核查，需要后端的信用管理和法律责任来提供制度运行动力。

（二）互为排斥的制度

有些制度之间虽然路径不同，但制度目标相近，制度效果重复。举例而言，“排放税收制度”和“排放收费制度”存在重复，当环境保护税法实施后，就不能再征收环境污染费；应对气候变化领域中的“排放许可证制度”和“排放配额管理制度”功能相近；“排放核算报告制度”和“信息公开制度”存在交叉；“排放企业目录制度”和核算报告制度中的“排放门槛”部分重叠。

此类效果相似的制度单独存在都具有合理性，但放于应对气候变化整体制度体系则需谨慎考量。相似制度如果同时存在，一方面将导致制度间互相影响，指向不明，执法不畅；另一方面将导致行政相对人负担过重，影响企业发展活力，形成“一事多罚”“苛政猛于虎”的不公平、不合理结果。因此，对互为排斥的制度应进行取舍，或补充详细说明来划定制度边界、限定制度条件。

三、应对气候变化制度体系的构建

应对气候变化的制度体系包括两个层次：第一层是各环境要素法所通用的“管理监督”“宣传教育和公众参与”“激励措施”和“法律责任”；第二层是应对气候变化领域所特有的“减缓气候变化”“适应气候变化”和“国际合作”。具体细分为以下五类：

（一）应对气候变化管理监督制度体系

应对气候变化管理与监督是整个应对气候变化制度体系的“根”，包括“规划制度”“评价考核制度”“统计核算制度”“标准化制度”和“信用管理制度”五项。

1. 制度分类

应对气候变化管理监督制度体系中的五项制度可根据不同维度进行四种分类：

根据制度产生的时间分为两类：一是处于减缓和适应行为之前的“规划制度”和“标准化制度”；二是处于行为之后的“统计核算制度”“评价考核制度”和“信用管理制度”。

从制度逻辑上分成三类：一是与法律目标相对应的“规划制度”和“评价考核制度”；二是与法律行为相对应的“统计核算制度”和“标准化制度”；三是与法律结果相对应的“信用管理制度”。

依据制度适用对象可分三类：一是适用于公权主体的“规划制度”和“评价考核制度”；二是适用于私权主体的“信用管理制度”；三是对公权和私权主体均适用的“标准化制度”和“统计核算制度”。

以制度模式为依据可分成两类：管理类的制度包括“规划

制度”“统计核算制度”和“标准化制度”；监督类的制度包括“评价考核制度”和“信用管理制度”。

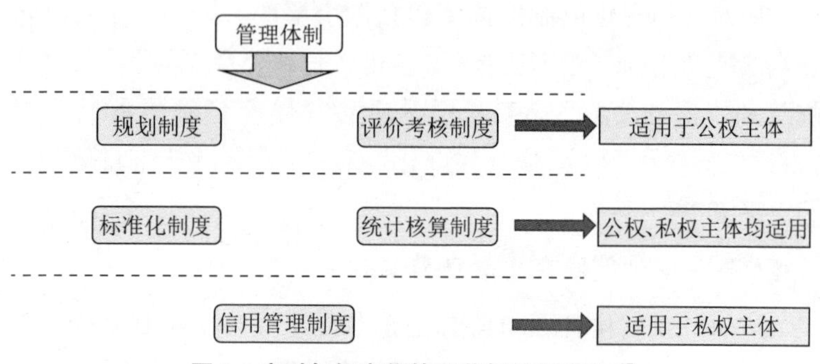

图1　应对气候变化管理监督的制度体系

2. 制度分析

管理监督类制度是表征《应对气候变化法》属于行政法的标志，其中除“信用管理制度”外，应对气候变化规划、碳强度目标评价考核、温室气体排放清单编制和排放统计、排放标准均在实践中反复检验。该体系中的五项制度属于政府对政府，或政府对行政相对人实施的行政管理，通用于生态环境各领域，并非应对气候变化所特有。

（二）减缓气候变化制度体系

减缓气候变化制度体系是整个应对气候变化制度体系的“本”，包括“排放总量控制制度”“排放配额交易制度”“排放核算报告制度”“核查制度”“碳汇制度”和“现场检查制度”六项。

1. 制度分类

根据不同标准，可以将六项减缓气候变化制度按照两种方式进行划分。以制度管控手段为依据，可分为两类：一类制度的目的是设定减缓义务，包括“排放总量控制制度”“排放配额交易制度”和“碳汇制度”；二类制度的目的是监督落实减缓义务，包括“排放核算报告制度”“核查制度”和“现场检查制度”。

以制度实施时间为标准，又可分成三类：一是在减缓行为实施之前需要构建的制度，包括“排放总量控制制度”和“排放配额交易制度”；二是处于减缓行为实施过程中的制度，包括“碳汇制度”；三是在减缓行为实施之后的制度，包括“排放核算报告制度”“核查制度”和“现场检查制度”。

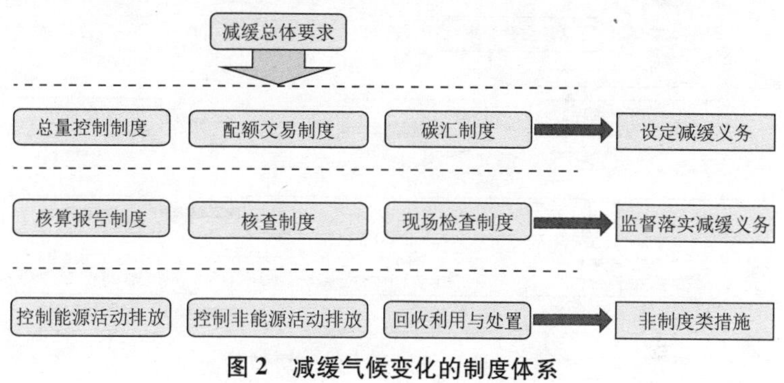

图 2　减缓气候变化的制度体系

2. 制度分析

减缓气候变化制度本质上是政府使用行政权对温室气体排放行为进行干预，以达到控制温室气体排放的行政目的，制度的强制性和规制力源于政府公权力。因此，在应对气候变化法律制度构建过程中，六项减缓气候变化制度必须与“法律责任”建立一一对应的关系：先通过各项减缓制度明确排放者的减排义务和管理者的管理权力；再确定相应主体的法律责任，实现制度闭环。

（三）适应气候变化制度体系

适应气候变化领域包括“预测预警制度”“气候变化影响评

估制度”“极端气候灾害应对制度”“适应基金制度”和“气候保险制度”，后四项均属于救济类制度。在制度体系构建上，通过明确适应气候变化的总体要求、重点行业和重点任务，来明确适应气候变化关系中的法律责任；通过影响评估制度、预测预警制度、极端灾害应对制度来明确适应气候变化的法律措施；而通过旨在提升适应气候变化能力的政策性的保险制度和基金制度，为整个体系提供法律保障（详见下图）。

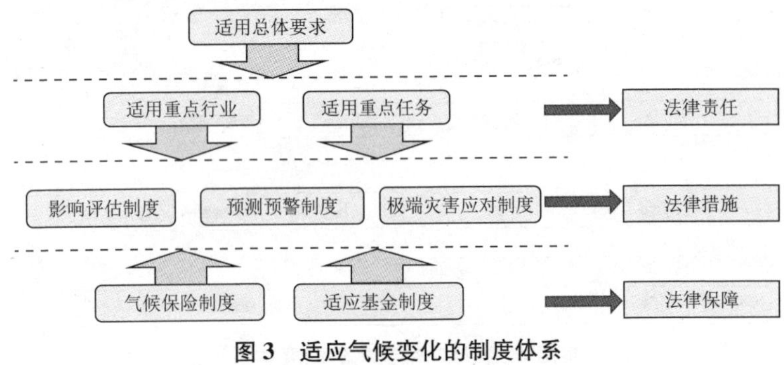

图 3　适应气候变化的制度体系

（四）行政关系外部的制度体系

前文所述的管理监督、减缓气候变化和适应气候变化三大制度体系，主要调整的是政府在管理温室气体排放、适应气候变化过程中形成的法律关系，属于行政法范畴中的行政法律关系。同时，在国家应对气候变化行政管理关系外部，还存在“信息公开制度”“公众参与制度”和“国际合作制度”，均系借助行政管理体系之外的权力实现制度目的。

其中，“信息公开制度”和“公众参与制度”是一对具有因果关系的制度，系借助于公众的力量实现气候治理；“国际合作制度”包括履约组织管理、国际合作管理和国际合作引导等内容，系通过国际法律约束、国际资金保障、国家间借力等途径推进气候治理〔4〕。

（五）奖惩制度体系〔5〕

应对气候变化领域中，激励类的制度包括“气候专项资金制度”“低碳产品政府采购制度”“低碳金融制度”“低碳技术目录制度”四项，其中前两项由政府负责实施，后两项由社会主体负责实施。

罚则类的法律措施应与温室气体管控类制度相对应，一般放在法律最后的“法律责任”部分，包括两个层次：一是政府工作人员、重点排放单位、核查机构等不同主体的法律责任；二是违反现场检查、报告或交易过程中数据不实、违反信息公开等违法行为的法律责任（详见下图）。

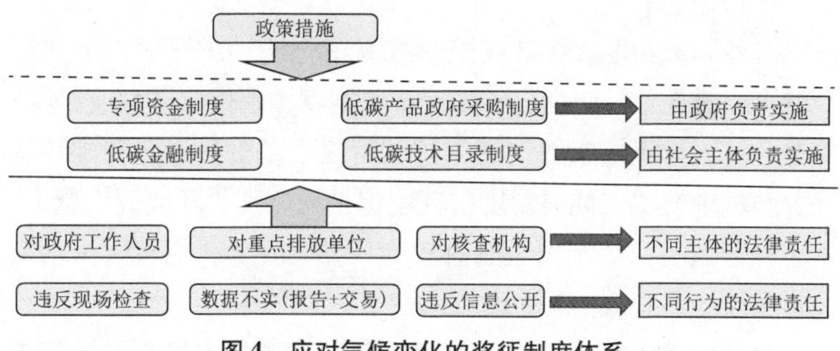

图4　应对气候变化的奖惩制度体系

〔4〕常纪文：“《气候变化应对法》的立法构想”，载《中国环境报》2012年5月10日，第3版。

〔5〕李艳芳、武奕成：“我国低碳经济法律与政策框架：现状、不足及完善”，载《中国地质大学学报（社会科学版）》2011年第6期，第18~24页。

四、应对气候变化的制度选择

（一）核心制度识别

无论采取哪种立法路线，均有必要对所有立法所涉制度进行优中选优，分出梯队，识别出应对气候变化领域中的核心制度。综合前文的制度分析，笔者认为，只能通过应对气候变化立法新构建的制度有七个：排放总量控制制度、核查制度、碳汇制度、适应基金制度、排放配额交易制度、国际合作制度和气候保险制度。这七大制度很难向现行法律制度搭便车，无法通过在已有成熟制度中增加气候变化内容就完成制度。这七大核心制度必须在开展应对气候变化立法过程中回答制度构成的各要素设计，明确制度运行逻辑，是开展立法的重要任务。

（二）制度舍弃

有些国家和地区在其《应对气候变化法》中还运用了“碳税制度、排放目录制度、碳排放评价制度、碳排放许可证制度”等被公认为对于控制温室气体排放行之有效的制度。我国环境保护领域中的“三同时制度、环境保护税制度、环境诉讼制度、生态补偿制度”等制度也具有较为成熟的经验，但暂时未纳入应对气候变化制度体系中的原因在于：

第一，由于国家简政放权的改革要求更加市场化的治理方式，对于立法所涉新增行政许可“只减不增”。例如我国近年对《环境影响评价法》和《节约能源法》的修订就体现了简化环境项目和节能项目前置性审批的改革方向。因此，碳排放许可证制度、碳排放评价制度等强硬的控排制度难以适应当前的法制建设方向。

第二，由于制度之间的效果重复，药效重叠，容易导致企业负担过重，“一事多罚”的情况。例如，一家企业不能由于过量排放温室气体这一个行为，导致需交纳碳税、购买排放配额、交纳罚款等多重惩罚，因此必须对效果重叠的制度进行取舍。

第三，一些比较“硬”和古老的环境治理手段，在现行公民社会、市场主导的治理体系中已不合时宜了，例如污染收费制度、排放目录制度等。

（三）制度协同与融合

根据2018年国务院的机构改革要求，应对气候变化职能已经归入生态环境部。在“大环保观”下，生态环境领域和能源领域近年来取得的立法成果中的很多基础性、通用性管理制度值得应对气候变化立法借鉴。〔6〕

笔者认为，开展应对气候变化立法有两种可行思路：一是单独制定《应对气候变化法》，但按照前文所述的制度筛选，应对气候变化领域独特的制度管控手段并不多，若要单独开展立法需要进一步丰富制度供给，向生态环境领域借力；第二种思路是立法分两步走，首先利用《环境保护法》再次修订的契机，将应对气候变化的核心制度纳入《环境保护法》，相当于在环境保护的基础性法律中有了立法依据，这样比直接立新法的难度要小，立法可行性较大。其次将《应对气候变化》定位于一部与《大气污染防治法》《水污染防治法》《固体废物污染环境防治法》《环境噪声污染防治法》平行的环境要素法，继续开展单独立法，构建完整的应对气候变化制度体系。若采取“两步走”的立法思路，则需要在应对气候变化核心制度识别的基础上，

---

〔6〕李艳芳、岳小花：“论我国可再生能源法律体系的构建”，载《甘肃社会科学》2010年第2期，第7~11页。

研究如何仅用几个法律条款解决应对气候变化立法的基本问题。

五、结论

开展应对气候变化立法的本质是创建气候领域特有制度、借力其他领域既有制度、理顺制度之间逻辑关系、搭建气候变化制度体系。通过分析认为，应将“排放总量控制制度、核查制度、碳汇制度、适应基金制度、排放配额交易制度、国际合作制度和气候保险制度”七大制度作为立法工作的核心，完成制度要素设计，支撑应对气候变化法的独特法域；应将生态环境领域、资源能源领域、行政管理领域的制度运行机制摸清吃透，增加气候变化内容，体现“大环保”“大生态”观下的制度协同融合；应坚持比例原则，顺应改革要求，搭建逻辑完整、有奖有罚、内部自洽、外部协调的应对气候变化制度体系。

附　录

中华人民共和国煤炭法

（1996年8月29日第八届全国人民代表大会常务委员会第二十一次会议通过　根据2009年8月27日第十一届全国人民代表大会常务委员会第十次会议《关于修改部分法律的决定》第一次修正　根据2011年4月22日第十一届全国人民代表大会常务委员会第二十次会议《关于修改〈中华人民共和国煤炭法〉的决定》第二次修正　根据2013年6月29日第十二届全国人民代表大会常务委员会第三次会议《关于修改〈中华人民共和国文物保护法〉等十二部法律的决定》第三次修正　根据2016年11月7日第十二届全国人民代表大会常务委员会第二十四次会议《关于修改〈中华人民共和国对外贸易法〉等十二部法律的决定》第四次修正）

第一章　总　则

第一条　为了合理开发利用和保护煤炭资源，规范煤炭生产、经营活动，促进和保障煤炭行业的发展，制定本法。

第二条　在中华人民共和国领域和中华人民共和国管辖的其他

海域从事煤炭生产、经营活动，适用本法。

第三条 煤炭资源属于国家所有。地表或者地下的煤炭资源的国家所有权，不因其依附的土地的所有权或者使用权的不同而改变。

第四条 国家对煤炭开发实行统一规划、合理布局、综合利用的方针。

第五条 国家依法保护煤炭资源，禁止任何乱采、滥挖破坏煤炭资源的行为。

第六条 国家保护依法投资开发煤炭资源的投资者的合法权益。

国家保障国有煤矿的健康发展。

国家对乡镇煤矿采取扶持、改造、整顿、联合、提高的方针，实行正规合理开发和有序发展。

第七条 煤矿企业必须坚持安全第一、预防为主的安全生产方针，建立健全安全生产的责任制度和群防群治制度。

第八条 各级人民政府及其有关部门和煤矿企业必须采取措施加强劳动保护，保障煤矿职工的安全和健康。

国家对煤矿井下作业的职工采取特殊保护措施。

第九条 国家鼓励和支持在开发利用煤炭资源过程中采用先进的科学技术和管理方法。

煤矿企业应当加强和改善经营管理，提高劳动生产率和经济效益。

第十条 国家维护煤矿矿区的生产秩序、工作秩序，保护煤矿企业设施。

第十一条 开发利用煤炭资源，应当遵守有关环境保护的法律、法规，防治污染和其他公害，保护生态环境。

第十二条 国务院煤炭管理部门依法负责全国煤炭行业的监督

管理。国务院有关部门在各自的职责范围内负责煤炭行业的监督管理。

县级以上地方人民政府煤炭管理部门和有关部门依法负责本行政区域内煤炭行业的监督管理。

第十三条 煤炭矿务局是国有煤矿企业，具有独立法人资格。

矿务局和其他具有独立法人资格的煤矿企业、煤炭经营企业依法实行自主经营、自负盈亏、自我约束、自我发展。

第二章 煤炭生产开发规划与煤矿建设

第十四条 国务院煤炭管理部门根据全国矿产资源勘查规划编制全国煤炭资源勘查规划。

第十五条 国务院煤炭管理部门根据全国矿产资源规划规定的煤炭资源，组织编制和实施煤炭生产开发规划。

省、自治区、直辖市人民政府煤炭管理部门根据全国矿产资源规划规定的煤炭资源，组织编制和实施本地区煤炭生产开发规划，并报国务院煤炭管理部门备案。

第十六条 煤炭生产开发规划应当根据国民经济和社会发展的需要制定，并纳入国民经济和社会发展计划。

第十七条 国家制定优惠政策，支持煤炭工业发展，促进煤矿建设。

煤矿建设项目应当符合煤炭生产开发规划和煤炭产业政策。

第十八条 煤矿建设使用土地，应当依照有关法律、行政法规的规定办理。征收土地的，应当依法支付土地补偿费和安置补偿费，做好迁移居民的安置工作。

煤矿建设应当贯彻保护耕地、合理利用土地的原则。

地方人民政府对煤矿建设依法使用土地和迁移居民，应当给予支持和协助。

第十九条 煤矿建设应当坚持煤炭开发与环境治理同步进行。煤矿建设项目的环境保护设施必须与主体工程同时设计、同时施工、同时验收、同时投入使用。

第三章 煤炭生产与煤矿安全

第二十条 煤矿投入生产前，煤矿企业应当依照有关安全生产的法律、行政法规的规定取得安全生产许可证。未取得安全生产许可证的，不得从事煤炭生产。

第二十一条 对国民经济具有重要价值的特殊煤种或者稀缺煤种，国家实行保护性开采。

第二十二条 开采煤炭资源必须符合煤矿开采规程，遵守合理的开采顺序，达到规定的煤炭资源回采率。

煤炭资源回采率由国务院煤炭管理部门根据不同的资源和开采条件确定。

国家鼓励煤矿企业进行复采或者开采边角残煤和极薄煤。

第二十三条 煤矿企业应当加强煤炭产品质量的监督检查和管理。煤炭产品质量应当按照国家标准或者行业标准分等论级。

第二十四条 煤炭生产应当依法在批准的开采范围内进行，不得超越批准的开采范围越界、越层开采。

采矿作业不得擅自开采保安煤柱，不得采用可能危及相邻煤矿生产安全的决水、爆破、贯通巷道等危险方法。

第二十五条 因开采煤炭压占土地或者造成地表土地塌陷、挖损，由采矿者负责进行复垦，恢复到可供利用的状态；造成他人损失的，应当依法给予补偿。

第二十六条 关闭煤矿和报废矿井，应当依照有关法律、法规和国务院煤炭管理部门的规定办理。

第二十七条 国家建立煤矿企业积累煤矿衰老期转产资金的

制度。

国家鼓励和扶持煤矿企业发展多种经营。

第二十八条 国家提倡和支持煤矿企业和其他企业发展煤电联产、炼焦、煤化工、煤建材等，进行煤炭的深加工和精加工。

国家鼓励煤矿企业发展煤炭洗选加工，综合开发利用煤层气、煤矸石、煤泥、石煤和泥炭。

第二十九条 国家发展和推广洁净煤技术。

国家采取措施取缔土法炼焦。禁止新建土法炼焦窑炉；现有的土法炼焦限期改造。

第三十条 县级以上各级人民政府及其煤炭管理部门和其他有关部门，应当加强对煤矿安全生产工作的监督管理。

第三十一条 煤矿企业的安全生产管理，实行矿务局长、矿长负责制。

第三十二条 矿务局长、矿长及煤矿企业的其他主要负责人必须遵守有关矿山安全的法律、法规和煤炭行业安全规章、规程，加强对煤矿安全生产工作的管理，执行安全生产责任制度，采取有效措施，防止伤亡和其他安全生产事故的发生。

第三十三条 煤矿企业应当对职工进行安全生产教育、培训；未经安全生产教育、培训的，不得上岗作业。

煤矿企业职工必须遵守有关安全生产的法律、法规、煤炭行业规章、规程和企业规章制度。

第三十四条 在煤矿井下作业中，出现危及职工生命安全并无法排除的紧急情况时，作业现场负责人或者安全管理人员应当立即组织职工撤离危险现场，并及时报告有关方面负责人。

第三十五条 煤矿企业工会发现企业行政方面违章指挥、强令职工冒险作业或者生产过程中发现明显重大事故隐患，可能危及职工生命安全的情况，有权提出解决问题的建议，煤矿企业行政方面必须及时作出处理决定。企业行政方面拒不处理的，工会有权提出批评、检举和控告。

第三十六条 煤矿企业必须为职工提供保障安全生产所需的劳动保护用品。

第三十七条 煤矿企业应当依法为职工参加工伤保险缴纳工伤保险费。鼓励企业为井下作业职工办理意外伤害保险，支付保险费。

第三十八条 煤矿企业使用的设备、器材、火工产品和安全仪器，必须符合国家标准或者行业标准。

第四章　煤炭经营

第三十九条 煤炭经营企业从事煤炭经营，应当遵守有关法律、法规的规定，改善服务，保障供应。禁止一切非法经营活动。

第四十条 煤炭经营应当减少中间环节和取消不合理的中间环节，提倡有条件的煤矿企业直销。

煤炭用户和煤炭销区的煤炭经营企业有权直接从煤矿企业购进煤炭。在煤炭产区可以组成煤炭销售、运输服务机构，为中小煤矿办理经销、运输业务。

禁止行政机关违反国家规定擅自设立煤炭供应的中间环节和额外加收费用。

第四十一条 从事煤炭运输的车站、港口及其他运输企业不得利用其掌握的运力作为参与煤炭经营、谋取不正当利益的手段。

第四十二条 国务院物价行政主管部门会同国务院煤炭管理部门和有关部门对煤炭的销售价格进行监督管理。

第四十三条 煤矿企业和煤炭经营企业供应用户的煤炭质量应当符合国家标准或者行业标准，质级相符，质价相符。用户对煤炭质量有特殊要求的，由供需双方在煤炭购销合同中约定。

煤矿企业和煤炭经营企业不得在煤炭中掺杂、掺假，以次充好。

第四十四条 煤矿企业和煤炭经营企业供应用户的煤炭质量不符合国家标准或者行业标准，或者不符合合同约定，或者质级不符、质价不符，给用户造成损失的，应当依法给予赔偿。

第四十五条 煤矿企业、煤炭经营企业、运输企业和煤炭用户应当依照法律、国务院有关规定或者合同约定供应、运输和接卸煤炭。

运输企业应当将承运的不同质量的煤炭分装、分堆。

第四十六条 煤炭的进出口依照国务院的规定，实行统一管理。

具备条件的大型煤矿企业经国务院对外经济贸易主管部门依法许可，有权从事煤炭出口经营。

第四十七条 煤炭经营管理办法，由国务院依照本法制定。

第五章 煤矿矿区保护

第四十八条 任何单位或者个人不得危害煤矿矿区的电力、通讯、水源、交通及其他生产设施。

禁止任何单位和个人扰乱煤矿矿区的生产秩序和工作秩序。

第四十九条 对盗窃或者破坏煤矿矿区设施、器材及其他危及煤矿矿区安全的行为，一切单位和个人都有权检举、控告。

第五十条 未经煤矿企业同意，任何单位或者个人不得在煤矿企业依法取得土地使用权的有效期间内在该土地上种植、养殖、取土或者修建建筑物、构筑物。

第五十一条 未经煤矿企业同意，任何单位或者个人不得占用煤矿企业的铁路专用线、专用道路、专用航道、专用码头、电力专用线、专用供水管路。

第五十二条　任何单位或者个人需要在煤矿采区范围内进行可能危及煤矿安全的作业时，应当经煤矿企业同意，报煤炭管理部门批准，并采取安全措施后，方可进行作业。

在煤矿矿区范围内需要建设公用工程或者其他工程的，有关单位应当事先与煤矿企业协商并达成协议后，方可施工。

第六章　监督检查

第五十三条　煤炭管理部门和有关部门依法对煤矿企业和煤炭经营企业执行煤炭法律、法规的情况进行监督检查。

第五十四条　煤炭管理部门和有关部门的监督检查人员应当熟悉煤炭法律、法规，掌握有关煤炭专业技术，公正廉洁，秉公执法。

第五十五条　煤炭管理部门和有关部门的监督检查人员进行监督检查时，有权向煤矿企业、煤炭经营企业或者用户了解有关执行煤炭法律、法规的情况，查阅有关资料，并有权进入现场进行检查。

煤矿企业、煤炭经营企业和用户对依法执行监督检查任务的煤炭管理部门和有关部门的监督检查人员应当提供方便。

第五十六条　煤炭管理部门和有关部门的监督检查人员对煤矿企业和煤炭经营企业违反煤炭法律、法规的行为，有权要求其依法改正。

煤炭管理部门和有关部门的监督检查人员进行监督检查时，应当出示证件。

第七章　法律责任

第五十七条　违反本法第二十二条的规定，开采煤炭资源未达到国务院煤炭管理部门规定的煤炭资源回采率的，由煤炭管理部门责令限期改正；逾期仍达不到规定的回采率的，责令停止生产。

第五十八条　违反本法第二十四条的规定，擅自开采保安煤柱或者采用危及相邻煤矿生产安全的危险方法进行采矿作业的，由劳动行政主管部门会同煤炭管理部门责令停止作业；由煤炭管理部门没收违法所得，并处违法所得一倍以上五倍以下的罚款；构成犯罪的，由司法机关依法追究刑事责任；造成损失的，依法承担赔偿责任。

第五十九条　违反本法第四十三条的规定，在煤炭产品中掺杂、掺假，以次充好的，责令停止销售，没收违法所得，并处违法所得一倍以上五倍以下的罚款；构成犯罪的，由司法机关依法追究刑事责任。

第六十条　违反本法第五十条的规定，未经煤矿企业同意，在煤矿企业依法取得土地使用权的有效期间内在该土地上修建建筑物、构筑物的，由当地人民政府动员拆除；拒不拆除的，责令拆除。

第六十一条　违反本法第五十一条的规定，未经煤矿企业同意，占用煤矿企业的铁路专用线、专用道路、专用航道、专用码头、电力专用线、专用供水管路的，由县级以上地方人民政府责令限期改正；逾期不改正的，强制清除，可以并处五万元以下的罚款；造成损失的，依法承担赔偿责任。

第六十二条　违反本法第五十二条的规定，未经批准或者未采取安全措施，在煤矿采区范围内进行危及煤矿安全作业的，由煤炭管理部门责令停止作业，可以并处五万元以下的罚款；造成损失的，依法承担赔偿责任。

第六十三条　有下列行为之一的，由公安机关依照治安管理处罚法的有关规定处罚；构成犯罪的，由司法机关依法追究刑事责任：

（一）阻碍煤矿建设，致使煤矿建设不能正常进行的；

（二）故意损坏煤矿矿区的电力、通讯、水源、交通及其他生产设施的；

（三）扰乱煤矿矿区秩序，致使生产、工作不能正常进行的；

（四）拒绝、阻碍监督检查人员依法执行职务的。

第六十四条 煤矿企业的管理人员违章指挥、强令职工冒险作业，发生重大伤亡事故的，依照刑法有关规定追究刑事责任。

第六十五条 煤矿企业的管理人员对煤矿事故隐患不采取措施予以消除，发生重大伤亡事故的，依照刑法有关规定追究刑事责任。

第六十六条 煤炭管理部门和有关部门的工作人员玩忽职守、徇私舞弊、滥用职权的，依法给予行政处分；构成犯罪的，由司法机关依法追究刑事责任。

第八章 附 则

第六十七条 本法自1996年12月1日起施行。

中华人民共和国石油天然气管道保护法

（2010年6月25日第十一届全国人民代表大会常务委员会第十五次会议通过）

第一章 总 则

第一条 为了保护石油、天然气管道，保障石油、天然气输送安全，维护国家能源安全和公共安全，制定本法。

第二条 中华人民共和国境内输送石油、天然气的管道的保护，适用本法。

城镇燃气管道和炼油、化工等企业厂区内管道的保护，不适用本法。

第三条 本法所称石油包括原油和成品油，所称天然气包括天然气、煤层气和煤制气。

本法所称管道包括管道及管道附属设施。

第四条 国务院能源主管部门依照本法规定主管全国管道保护工作，负责组织编制并实施全国管道发展规划，统筹协调全国管道发展规划与其他专项规划的衔接，协调跨省、自治区、直辖市管道保护的重大问题。国务院其他有关部门依照有关法律、行政法规的规定，在各自职责范围内负责管道保护的相关工作。

第五条 省、自治区、直辖市人民政府能源主管部门和设区的市级、县级人民政府指定的部门，依照本法规定主管本行政区域的管道保护工作，协调处理本行政区域管道保护的重大问题，指导、监督有关单位履行管道保护义务，依法查处危害管道安全的违法行为。县级以上地方人民政府其他有关部门依照有关法律、行政法规的规定，在各自职责范围内负责管道保护的相关工作。

省、自治区、直辖市人民政府能源主管部门和设区的市级、县级人民政府指定的部门，统称县级以上地方人民政府主管管道保护工作的部门。

第六条 县级以上地方人民政府应当加强对本行政区域管道保护工作的领导，督促、检查有关部门依法履行管道保护职责，组织排除管道的重大外部安全隐患。

第七条 管道企业应当遵守本法和有关规划、建设、安全生产、质量监督、环境保护等法律、行政法规，执行国家技术规范的强制性要求，建立、健全本企业有关管道保护的规章制度和操作规程并组织实施，宣传管道安全与保护知识，履行管道保护义务，接受人民政府及其有关部门依法实施的监督，保障管道安全运行。

第八条 任何单位和个人不得实施危害管道安全的行为。

对危害管道安全的行为，任何单位和个人有权向县级以上地方人民政府主管管道保护工作的部门或者其他有关部门举报。接到举报的部门应当在职责范围内及时处理。

第九条 国家鼓励和促进管道保护新技术的研究开发和推广应用。

第二章 管道规划与建设

第十条 管道的规划、建设应当符合管道保护的要求，遵循安全、环保、节约用地和经济合理的原则。

第十一条 国务院能源主管部门根据国民经济和社会发展的需要组织编制全国管道发展规划。组织编制全国管道发展规划应当征求国务院有关部门以及有关省、自治区、直辖市人民政府的意见。

全国管道发展规划应当符合国家能源规划，并与土地利用总体规划、城乡规划以及矿产资源、环境保护、水利、铁路、公路、航道、港口、电信等规划相协调。

第十二条 管道企业应当根据全国管道发展规划编制管道建设规划，并将管道建设规划确定的管道建设选线方案报送拟建管道所在地县级以上地方人民政府城乡规划主管部门审核；经审核符合城乡规划的，应当依法纳入当地城乡规划。

纳入城乡规划的管道建设用地，不得擅自改变用途。

第十三条 管道建设的选线应当避开地震活动断层和容易发生洪灾、地质灾害的区域，与建筑物、构筑物、铁路、公路、航道、港口、市政设施、军事设施、电缆、光缆等保持本法和有关法律、行政法规以及国家技术规范的强制性要求规定的保护距离。

新建管道通过的区域受地理条件限制，不能满足前款规定的管道保护要求的，管道企业应当提出防护方案，经管道保护方面的专家评审论证，并经管道所在地县级以上地方人民政府主管管道保护工作的部门批准后，方可建设。

管道建设项目应当依法进行环境影响评价。

第十四条 管道建设使用土地，依照《中华人民共和国土地管理法》等法律、行政法规的规定执行。

依法建设的管道通过集体所有的土地或者他人取得使用权的国有土地，影响土地使用的，管道企业应当按照管道建设时土地的用途给予补偿。

第十五条 依照法律和国务院的规定，取得行政许可或者已报送备案并符合开工条件的管道项目的建设，任何单位和个人不得阻碍。

第十六条 管道建设应当遵守法律、行政法规有关建设工程质量管理的规定。

管道企业应当依照有关法律、行政法规的规定，选择具备相应资质的勘察、设计、施工、工程监理单位进行管道建设。

管道的安全保护设施应当与管道主体工程同时设计、同时施工、同时投入使用。

管道建设使用的管道产品及其附件的质量，应当符合国家技术规范的强制性要求。

第十七条 穿跨越水利工程、防洪设施、河道、航道、铁路、公路、港口、电力设施、通信设施、市政设施的管道的建设，应当遵守本法和有关法律、行政法规，执行国家技术规范的强制性要求。

第十八条 管道企业应当按照国家技术规范的强制性要求在管

道沿线设置管道标志。管道标志毁损或者安全警示不清的，管道企业应当及时修复或者更新。

第十九条 管道建成后应当按照国家有关规定进行竣工验收。竣工验收应当审查管道是否符合本法规定的管道保护要求，经验收合格方可正式交付使用。

第二十条 管道企业应当自管道竣工验收合格之日起六十日内，将竣工测量图报管道所在地县级以上地方人民政府主管管道保护工作的部门备案；县级以上地方人民政府主管管道保护工作的部门应当将管道企业报送的管道竣工测量图分送本级人民政府规划、建设、国土资源、铁路、交通、水利、公安、安全生产监督管理等部门和有关军事机关。

第二十一条 地方各级人民政府编制、调整土地利用总体规划和城乡规划，需要管道改建、搬迁或者增加防护设施的，应当与管道企业协商确定补偿方案。

第三章 管道运行中的保护

第二十二条 管道企业应当建立、健全管道巡护制度，配备专门人员对管道线路进行日常巡护。管道巡护人员发现危害管道安全的情形或者隐患，应当按照规定及时处理和报告。

第二十三条 管道企业应当定期对管道进行检测、维修，确保其处于良好状态；对管道安全风险较大的区段和场所应当进行重点监测，采取有效措施防止管道事故的发生。

对不符合安全使用条件的管道，管道企业应当及时更新、改造或者停止使用。

第二十四条 管道企业应当配备管道保护所必需的人员和技术装备，研究开发和使用先进适用的管道保护技术，保证管道保护所必需的经费投入，并对在管道保护中做出突出贡献的单位和个人给予奖励。

第二十五条　管道企业发现管道存在安全隐患，应当及时排除。对管道存在的外部安全隐患，管道企业自身排除确有困难的，应当向县级以上地方人民政府主管管道保护工作的部门报告。接到报告的主管管道保护工作的部门应当及时协调排除或者报请人民政府及时组织排除安全隐患。

第二十六条　管道企业依法取得使用权的土地，任何单位和个人不得侵占。

为合理利用土地，在保障管道安全的条件下，管道企业可以与有关单位、个人约定，同意有关单位、个人种植浅根农作物。但是，因管道巡护、检测、维修造成的农作物损失，除另有约定外，管道企业不予赔偿。

第二十七条　管道企业对管道进行巡护、检测、维修等作业，管道沿线的有关单位、个人应当给予必要的便利。

因管道巡护、检测、维修等作业给土地使用权人或者其他单位、个人造成损失的，管道企业应当依法给予赔偿。

第二十八条　禁止下列危害管道安全的行为：

（一）擅自开启、关闭管道阀门；

（二）采用移动、切割、打孔、砸撬、拆卸等手段损坏管道；

（三）移动、毁损、涂改管道标志；

（四）在埋地管道上方巡查便道上行驶重型车辆；

（五）在地面管道线路、架空管道线路和管桥上行走或者放置重物。

第二十九条　禁止在本法第五十八条第一项所列管道附属设施的上方架设电力线路、通信线路或者在储气库构造区域范围内进行工程挖掘、工程钻探、采矿。

第三十条　在管道线路中心线两侧各五米地域范围内，禁止下列危害管道安全的行为：

（一）种植乔木、灌木、藤类、芦苇、竹子或者其他根系深达管道埋设部位可能损坏管道防腐层的深根植物；

（二）取土、采石、用火、堆放重物、排放腐蚀性物质、使用机械工具进行挖掘施工；

（三）挖塘、修渠、修晒场、修建水产养殖场、建温室、建家畜棚圈、建房以及修建其他建筑物、构筑物。

第三十一条 在管道线路中心线两侧和本法第五十八条第一项所列管道附属设施周边修建下列建筑物、构筑物的，建筑物、构筑物与管道线路和管道附属设施的距离应当符合国家技术规范的强制性要求：

（一）居民小区、学校、医院、娱乐场所、车站、商场等人口密集的建筑物；

（二）变电站、加油站、加气站、储油罐、储气罐等易燃易爆物品的生产、经营、存储场所。

前款规定的国家技术规范的强制性要求，应当按照保障管道及建筑物、构筑物安全和节约用地的原则确定。

第三十二条 在穿越河流的管道线路中心线两侧各五百米地域范围内，禁止抛锚、拖锚、挖砂、挖泥、采石、水下爆破。但是，在保障管道安全的条件下，为防洪和航道通畅而进行的养护疏浚作业除外。

第三十三条 在管道专用隧道中心线两侧各一千米地域范围内，除本条第二款规定的情形外，禁止采石、采矿、爆破。

在前款规定的地域范围内，因修建铁路、公路、水利工程等公共工程，确需实施采石、爆破作业的，应当经管道所在地县级人民政府主管管道保护工作的部门批准，并采取必要的安全防护措施，方可实施。

第三十四条 未经管道企业同意，其他单位不得使用管道专用伴行道路、管道水工防护设施、管道专用隧道等管道附属设施。

第三十五条 进行下列施工作业，施工单位应当向管道所在地县级人民政府主管管道保护工作的部门提出申请：

（一）穿跨越管道的施工作业；

（二）在管道线路中心线两侧各五米至五十米和本法第五十八条第一项所列管道附属设施周边一百米地域范围内，新建、改建、扩建铁路、公路、河渠，架设电力线路，埋设地下电缆、光缆，设置安全接地体、避雷接地体；

（三）在管道线路中心线两侧各二百米和本法第五十八条第一项所列管道附属设施周边五百米地域范围内，进行爆破、地震法勘探或者工程挖掘、工程钻探、采矿。

县级人民政府主管管道保护工作的部门接到申请后，应当组织施工单位与管道企业协商确定施工作业方案，并签订安全防护协议；协商不成的，主管管道保护工作的部门应当组织进行安全评审，作出是否批准作业的决定。

第三十六条 申请进行本法第三十三条第二款、第三十五条规定的施工作业，应当符合下列条件：

（一）具有符合管道安全和公共安全要求的施工作业方案；

（二）已制定事故应急预案；

（三）施工作业人员具备管道保护知识；

（四）具有保障安全施工作业的设备、设施。

第三十七条 进行本法第三十三条第二款、第三十五条规定的施工作业，应当在开工七日前书面通知管道企业。管道企业应当指派专门人员到现场进行管道保护安全指导。

第三十八条 管道企业在紧急情况下进行管道抢修作业，可以先行使用他人土地或者设施，但应当及时告知土地或者设施的所有权人或者使用权人。给土地或者设施的所有权人或者使用权人造成损失的，管道企业应当依法给予赔偿。

第三十九条 管道企业应当制定本企业管道事故应急预案，并报管道所在地县级人民政府主管管道保护工作的部门备案；配备抢险救援人员和设备，并定期进行管道事故应急救援演练。

发生管道事故，管道企业应当立即启动本企业管道事故应急预案，按照规定及时通报可能受到事故危害的单位和居民，采取有效措施消除或者减轻事故危害，并依照有关事故调查处理的法律、行政法规的规定，向事故发生地县级人民政府主管管道保护工作的部门、安全生产监督管理部门和其他有关部门报告。

接到报告的主管管道保护工作的部门应当按照规定及时上报事故情况，并根据管道事故的实际情况组织采取事故处置措施或者报请人民政府及时启动本行政区域管道事故应急预案，组织进行事故应急处置与救援。

第四十条 管道泄漏的石油和因管道抢修排放的石油造成环境污染的，管道企业应当及时治理。因第三人的行为致使管道泄漏造成环境污染的，管道企业有权向第三人追偿治理费用。

环境污染损害的赔偿责任，适用《中华人民共和国侵权责任法》和防治环境污染的法律的有关规定。

第四十一条 管道泄漏的石油和因管道抢修排放的石油，由管道企业回收、处理，任何单位和个人不得侵占、盗窃、哄抢。

第四十二条 管道停止运行、封存、报废的，管道企业应当采取必要的安全防护措施，并报县级以上地方人民政府主管管道保护工作的部门备案。

第四十三条 管道重点保护部位，需要由中国人民武装警察部队负责守卫的，依照《中华人民共和国人民武装警察法》和国务院、中央军事委员会的有关规定执行。

第四章 管道建设工程与其他建设工程相遇关系的处理

第四十四条 管道建设工程与其他建设工程的相遇关系，依照法律的规定处理；法律没有规定的，由建设工程双方按照下列原则协商处理，并为对方提供必要的便利：

（一）后开工的建设工程服从先开工或者已建成的建设工程；

（二）同时开工的建设工程，后批准的建设工程服从先批准的建设工程。

依照前款规定，后开工或者后批准的建设工程，应当符合先开工、已建成或者先批准的建设工程的安全防护要求；需要先开工、已建成或者先批准的建设工程改建、搬迁或者增加防护设施的，后开工或者后批准的建设工程一方应当承担由此增加的费用。

管道建设工程与其他建设工程相遇的，建设工程双方应当协商确定施工作业方案并签订安全防护协议，指派专门人员现场监督、指导对方施工。

第四十五条 经依法批准的管道建设工程，需要通过正在建设的其他建设工程的，其他工程建设单位应当按照管道建设工程的需要，预留管道通道或者预建管道通过设施，管道企业应当承担由此增加的费用。

经依法批准的其他建设工程，需要通过正在建设的管道建设工程的，管道建设单位应当按照其他建设工程的需要，预留通道或者预建相关设施，其他工程建设单位应当承担由此增加的费用。

第四十六条 管道建设工程通过矿产资源开采区域的，管道企业应当与矿产资源开采企业协商确定管道的安全防护方案，需要矿产资源开采企业按照管道安全防护要求预建防护设施或者采取其他防护措施的，管道企业应当承担由此增加的费用。

矿产资源开采企业未按照约定预建防护设施或者采取其他防护

措施，造成地面塌陷、裂缝、沉降等地质灾害，致使管道需要改建、搬迁或者采取其他防护措施的，矿产资源开采企业应当承担由此增加的费用。

第四十七条 铁路、公路等建设工程修建防洪、分流等水工防护设施，可能影响管道保护的，应当事先通知管道企业并注意保护下游已建成的管道水工防护设施。

建设工程修建防洪、分流等水工防护设施，使下游已建成的管道水工防护设施的功能受到影响，需要新建、改建、扩建管道水工防护设施的，工程建设单位应当承担由此增加的费用。

第四十八条 县级以上地方人民政府水行政主管部门制定防洪、泄洪方案应当兼顾管道的保护。

需要在管道通过的区域泄洪的，县级以上地方人民政府水行政主管部门应当在泄洪方案确定后，及时将泄洪量和泄洪时间通知本级人民政府主管管道保护工作的部门和管道企业或者向社会公告。主管管道保护工作的部门和管道企业应当对管道采取防洪保护措施。

第四十九条 管道与航道相遇，确需在航道中修建管道防护设施的，应当进行通航标准技术论证，并经航道主管部门批准。管道防护设施完工后，应经航道主管部门验收。

进行前款规定的施工作业，应当在批准的施工区域内设置航标，航标的设置和维护费用由管道企业承担。

第五章 法律责任

第五十条 管道企业有下列行为之一的，由县级以上地方人民政府主管管道保护工作的部门责令限期改正；逾期不改正的，处二万元以上十万元以下的罚款；对直接负责的主管人员和其他直接责任人员给予处分：

（一）未依照本法规定对管道进行巡护、检测和维修的；

（二）对不符合安全使用条件的管道未及时更新、改造或者停止使用的；

（三）未依照本法规定设置、修复或者更新有关管道标志的；

（四）未依照本法规定将管道竣工测量图报人民政府主管管道保护工作的部门备案的；

（五）未制定本企业管道事故应急预案，或者未将本企业管道事故应急预案报人民政府主管管道保护工作的部门备案的；

（六）发生管道事故，未采取有效措施消除或者减轻事故危害的；

（七）未对停止运行、封存、报废的管道采取必要的安全防护措施的。

管道企业违反本法规定的行为同时违反建设工程质量管理、安全生产、消防等其他法律的，依照其他法律的规定处罚。

管道企业给他人合法权益造成损害的，依法承担民事责任。

第五十一条　采用移动、切割、打孔、砸撬、拆卸等手段损坏管道或者盗窃、哄抢管道输送、泄漏、排放的石油、天然气，尚不构成犯罪的，依法给予治安管理处罚。

第五十二条　违反本法第二十九条、第三十条、第三十二条或者第三十三条第一款的规定，实施危害管道安全行为的，由县级以上地方人民政府主管管道保护工作的部门责令停止违法行为；情节较重的，对单位处一万元以上十万元以下的罚款，对个人处二百元以上二千元以下的罚款；对违法修建的建筑物、构筑物或者其他设施限期拆除；逾期未拆除的，由县级以上地方人民政府主管管道保护工作的部门组织拆除，所需费用由违法行为人承担。

第五十三条　未经依法批准，进行本法第三十三条第二款或者第三十五条规定的施工作业的，由县级以上地方人民政府主管管道保护工作的部门责令停止违法行为；情节较重的，处一万元以上五万元以下的罚款；对违法修建的危害管道安全的建筑物、构筑物或者其他设施限期拆除；逾期未拆除的，由县级以上地方人民政府主管管道保护工作的部门组织拆除，所需费用由违法行为人承担。

第五十四条 违反本法规定，有下列行为之一的，由县级以上地方人民政府主管管道保护工作的部门责令改正；情节严重的，处二百元以上一千元以下的罚款：

（一）擅自开启、关闭管道阀门的；

（二）移动、毁损、涂改管道标志的；

（三）在埋地管道上方巡查便道上行驶重型车辆的；

（四）在地面管道线路、架空管道线路和管桥上行走或者放置重物的；

（五）阻碍依法进行的管道建设的。

第五十五条 违反本法规定，实施危害管道安全的行为，给管道企业造成损害的，依法承担民事责任。

第五十六条 县级以上地方人民政府及其主管管道保护工作的部门或者其他有关部门，违反本法规定，对应当组织排除的管道外部安全隐患不及时组织排除，发现危害管道安全的行为或者接到对危害管道安全行为的举报后不依法予以查处，或者有其他不依照本法规定履行职责的行为的，由其上级机关责令改正，对直接负责的主管人员和其他直接责任人员依法给予处分。

第五十七条 违反本法规定，构成犯罪的，依法追究刑事责任。

第六章 附 则

第五十八条 本法所称管道附属设施包括：

（一）管道的加压站、加热站、计量站、集油站、集气站、输油站、输气站、配气站、处理场、清管站、阀室、阀井、放空设施、油库、储气库、装卸栈桥、装卸场；

（二）管道的水工防护设施、防风设施、防雷设施、抗震设施、通信设施、安全监控设施、电力设施、管堤、管桥以及管道专用涵洞、隧道等穿跨越设施；

（三）管道的阴极保护站、阴极保护测试桩、阳极地床、杂散电流排流站等防腐设施；

（四）管道穿越铁路、公路的检漏装置；

（五）管道的其他附属设施。

第五十九条 本法施行前在管道保护距离内已建成的人口密集场所和易燃易爆物品的生产、经营、存储场所，应当由所在地人民政府根据当地的实际情况，有计划、分步骤地进行搬迁、清理或者采取必要的防护措施。需要已建成的管道改建、搬迁或者采取必要的防护措施的，应当与管道企业协商确定补偿方案。

第六十条 国务院可以根据海上石油、天然气管道的具体情况，制定海上石油、天然气管道保护的特别规定。

第六十一条 本法自2010年10月1日起施行。

中华人民共和国电力法

（1995年12月28日第八届全国人民代表大会常务委员会第十七次会议通过 根据2009年8月27日第十一届全国人民代表大会常务委员会第十次会议《关于修改部分法律的决定》第一次修正 根据2015年4月24日第十二届全国人民代表大会常务委员会第十四次会议《关于修改〈中华人民共和国电力法〉等六部法律的决

定》第二次修正　根据2018年12月29日第十三届全国人民代表大会常务委员会第七次会议《关于修改〈中华人民共和国电力法〉等四部法律的决定》第三次修正）

第一章　总　则

第一条　为了保障和促进电力事业的发展，维护电力投资者、经营者和使用者的合法权益，保障电力安全运行，制定本法。

第二条　本法适用于中华人民共和国境内的电力建设、生产、供应和使用活动。

第三条　电力事业应当适应国民经济和社会发展的需要，适当超前发展。国家鼓励、引导国内外的经济组织和个人依法投资开发电源，兴办电力生产企业。

电力事业投资，实行谁投资、谁收益的原则。

第四条　电力设施受国家保护。

禁止任何单位和个人危害电力设施安全或者非法侵占、使用电能。

第五条　电力建设、生产、供应和使用应当依法保护环境，采用新技术，减少有害物质排放，防治污染和其他公害。

国家鼓励和支持利用可再生能源和清洁能源发电。

第六条　国务院电力管理部门负责全国电力事业的监督管理。国务院有关部门在各自的职责范围内负责电力事业的监督管理。

县级以上地方人民政府经济综合主管部门是本行政区域内的电力管理部门，负责电力事业的监督管理。县级以上地方人民政府有关部门在各自的职责范围内负责电力事业的监督管理。

第七条　电力建设企业、电力生产企业、电网经营企业依法实行自主经营、自负盈亏，并接受电力管理部门的监督。

第八条　国家帮助和扶持少数民族地区、边远地区和贫困地区发展电力事业。

第九条 国家鼓励在电力建设、生产、供应和使用过程中，采用先进的科学技术和管理方法，对在研究、开发、采用先进的科学技术和管理方法等方面作出显著成绩的单位和个人给予奖励。

第二章 电力建设

第十条 电力发展规划应当根据国民经济和社会发展的需要制定，并纳入国民经济和社会发展计划。

电力发展规划，应当体现合理利用能源、电源与电网配套发展、提高经济效益和有利于环境保护的原则。

第十一条 城市电网的建设与改造规划，应当纳入城市总体规划。城市人民政府应当按照规划，安排变电设施用地、输电线路走廊和电缆通道。

任何单位和个人不得非法占用变电设施用地、输电线路走廊和电缆通道。

第十二条 国家通过制定有关政策，支持、促进电力建设。

地方人民政府应当根据电力发展规划，因地制宜，采取多种措施开发电源，发展电力建设。

第十三条 电力投资者对其投资形成的电力，享有法定权益。并网运行的，电力投资者有优先使用权；未并网的自备电厂，电力投资者自行支配使用。

第十四条 电力建设项目应当符合电力发展规划，符合国家电力产业政策。

电力建设项目不得使用国家明令淘汰的电力设备和技术。

第十五条 输变电工程、调度通信自动化工程等电网配套工程和环境保护工程，应当与发电工程项目同时设计、同时建设、同时验收、同时投入使用。

第十六条 电力建设项目使用土地，应当依照有关法律、行政法规的规定办理；依法征收土地的，应当依法支付土地补偿费和安置补偿费，做好迁移居民的安置工作。

电力建设应当贯彻切实保护耕地、节约利用土地的原则。

地方人民政府对电力事业依法使用土地和迁移居民，应当予以支持和协助。

第十七条 地方人民政府应当支持电力企业为发电工程建设勘探水源和依法取水、用水。电力企业应当节约用水。

第三章 电力生产与电网管理

第十八条 电力生产与电网运行应当遵循安全、优质、经济的原则。

电网运行应当连续、稳定，保证供电可靠性。

第十九条 电力企业应当加强安全生产管理，坚持安全第一、预防为主的方针，建立、健全安全生产责任制度。

电力企业应当对电力设施定期进行检修和维护，保证其正常运行。

第二十条 发电燃料供应企业、运输企业和电力生产企业应当依照国务院有关规定或者合同约定供应、运输和接卸燃料。

第二十一条 电网运行实行统一调度、分级管理。任何单位和个人不得非法干预电网调度。

第二十二条 国家提倡电力生产企业与电网、电网与电网并网运行。具有独立法人资格的电力生产企业要求将生产的电力并网运行的，电网经营企业应当接受。

并网运行必须符合国家标准或者电力行业标准。

并网双方应当按照统一调度、分级管理和平等互利、协商一致的原则，签订并网协议，确定双方的权利和义务；并网双方达不成协议的，由省级以上电力管理部门协调决定。

第二十三条　电网调度管理办法，由国务院依照本法的规定制定。

第四章　电力供应与使用

第二十四条　国家对电力供应和使用，实行安全用电、节约用电、计划用电的管理原则。

电力供应与使用办法由国务院依照本法的规定制定。

第二十五条　供电企业在批准的供电营业区内向用户供电。

供电营业区的划分，应当考虑电网的结构和供电合理性等因素。一个供电营业区内只设立一个供电营业机构。

供电营业区的设立、变更，由供电企业提出申请，电力管理部门依据职责和管理权限会同同级有关部门审查批准后，发给《电力业务许可证》。供电营业区设立、变更的具体办法，由国务院电力管理部门制定。

第二十六条　供电营业区内的供电营业机构，对本营业区内的用户有按照国家规定供电的义务；不得违反国家规定对其营业区内申请用电的单位和个人拒绝供电。

申请新装用电、临时用电、增加用电容量、变更用电和终止用电，应当依照规定的程序办理手续。

供电企业应当在其营业场所公告用电的程序、制度和收费标准，并提供用户须知资料。

第二十七条　电力供应与使用双方应当根据平等自愿、协商一致的原则，按照国务院制定的电力供应与使用办法签订供用电合同，确定双方的权利和义务。

第二十八条　供电企业应当保证供给用户的供电质量符合国家标准。对公用供电设施引起的供电质量问题，应当及时处理。

用户对供电质量有特殊要求的，供电企业应当根据其必要性和电网的可能，提供相应的电力。

第二十九条 供电企业在发电、供电系统正常的情况下，应当连续向用户供电，不得中断。因供电设施检修、依法限电或者用户违法用电等原因，需要中断供电时，供电企业应当按照国家有关规定事先通知用户。

用户对供电企业中断供电有异议的，可以向电力管理部门投诉；受理投诉的电力管理部门应当依法处理。

第三十条 因抢险救灾需要紧急供电时，供电企业必须尽速安排供电，所需供电工程费用和应付电费依照国家有关规定执行。

第三十一条 用户应当安装用电计量装置。用户使用的电力电量，以计量检定机构依法认可的用电计量装置的记录为准。

用户受电装置的设计、施工安装和运行管理，应当符合国家标准或者电力行业标准。

第三十二条 用户用电不得危害供电、用电安全和扰乱供电、用电秩序。

对危害供电、用电安全和扰乱供电、用电秩序的，供电企业有权制止。

第三十三条 供电企业应当按照国家核准的电价和用电计量装置的记录，向用户计收电费。

供电企业查电人员和抄表收费人员进入用户，进行用电安全检查或者抄表收费时，应当出示有关证件。

用户应当按照国家核准的电价和用电计量装置的记录，按时交纳电费；对供电企业查电人员和抄表收费人员依法履行职责，应当提供方便。

第三十四条 供电企业和用户应当遵守国家有关规定，采取有效措施，做好安全用电、节约用电和计划用电工作。

第五章 电价与电费

第三十五条 本法所称电价，是指电力生产企业的上网电价、电网间的互供电价、电网销售电价。

电价实行统一政策，统一定价原则，分级管理。

第三十六条 制定电价，应当合理补偿成本，合理确定收益，依法计入税金，坚持公平负担，促进电力建设。

第三十七条 上网电价实行同网同质同价。具体办法和实施步骤由国务院规定。

电力生产企业有特殊情况需另行制定上网电价的，具体办法由国务院规定。

第三十八条 跨省、自治区、直辖市电网和省级电网内的上网电价，由电力生产企业和电网经营企业协商提出方案，报国务院物价行政主管部门核准。

独立电网内的上网电价，由电力生产企业和电网经营企业协商提出方案，报有管理权的物价行政主管部门核准。

地方投资的电力生产企业所生产的电力，属于在省内各地区形成独立电网的或者自发自用的，其电价可以由省、自治区、直辖市人民政府管理。

第三十九条 跨省、自治区、直辖市电网和独立电网之间、省级电网和独立电网之间的互供电价，由双方协商提出方案，报国务院物价行政主管部门或者其授权的部门核准。

独立电网与独立电网之间的互供电价，由双方协商提出方案，报有管理权的物价行政主管部门核准。

第四十条 跨省、自治区、直辖市电网和省级电网的销售电价，由电网经营企业提出方案，报国务院物价行政主管部门或者其授权的部门核准。

独立电网的销售电价，由电网经营企业提出方案，报有管理权的物价行政主管部门核准。

第四十一条 国家实行分类电价和分时电价。分类标准和分时办法由国务院确定。

对同一电网内的同一电压等级、同一用电类别的用户，执行相同的电价标准。

第四十二条 用户用电增容收费标准，由国务院物价行政主管部门会同国务院电力管理部门制定。

第四十三条 任何单位不得超越电价管理权限制定电价。供电企业不得擅自变更电价。

第四十四条 禁止任何单位和个人在电费中加收其他费用；但是，法律、行政法规另有规定的，按照规定执行。

地方集资办电在电费中加收费用的，由省、自治区、直辖市人民政府依照国务院有关规定制定办法。

禁止供电企业在收取电费时，代收其他费用。

第四十五条 电价的管理办法，由国务院依照本法的规定制定。

第六章 农村电力建设和农业用电

第四十六条 省、自治区、直辖市人民政府应当制定农村电气化发展规划，并将其纳入当地电力发展规划及国民经济和社会发展计划。

第四十七条 国家对农村电气化实行优惠政策，对少数民族地区、边远地区和贫困地区的农村电力建设给予重点扶持。

第四十八条 国家提倡农村开发水能资源，建设中、小型水电站，促进农村电气化。

国家鼓励和支持农村利用太阳能、风能、地热能、生物质能和其他能源进行农村电源建设，增加农村电力供应。

第四十九条 县级以上地方人民政府及其经济综合主管部门在安排用电指标时，应当保证农业和农村用电的适当比例，优先保证农村排涝、抗旱和农业季节性生产用电。

电力企业应当执行前款的用电安排，不得减少农业和农村用电指标。

第五十条 农业用电价格按照保本、微利的原则确定。

农民生活用电与当地城镇居民生活用电应当逐步实行相同的电价。

第五十一条 农业和农村用电管理办法，由国务院依照本法的规定制定。

第七章 电力设施保护

第五十二条 任何单位和个人不得危害发电设施、变电设施和电力线路设施及其有关辅助设施。

在电力设施周围进行爆破及其他可能危及电力设施安全的作业的，应当按照国务院有关电力设施保护的规定，经批准并采取确保电力设施安全的措施后，方可进行作业。

第五十三条 电力管理部门应当按照国务院有关电力设施保护的规定，对电力设施保护区设立标志。

任何单位和个人不得在依法划定的电力设施保护区内修建可能危及电力设施安全的建筑物、构筑物，不得种植可能危及电力设施安全的植物，不得堆放可能危及电力设施安全的物品。

在依法划定电力设施保护区前已经种植的植物妨碍电力设施安全的，应当修剪或者砍伐。

第五十四条 任何单位和个人需要在依法划定的电力设施保护区内进行可能危及电力设施安全的作业时，应当经电力管理部门批准并采取安全措施后，方可进行作业。

第五十五条 电力设施与公用工程、绿化工程和其他工程在新建、改建或者扩建中相互妨碍时，有关单位应当按照国家有关规定协商，达成协议后方可施工。

第八章 监督检查

第五十六条 电力管理部门依法对电力企业和用户执行电力法律、行政法规的情况进行监督检查。

第五十七条 电力管理部门根据工作需要，可以配备电力监督检查人员。

电力监督检查人员应当公正廉洁，秉公执法，熟悉电力法律、法规，掌握有关电力专业技术。

第五十八条 电力监督检查人员进行监督检查时，有权向电力企业或者用户了解有关执行电力法律、行政法规的情况，查阅有关资料，并有权进入现场进行检查。

电力企业和用户对执行监督检查任务的电力监督检查人员应当提供方便。

电力监督检查人员进行监督检查时，应当出示证件。

第九章 法律责任

第五十九条 电力企业或者用户违反供用电合同，给对方造成损失的，应当依法承担赔偿责任。

电力企业违反本法第二十八条、第二十九条第一款的规定，未保证供电质量或者未事先通知用户中断供电，给用户造成损失的，应当依法承担赔偿责任。

第六十条 因电力运行事故给用户或者第三人造成损害的，电力企业应当依法承担赔偿责任。

电力运行事故由下列原因之一造成的，电力企业不承担赔偿责任：

（一）不可抗力；

（二）用户自身的过错。

因用户或者第三人的过错给电力企业或者其他用户造成损害的，该用户或者第三人应当依法承担赔偿责任。

第六十一条　违反本法第十一条第二款的规定，非法占用变电设施用地、输电线路走廊或者电缆通道的，由县级以上地方人民政府责令限期改正；逾期不改正的，强制清除障碍。

第六十二条　违反本法第十四条规定，电力建设项目不符合电力发展规划、产业政策的，由电力管理部门责令停止建设。

违反本法第十四条规定，电力建设项目使用国家明令淘汰的电力设备和技术的，由电力管理部门责令停止使用，没收国家明令淘汰的电力设备，并处五万元以下的罚款。

第六十三条　违反本法第二十五条规定，未经许可，从事供电或者变更供电营业区的，由电力管理部门责令改正，没收违法所得，可以并处违法所得五倍以下的罚款。

第六十四条　违反本法第二十六条、第二十九条规定，拒绝供电或者中断供电的，由电力管理部门责令改正，给予警告；情节严重的，对有关主管人员和直接责任人员给予行政处分。

第六十五条　违反本法第三十二条规定，危害供电、用电安全或者扰乱供电、用电秩序的，由电力管理部门责令改正，给予警告；情节严重或者拒绝改正的，可以中止供电，可以并处五万元以下的罚款。

第六十六条　违反本法第三十三条、第四十三条、第四十四条规定，未按照国家核准的电价和用电计量装置的记录向用户计收电费、超越权限制定电价或者在电费中加收其他费用的，由物价行政主管部门给予警告，责令返还违法收取的费用，可以并处违法收取费用五倍以下的罚款；情节严重的，对有关主管人员和直接责任人员给予行政处分。

第六十七条 违反本法第四十九条第二款规定，减少农业和农村用电指标的，由电力管理部门责令改正；情节严重的，对有关主管人员和直接责任人员给予行政处分；造成损失的，责令赔偿损失。

第六十八条 违反本法第五十二条第二款和第五十四条规定，未经批准或者未采取安全措施在电力设施周围或者在依法划定的电力设施保护区内进行作业，危及电力设施安全的，由电力管理部门责令停止作业、恢复原状并赔偿损失。

第六十九条 违反本法第五十三条规定，在依法划定的电力设施保护区内修建建筑物、构筑物或者种植植物、堆放物品，危及电力设施安全的，由当地人民政府责令强制拆除、砍伐或者清除。

第七十条 有下列行为之一，应当给予治安管理处罚的，由公安机关依照治安管理处罚法的有关规定予以处罚；构成犯罪的，依法追究刑事责任：

（一）阻碍电力建设或者电力设施抢修，致使电力建设或者电力设施抢修不能正常进行的；

（二）扰乱电力生产企业、变电所、电力调度机构和供电企业的秩序，致使生产、工作和营业不能正常进行的；

（三）殴打、公然侮辱履行职务的查电人员或者抄表收费人员的；

（四）拒绝、阻碍电力监督检查人员依法执行职务的。

第七十一条 盗窃电能的，由电力管理部门责令停止违法行为，追缴电费并处应交电费五倍以下的罚款；构成犯罪的，依照刑法有关规定追究刑事责任。

第七十二条 盗窃电力设施或者以其他方法破坏电力设施，危害公共安全的，依照刑法有关规定追究刑事责任。

第七十三条 电力管理部门的工作人员滥用职权、玩忽职守、徇私舞弊，构成犯罪的，依法追究刑事责任；尚不构成犯罪的，依法给予行政处分。

第七十四条 电力企业职工违反规章制度、违章调度或者不服从调度指令，造成重大事故的，依照刑法有关规定追究刑事责任。

电力企业职工故意延误电力设施抢修或者抢险救灾供电，造成严重后果的，依照刑法有关规定追究刑事责任。

电力企业的管理人员和查电人员、抄表收费人员勒索用户、以电谋私，构成犯罪的，依法追究刑事责任；尚不构成犯罪的，依法给予行政处分。

第十章 附 则

第七十五条 本法自1996年4月1日起施行。

中华人民共和国可再生能源法

（2005年2月28日第十届全国人民代表大会常务委员会第十四次会议通过 根据2009年12月26日第十一届全国人民代表大会常务委员会第十二次会议《关于修改〈中华人民共和国可再生能源法〉的决定》修正）

第一章 总 则

第一条 为了促进可再生能源的开发利用，增加能源供应，改善能源结构，保障能源安全，保护环境，实现经济社会的可持续发展，制定本法。

第二条 本法所称可再生能源，是指风能、太阳能、水能、生物质能、地热能、海洋能等非化石能源。

水力发电对本法的适用，由国务院能源主管部门规定，报国务院批准。

通过低效率炉灶直接燃烧方式利用秸秆、薪柴、粪便等，不适用本法。

第三条 本法适用于中华人民共和国领域和管辖的其他海域。

第四条 国家将可再生能源的开发利用列为能源发展的优先领域，通过制定可再生能源开发利用总量目标和采取相应措施，推动可再生能源市场的建立和发展。

国家鼓励各种所有制经济主体参与可再生能源的开发利用，依法保护可再生能源开发利用者的合法权益。

第五条 国务院能源主管部门对全国可再生能源的开发利用实施统一管理。国务院有关部门在各自的职责范围内负责有关的可再生能源开发利用管理工作。

县级以上地方人民政府管理能源工作的部门负责本行政区域内可再生能源开发利用的管理工作。县级以上地方人民政府有关部门在各自的职责范围内负责有关的可再生能源开发利用管理工作。

第二章 资源调查与发展规划

第六条 国务院能源主管部门负责组织和协调全国可再生能源资源的调查，并会同国务院有关部门组织制定资源调查的技术规范。

国务院有关部门在各自的职责范围内负责相关可再生能源资源的调查，调查结果报国务院能源主管部门汇总。

可再生能源资源的调查结果应当公布；但是，国家规定需要保密的内容除外。

第七条 国务院能源主管部门根据全国能源需求与可再生能源资源实际状况，制定全国可再生能源开发利用中长期总量目标，报国务院批准后执行，并予公布。

国务院能源主管部门根据前款规定的总量目标和省、自治区、直辖市经济发展与可再生能源资源实际状况，会同省、自治区、直辖市人民政府确定各行政区域可再生能源开发利用中长期目标，并予公布。

第八条 国务院能源主管部门会同国务院有关部门，根据全国可再生能源开发利用中长期总量目标和可再生能源技术发展状况，编制全国可再生能源开发利用规划，报国务院批准后实施。

国务院有关部门应当制定有利于促进全国可再生能源开发利用中长期总量目标实现的相关规划。

省、自治区、直辖市人民政府管理能源工作的部门会同本级人民政府有关部门，依据全国可再生能源开发利用规划和本行政区域可再生能源开发利用中长期目标，编制本行政区域可再生能源开发利用规划，经本级人民政府批准后，报国务院能源主管部门和国家电力监管机构备案，并组织实施。

经批准的规划应当公布；但是，国家规定需要保密的内容除外。

经批准的规划需要修改的，须经原批准机关批准。

第九条 编制可再生能源开发利用规划，应当遵循因地制宜、统筹兼顾、合理布局、有序发展的原则，对风能、太阳能、水能、生物质能、地热能、海洋能等可再生能源的开发利用作出统筹安排。规划内容应当包括发展目标、主要任务、区域布局、重点项目、实施进度、配套电网建设、服务体系和保障措施等。

组织编制机关应当征求有关单位、专家和公众的意见，进行科学论证。

第三章　产业指导与技术支持

第十条　国务院能源主管部门根据全国可再生能源开发利用规划，制定、公布可再生能源产业发展指导目录。

第十一条　国务院标准化行政主管部门应当制定、公布国家可再生能源电力的并网技术标准和其他需要在全国范围内统一技术要求的有关可再生能源技术和产品的国家标准。

对前款规定的国家标准中未作规定的技术要求，国务院有关部门可以制定相关的行业标准，并报国务院标准化行政主管部门备案。

第十二条　国家将可再生能源开发利用的科学技术研究和产业化发展列为科技发展与高技术产业发展的优先领域，纳入国家科技发展规划和高技术产业发展规划，并安排资金支持可再生能源开发利用的科学技术研究、应用示范和产业化发展，促进可再生能源开发利用的技术进步，降低可再生能源产品的生产成本，提高产品质量。

国务院教育行政部门应当将可再生能源知识和技术纳入普通教育、职业教育课程。

第四章　推广与应用

第十三条　国家鼓励和支持可再生能源并网发电。

建设可再生能源并网发电项目，应当依照法律和国务院的规定取得行政许可或者报送备案。

建设应当取得行政许可的可再生能源并网发电项目，有多人申请同一项目许可的，应当依法通过招标确定被许可人。

第十四条 国家实行可再生能源发电全额保障性收购制度。

国务院能源主管部门会同国家电力监管机构和国务院财政部门，按照全国可再生能源开发利用规划，确定在规划期内应当达到的可再生能源发电量占全部发电量的比重，制定电网企业优先调度和全额收购可再生能源发电的具体办法，并由国务院能源主管部门会同国家电力监管机构在年度中督促落实。

电网企业应当与按照可再生能源开发利用规划建设，依法取得行政许可或者报送备案的可再生能源发电企业签订并网协议，全额收购其电网覆盖范围内符合并网技术标准的可再生能源并网发电项目的上网电量。发电企业有义务配合电网企业保障电网安全。

电网企业应当加强电网建设，扩大可再生能源电力配置范围，发展和应用智能电网、储能等技术，完善电网运行管理，提高吸纳可再生能源电力的能力，为可再生能源发电提供上网服务。

第十五条 国家扶持在电网未覆盖的地区建设可再生能源独立电力系统，为当地生产和生活提供电力服务。

第十六条 国家鼓励清洁、高效地开发利用生物质燃料，鼓励发展能源作物。

利用生物质资源生产的燃气和热力，符合城市燃气管网、热力管网的入网技术标准的，经营燃气管网、热力管网的企业应当接收其入网。

国家鼓励生产和利用生物液体燃料。石油销售企业应当按照国务院能源主管部门或者省级人民政府的规定，将符合国家标准的生物液体燃料纳入其燃料销售体系。

第十七条 国家鼓励单位和个人安装和使用太阳能热水系统、太阳能供热采暖和制冷系统、太阳能光伏发电系统等太阳能利用系统。

国务院建设行政主管部门会同国务院有关部门制定太阳能利用

系统与建筑结合的技术经济政策和技术规范。

房地产开发企业应当根据前款规定的技术规范，在建筑物的设计和施工中，为太阳能利用提供必备条件。

对已建成的建筑物，住户可以在不影响其质量与安全的前提下安装符合技术规范和产品标准的太阳能利用系统；但是，当事人另有约定的除外。

第十八条 国家鼓励和支持农村地区的可再生能源开发利用。

县级以上地方人民政府管理能源工作的部门会同有关部门，根据当地经济社会发展、生态保护和卫生综合治理需要等实际情况，制定农村地区可再生能源发展规划，因地制宜地推广应用沼气等生物质资源转化、户用太阳能、小型风能、小型水能等技术。

县级以上人民政府应当对农村地区的可再生能源利用项目提供财政支持。

第五章　价格管理与费用补偿

第十九条 可再生能源发电项目的上网电价，由国务院价格主管部门根据不同类型可再生能源发电的特点和不同地区的情况，按照有利于促进可再生能源开发利用和经济合理的原则确定，并根据可再生能源开发利用技术的发展适时调整。上网电价应当公布。

依照本法第十三条第三款规定实行招标的可再生能源发电项目的上网电价，按照中标确定的价格执行；但是，不得高于依照前款规定确定的同类可再生能源发电项目的上网电价水平。

第二十条 电网企业依照本法第十九条规定确定的上网电价收购可再生能源电量所发生的费用，高于按照常规能源发电平均上网电价计算所发生费用之间的差额，由在全国范围对销售电量征收可再生能源电价附加补偿。

第二十一条 电网企业为收购可再生能源电量而支付的合理的

接网费用以及其他合理的相关费用，可以计入电网企业输电成本，并从销售电价中回收。

第二十二条　国家投资或者补贴建设的公共可再生能源独立电力系统的销售电价，执行同一地区分类销售电价，其合理的运行和管理费用超出销售电价的部分，依照本法第二十条的规定补偿。

第二十三条　进入城市管网的可再生能源热力和燃气的价格，按照有利于促进可再生能源开发利用和经济合理的原则，根据价格管理权限确定。

第六章　经济激励与监督措施

第二十四条　国家财政设立可再生能源发展基金，资金来源包括国家财政年度安排的专项资金和依法征收的可再生能源电价附加收入等。

可再生能源发展基金用于补偿本法第二十条、第二十二条规定的差额费用，并用于支持以下事项：

（一）可再生能源开发利用的科学技术研究、标准制定和示范工程；

（二）农村、牧区的可再生能源利用项目；

（三）偏远地区和海岛可再生能源独立电力系统建设；

（四）可再生能源的资源勘查、评价和相关信息系统建设；

（五）促进可再生能源开发利用设备的本地化生产。

本法第二十一条规定的接网费用以及其他相关费用，电网企业不能通过销售电价回收的，可以申请可再生能源发展基金补助。

可再生能源发展基金征收使用管理的具体办法，由国务院财政部门会同国务院能源、价格主管部门制定。

第二十五条　对列入国家可再生能源产业发展指导目录、符合信贷条件的可再生能源开发利用项目，金融机构可以提供有财政贴息的优惠贷款。

第二十六条 国家对列入可再生能源产业发展指导目录的项目给予税收优惠。具体办法由国务院规定。

第二十七条 电力企业应当真实、完整地记载和保存可再生能源发电的有关资料，并接受电力监管机构的检查和监督。

电力监管机构进行检查时，应当依照规定的程序进行，并为被检查单位保守商业秘密和其他秘密。

第七章 法律责任

第二十八条 国务院能源主管部门和县级以上地方人民政府管理能源工作的部门和其他有关部门在可再生能源开发利用监督管理工作中，违反本法规定，有下列行为之一的，由本级人民政府或者上级人民政府有关部门责令改正，对负有责任的主管人员和其他直接责任人员依法给予行政处分；构成犯罪的，依法追究刑事责任：

（一）不依法作出行政许可决定的；

（二）发现违法行为不予查处的；

（三）有不依法履行监督管理职责的其他行为的。

第二十九条 违反本法第十四条规定，电网企业未按照规定完成收购可再生能源电量，造成可再生能源发电企业经济损失的，应当承担赔偿责任，并由国家电力监管机构责令限期改正；拒不改正的，处以可再生能源发电企业经济损失额一倍以下的罚款。

第三十条 违反本法第十六条第二款规定，经营燃气管网、热力管网的企业不准许符合入网技术标准的燃气、热力入网，造成燃气、热力生产企业经济损失的，应当承担赔偿责任，并由省级人民政府管理能源工作的部门责令限期改正；拒不改正的，处以燃气、热力生产企业经济损失额一倍以下的罚款。

第三十一条 违反本法第十六条第三款规定，石油销售企业未按照规定将符合国家标准的生物液体燃料纳入其燃料销售体系，造成生物液体燃料生产企业经济损失的，应当承担赔偿责任，并由国务院能源主管部门或者省级人民政府管理能源工作的部门责令限期改正；拒不改正的，处以生物液体燃料生产企业经济损失额一倍以下的罚款。

第八章　附　则

第三十二条　本法中下列用语的含义：

（一）生物质能，是指利用自然界的植物、粪便以及城乡有机废物转化成的能源。

（二）可再生能源独立电力系统，是指不与电网连接的单独运行的可再生能源电力系统。

（三）能源作物，是指经专门种植，用以提供能源原料的草本和木本植物。

（四）生物液体燃料，是指利用生物质资源生产的甲醇、乙醇和生物柴油等液体燃料。

第三十三条　本法自2006年1月1日起施行。

中华人民共和国节约能源法

（1997年11月1日第八届全国人民代表大会常务委员会第二十八次会议通过　2007年10月28日第十届全国人民代表大会常务委员会第三十次会议修订　根据2016年7月2日第十二届全国人民代表大会常务委员会第二十一次会议《关于修改〈中华人民共和国节约能源法〉等六部法律的决定》第一次修正　根据2018年10月26

日第十三届全国人民代表大会常务委员会第六次会议《关于修改〈中华人民共和国野生动物保护法〉等十五部法律的决定》第二次修正）

第一章 总 则

第一条 为了推动全社会节约能源，提高能源利用效率，保护和改善环境，促进经济社会全面协调可持续发展，制定本法。

第二条 本法所称能源，是指煤炭、石油、天然气、生物质能和电力、热力以及其他直接或者通过加工、转换而取得有用能的各种资源。

第三条 本法所称节约能源（以下简称节能），是指加强用能管理，采取技术上可行、经济上合理以及环境和社会可以承受的措施，从能源生产到消费的各个环节，降低消耗、减少损失和污染物排放、制止浪费，有效、合理地利用能源。

第四条 节约资源是我国的基本国策。国家实施节约与开发并举、把节约放在首位的能源发展战略。

第五条 国务院和县级以上地方各级人民政府应当将节能工作纳入国民经济和社会发展规划、年度计划，并组织编制和实施节能中长期专项规划、年度节能计划。

国务院和县级以上地方各级人民政府每年向本级人民代表大会或者其常务委员会报告节能工作。

第六条 国家实行节能目标责任制和节能考核评价制度，将节能目标完成情况作为对地方人民政府及其负责人考核评价的内容。

省、自治区、直辖市人民政府每年向国务院报告节能目标责任的履行情况。

第七条 国家实行有利于节能和环境保护的产业政策，限制发展高耗能、高污染行业，发展节能环保型产业。

国务院和省、自治区、直辖市人民政府应当加强节能工作，合理调整产业结构、企业结构、产品结构和能源消费结构，推动企业降低单位产值能耗和单位产品能耗，淘汰落后的生产能力，改进能源的开发、加工、转换、输送、储存和供应，提高能源利用效率。

国家鼓励、支持开发和利用新能源、可再生能源。

第八条 国家鼓励、支持节能科学技术的研究、开发、示范和推广，促进节能技术创新与进步。

国家开展节能宣传和教育，将节能知识纳入国民教育和培训体系，普及节能科学知识，增强全民的节能意识，提倡节约型的消费方式。

第九条 任何单位和个人都应当依法履行节能义务，有权检举浪费能源的行为。

新闻媒体应当宣传节能法律、法规和政策，发挥舆论监督作用。

第十条 国务院管理节能工作的部门主管全国的节能监督管理工作。国务院有关部门在各自的职责范围内负责节能监督管理工作，并接受国务院管理节能工作的部门的指导。

县级以上地方各级人民政府管理节能工作的部门负责本行政区域内的节能监督管理工作。县级以上地方各级人民政府有关部门在各自的职责范围内负责节能监督管理工作，并接受同级管理节能工作的部门的指导。

第二章 节能管理

第十一条 国务院和县级以上地方各级人民政府应当加强对节能工作的领导，部署、协调、监督、检查、推动节能工作。

第十二条 县级以上人民政府管理节能工作的部门和有关部门应当在各自的职责范围内，加强对节能法律、法规和节能标准执行情况的监督检查，依法查处违法用能行为。

履行节能监督管理职责不得向监督管理对象收取费用。

第十三条 国务院标准化主管部门和国务院有关部门依法组织制定并适时修订有关节能的国家标准、行业标准，建立健全节能标准体系。

国务院标准化主管部门会同国务院管理节能工作的部门和国务院有关部门制定强制性的用能产品、设备能源效率标准和生产过程中耗能高的产品的单位产品能耗限额标准。

国家鼓励企业制定严于国家标准、行业标准的企业节能标准。

省、自治区、直辖市制定严于强制性国家标准、行业标准的地方节能标准，由省、自治区、直辖市人民政府报经国务院批准；本法另有规定的除外。

第十四条 建筑节能的国家标准、行业标准由国务院建设主管部门组织制定，并依照法定程序发布。

省、自治区、直辖市人民政府建设主管部门可以根据本地实际情况，制定严于国家标准或者行业标准的地方建筑节能标准，并报国务院标准化主管部门和国务院建设主管部门备案。

第十五条 国家实行固定资产投资项目节能评估和审查制度。不符合强制性节能标准的项目，建设单位不得开工建设；已经建成的，不得投入生产、使用。政府投资项目不符合强制性节能标准的，依法负责项目审批的机关不得批准建设。具体办法由国务院管理节能工作的部门会同国务院有关部门制定。

第十六条 国家对落后的耗能过高的用能产品、设备和生产工艺实行淘汰制度。淘汰的用能产品、设备、生产工艺的目录和实施办法，由国务院管理节能工作的部门会同国务院有关部门制定并公布。

生产过程中耗能高的产品的生产单位，应当执行单位产品能耗限额标准。对超过单位产品能耗限额标准用能的生产单位，由管理节能工作的部门按照国务院规定的权限责令限期治理。

对高耗能的特种设备，按照国务院的规定实行节能审查和监管。

第十七条 禁止生产、进口、销售国家明令淘汰或者不符合强制性能源效率标准的用能产品、设备；禁止使用国家明令淘汰的用能设备、生产工艺。

第十八条 国家对家用电器等使用面广、耗能量大的用能产品，实行能源效率标识管理。实行能源效率标识管理的产品目录和实施办法，由国务院管理节能工作的部门会同国务院产品市场监督管理部门制定并公布。

第十九条 生产者和进口商应当对列入国家能源效率标识管理产品目录的用能产品标注能源效率标识，在产品包装物上或者说明书中予以说明，并按照规定报国务院市场监督管理部门和国务院管理节能工作的部门共同授权的机构备案。

生产者和进口商应当对其标注的能源效率标识及相关信息的准确性负责。禁止销售应当标注而未标注能源效率标识的产品。

禁止伪造、冒用能源效率标识或者利用能源效率标识进行虚假宣传。

第二十条 用能产品的生产者、销售者，可以根据自愿原则，按照国家有关节能产品认证的规定，向经国务院认证认可监督管理部门认可的从事节能产品认证的机构提出节能产品认证申请；经认证合格后，取得节能产品认证证书，可以在用能产品或者其包装物上使用节能产品认证标志。

禁止使用伪造的节能产品认证标志或者冒用节能产品认证标志。

第二十一条 县级以上各级人民政府统计部门应当会同同级有

关部门，建立健全能源统计制度，完善能源统计指标体系，改进和规范能源统计方法，确保能源统计数据真实、完整。

国务院统计部门会同国务院管理节能工作的部门，定期向社会公布各省、自治区、直辖市以及主要耗能行业的能源消费和节能情况等信息。

第二十二条 国家鼓励节能服务机构的发展，支持节能服务机构开展节能咨询、设计、评估、检测、审计、认证等服务。

国家支持节能服务机构开展节能知识宣传和节能技术培训，提供节能信息、节能示范和其他公益性节能服务。

第二十三条 国家鼓励行业协会在行业节能规划、节能标准的制定和实施、节能技术推广、能源消费统计、节能宣传培训和信息咨询等方面发挥作用。

第三章 合理使用与节约能源

第一节 一般规定

第二十四条 用能单位应当按照合理用能的原则，加强节能管理，制定并实施节能计划和节能技术措施，降低能源消耗。

第二十五条 用能单位应当建立节能目标责任制，对节能工作取得成绩的集体、个人给予奖励。

第二十六条 用能单位应当定期开展节能教育和岗位节能培训。

第二十七条 用能单位应当加强能源计量管理，按照规定配备和使用经依法检定合格的能源计量器具。

用能单位应当建立能源消费统计和能源利用状况分析制度，对各类能源的消费实行分类计量和统计，并确保能源消费统计数据真实、完整。

第二十八条 能源生产经营单位不得向本单位职工无偿提供能源。任何单位不得对能源消费实行包费制。

第二节 工业节能

第二十九条 国务院和省、自治区、直辖市人民政府推进能源资源优化开发利用和合理配置，推进有利于节能的行业结构调整，优化用能结构和企业布局。

第三十条 国务院管理节能工作的部门会同国务院有关部门制定电力、钢铁、有色金属、建材、石油加工、化工、煤炭等主要耗能行业的节能技术政策，推动企业节能技术改造。

第三十一条 国家鼓励工业企业采用高效、节能的电动机、锅炉、窑炉、风机、泵类等设备，采用热电联产、余热余压利用、洁净煤以及先进的用能监测和控制等技术。

第三十二条 电网企业应当按照国务院有关部门制定的节能发电调度管理的规定，安排清洁、高效和符合规定的热电联产、利用余热余压发电的机组以及其他符合资源综合利用规定的发电机组与电网并网运行，上网电价执行国家有关规定。

第三十三条 禁止新建不符合国家规定的燃煤发电机组、燃油发电机组和燃煤热电机组。

第三节 建筑节能

第三十四条 国务院建设主管部门负责全国建筑节能的监督管理工作。

县级以上地方各级人民政府建设主管部门负责本行政区域内建筑节能的监督管理工作。

县级以上地方各级人民政府建设主管部门会同同级管理节能工作的部门编制本行政区域内的建筑节能规划。建筑节能规划应当包括既有建筑节能改造计划。

第三十五条 建筑工程的建设、设计、施工和监理单位应当遵守建筑节能标准。

不符合建筑节能标准的建筑工程，建设主管部门不得批准开工建设；已经开工建设的，应当责令停止施工、限期改正；已经建成的，不得销售或者使用。

建设主管部门应当加强对在建建筑工程执行建筑节能标准情况的监督检查。

第三十六条 房地产开发企业在销售房屋时，应当向购买人明示所售房屋的节能措施、保温工程保修期等信息，在房屋买卖合同、质量保证书和使用说明书中载明，并对其真实性、准确性负责。

第三十七条 使用空调采暖、制冷的公共建筑应当实行室内温度控制制度。具体办法由国务院建设主管部门制定。

第三十八条 国家采取措施，对实行集中供热的建筑分步骤实行供热分户计量、按照用热量收费的制度。新建建筑或者对既有建筑进行节能改造，应当按照规定安装用热计量装置、室内温度调控装置和供热系统调控装置。具体办法由国务院建设主管部门会同国务院有关部门制定。

第三十九条 县级以上地方各级人民政府有关部门应当加强城市节约用电管理，严格控制公用设施和大型建筑物装饰性景观照明的能耗。

第四十条 国家鼓励在新建建筑和既有建筑节能改造中使用新型墙体材料等节能建筑材料和节能设备，安装和使用太阳能等可再生能源利用系统。

第四节　交通运输节能

第四十一条 国务院有关交通运输主管部门按照各自的职责负

责全国交通运输相关领域的节能监督管理工作。

国务院有关交通运输主管部门会同国务院管理节能工作的部门分别制定相关领域的节能规划。

第四十二条 国务院及其有关部门指导、促进各种交通运输方式协调发展和有效衔接，优化交通运输结构，建设节能型综合交通运输体系。

第四十三条 县级以上地方各级人民政府应当优先发展公共交通，加大对公共交通的投入，完善公共交通服务体系，鼓励利用公共交通工具出行；鼓励使用非机动交通工具出行。

第四十四条 国务院有关交通运输主管部门应当加强交通运输组织管理，引导道路、水路、航空运输企业提高运输组织化程度和集约化水平，提高能源利用效率。

第四十五条 国家鼓励开发、生产、使用节能环保型汽车、摩托车、铁路机车车辆、船舶和其他交通运输工具，实行老旧交通运输工具的报废、更新制度。

国家鼓励开发和推广应用交通运输工具使用的清洁燃料、石油替代燃料。

第四十六条 国务院有关部门制定交通运输营运车船的燃料消耗量限值标准；不符合标准的，不得用于营运。

国务院有关交通运输主管部门应当加强对交通运输营运车船燃料消耗检测的监督管理。

第五节 公共机构节能

第四十七条 公共机构应当厉行节约，杜绝浪费，带头使用节能产品、设备，提高能源利用效率。

本法所称公共机构，是指全部或者部分使用财政性资金的国家机关、事业单位和团体组织。

第四十八条 国务院和县级以上地方各级人民政府管理机关事务工作的机构会同同级有关部门制定和组织实施本级公共机构节能规划。公共机构节能规划应当包括公共机构既有建筑节能改造计划。

第四十九条 公共机构应当制定年度节能目标和实施方案，加强能源消费计量和监测管理，向本级人民政府管理机关事务工作的机构报送上年度的能源消费状况报告。

国务院和县级以上地方各级人民政府管理机关事务工作的机构会同同级有关部门按照管理权限，制定本级公共机构的能源消耗定额，财政部门根据该定额制定能源消耗支出标准。

第五十条 公共机构应当加强本单位用能系统管理，保证用能系统的运行符合国家相关标准。

公共机构应当按照规定进行能源审计，并根据能源审计结果采取提高能源利用效率的措施。

第五十一条 公共机构采购用能产品、设备，应当优先采购列入节能产品、设备政府采购名录中的产品、设备。禁止采购国家明令淘汰的用能产品、设备。

节能产品、设备政府采购名录由省级以上人民政府的政府采购监督管理部门会同同级有关部门制定并公布。

第六节 重点用能单位节能

第五十二条 国家加强对重点用能单位的节能管理。

下列用能单位为重点用能单位：

（一）年综合能源消费总量一万吨标准煤以上的用能单位；

（二）国务院有关部门或者省、自治区、直辖市人民政府管理节能工作的部门指定的年综合能源消费总量五千吨以上不满一万吨标准煤的用能单位。

重点用能单位节能管理办法，由国务院管理节能工作的部门会同国务院有关部门制定。

第五十三条 重点用能单位应当每年向管理节能工作的部门报送上年度的能源利用状况报告。能源利用状况包括能源消费情况、能源利用效率、节能目标完成情况和节能效益分析、节能措施等内容。

第五十四条 管理节能工作的部门应当对重点用能单位报送的能源利用状况报告进行审查。对节能管理制度不健全、节能措施不落实、能源利用效率低的重点用能单位，管理节能工作的部门应当开展现场调查，组织实施用能设备能源效率检测，责令实施能源审计，并提出书面整改要求，限期整改。

第五十五条 重点用能单位应当设立能源管理岗位，在具有节能专业知识、实际经验以及中级以上技术职称的人员中聘任能源管理负责人，并报管理节能工作的部门和有关部门备案。

能源管理负责人负责组织对本单位用能状况进行分析、评价，组织编写本单位能源利用状况报告，提出本单位节能工作的改进措施并组织实施。

能源管理负责人应当接受节能培训。

第四章 节能技术进步

第五十六条 国务院管理节能工作的部门会同国务院科技主管部门发布节能技术政策大纲，指导节能技术研究、开发和推广应用。

第五十七条 县级以上各级人民政府应当把节能技术研究开发作为政府科技投入的重点领域，支持科研单位和企业开展节能技术应用研究，制定节能标准，开发节能共性和关键技术，促进节能技术创新与成果转化。

第五十八条 国务院管理节能工作的部门会同国务院有关部门制定并公布节能技术、节能产品的推广目录，引导用能单位和个人使用先进的节能技术、节能产品。

国务院管理节能工作的部门会同国务院有关部门组织实施重大节能科研项目、节能示范项目、重点节能工程。

第五十九条 县级以上各级人民政府应当按照因地制宜、多能互补、综合利用、讲求效益的原则，加强农业和农村节能工作，增加对农业和农村节能技术、节能产品推广应用的资金投入。

农业、科技等有关主管部门应当支持、推广在农业生产、农产品加工储运等方面应用节能技术和节能产品，鼓励更新和淘汰高耗能的农业机械和渔业船舶。

国家鼓励、支持在农村大力发展沼气，推广生物质能、太阳能和风能等可再生能源利用技术，按照科学规划、有序开发的原则发展小型水力发电，推广节能型的农村住宅和炉灶等，鼓励利用非耕地种植能源植物，大力发展薪炭林等能源林。

第五章 激励措施

第六十条 中央财政和省级地方财政安排节能专项资金，支持节能技术研究开发、节能技术和产品的示范与推广、重点节能工程的实施、节能宣传培训、信息服务和表彰奖励等。

第六十一条 国家对生产、使用列入本法第五十八条规定的推广目录的需要支持的节能技术、节能产品，实行税收优惠等扶持政策。

国家通过财政补贴支持节能照明器具等节能产品的推广和使用。

第六十二条 国家实行有利于节约能源资源的税收政策，健全能源矿产资源有偿使用制度，促进能源资源的节约及其开采利用水平的提高。

第六十三条 国家运用税收等政策，鼓励先进节能技术、设备的进口，控制在生产过程中耗能高、污染重的产品的出口。

第六十四条 政府采购监督管理部门会同有关部门制定节能产品、设备政府采购名录，应当优先列入取得节能产品认证证书的产品、设备。

第六十五条 国家引导金融机构增加对节能项目的信贷支持，为符合条件的节能技术研究开发、节能产品生产以及节能技术改造等项目提供优惠贷款。

国家推动和引导社会有关方面加大对节能的资金投入，加快节能技术改造。

第六十六条 国家实行有利于节能的价格政策，引导用能单位和个人节能。

国家运用财税、价格等政策，支持推广电力需求侧管理、合同能源管理、节能自愿协议等节能办法。

国家实行峰谷分时电价、季节性电价、可中断负荷电价制度，鼓励电力用户合理调整用电负荷；对钢铁、有色金属、建材、化工和其他主要耗能行业的企业，分淘汰、限制、允许和鼓励类实行差别电价政策。

第六十七条 各级人民政府对在节能管理、节能科学技术研究和推广应用中有显著成绩以及检举严重浪费能源行为的单位和个人，给予表彰和奖励。

第六章 法律责任

第六十八条 负责审批政府投资项目的机关违反本法规定，对不符合强制性节能标准的项目予以批准建设的，对直接负责的主管人员和其他直接责任人员依法给予处分。

固定资产投资项目建设单位开工建设不符合强制性节能标准的项目或者将该项目投入生产、使用的，由管理节能工作的部门责令停止建设或者停止生产、使用，限期改造；不能改造或者逾期不改造的生产性项目，由管理节能工作的部门报请本级人民政府按照国务院规定的权限责令关闭。

第六十九条 生产、进口、销售国家明令淘汰的用能产品、设备的，使用伪造的节能产品认证标志或者冒用节能产品认证标志的，依照《中华人民共和国产品质量法》的规定处罚。

第七十条 生产、进口、销售不符合强制性能源效率标准的用能产品、设备的，由市场监督管理部门责令停止生产、进口、销售，没收违法生产、进口、销售的用能产品、设备和违法所得，并处违法所得一倍以上五倍以下罚款；情节严重的，吊销营业执照。

第七十一条 使用国家明令淘汰的用能设备或者生产工艺的，由管理节能工作的部门责令停止使用，没收国家明令淘汰的用能设备；情节严重的，可以由管理节能工作的部门提出意见，报请本级人民政府按照国务院规定的权限责令停业整顿或者关闭。

第七十二条 生产单位超过单位产品能耗限额标准用能，情节严重，经限期治理逾期不治理或者没有达到治理要求的，可以由管理节能工作的部门提出意见，报请本级人民政府按照国务院规定的权限责令停业整顿或者关闭。

第七十三条 违反本法规定，应当标注能源效率标识而未标注的，由市场监督管理部门责令改正，处三万元以上五万元以下罚款。

违反本法规定，未办理能源效率标识备案，或者使用的能源效率标识不符合规定的，由市场监督管理部门责令限期改正；逾期不改正的，处一万元以上三万元以下罚款。

伪造、冒用能源效率标识或者利用能源效率标识进行虚假宣传的，由市场监督管理部门责令改正，处五万元以上十万元以下罚款；情节严重的，由市场监督管理部门吊销营业执照。

第七十四条 用能单位未按照规定配备、使用能源计量器具的，由市场监督管理部门责令限期改正；逾期不改正的，处一万元以上五万元以下罚款。

第七十五条 瞒报、伪造、篡改能源统计资料或者编造虚假能源统计数据的，依照《中华人民共和国统计法》的规定处罚。

第七十六条 从事节能咨询、设计、评估、检测、审计、认证等服务的机构提供虚假信息的，由管理节能工作的部门责令改正，没收违法所得，并处五万元以上十万元以下罚款。

第七十七条 违反本法规定，无偿向本单位职工提供能源或者对能源消费实行包费制的，由管理节能工作的部门责令限期改正；逾期不改正的，处五万元以上二十万元以下罚款。

第七十八条 电网企业未按照本法规定安排符合规定的热电联产和利用余热余压发电的机组与电网并网运行，或者未执行国家有关上网电价规定的，由国家电力监管机构责令改正；造成发电企业经济损失的，依法承担赔偿责任。

第七十九条 建设单位违反建筑节能标准的，由建设主管部门责令改正，处二十万元以上五十万元以下罚款。

设计单位、施工单位、监理单位违反建筑节能标准的，由建设主管部门责令改正，处十万元以上五十万元以下罚款；情节严重的，由颁发资质证书的部门降低资质等级或者吊销资质证书；造成损失的，依法承担赔偿责任。

第八十条 房地产开发企业违反本法规定，在销售房屋时未向购买人明示所售房屋的节能措施、保温工程保修期等信息的，由建设主管部门责令限期改正，逾期不改正的，处三万元以上五万元以下罚款；对以上信息作虚假宣传的，由建设主管部门责令改正，处五万元以上二十万元以下罚款。

第八十一条 公共机构采购用能产品、设备，未优先采购列入节能产品、设备政府采购名录中的产品、设备，或者采购国家明令淘汰的用能产品、设备的，由政府采购监督管理部门给予警告，可以并处罚款；对直接负责的主管人员和其他直接责任人员依法给予处分，并予通报。

第八十二条 重点用能单位未按照本法规定报送能源利用状况报告或者报告内容不实的，由管理节能工作的部门责令限期改正；逾期不改正的，处一万元以上五万元以下罚款。

第八十三条 重点用能单位无正当理由拒不落实本法第五十四条规定的整改要求或者整改没有达到要求的，由管理节能工作的部门处十万元以上三十万元以下罚款。

第八十四条 重点用能单位未按照本法规定设立能源管理岗位，聘任能源管理负责人，并报管理节能工作的部门和有关部门备案的，由管理节能工作的部门责令改正；拒不改正的，处一万元以上三万元以下罚款。

第八十五条 违反本法规定，构成犯罪的，依法追究刑事责任。

第八十六条 国家工作人员在节能管理工作中滥用职权、玩忽职守、徇私舞弊，构成犯罪的，依法追究刑事责任；尚不构成犯罪的，依法给予处分。

第七章 附 则

第八十七条 本法自 2008 年 4 月 1 日起施行。